下

簡明
中國近代史
讀本

A Brief Modern Chinese History

張海鵬 翟金懿 / 著

中華書局

第八章

中國社會開始
走上曲折的
「上升」之路

中國共產黨成立與
反帝反封建民主革命綱領的提出

　　五四運動開始了中國工人階級登上政治舞台的歷程，為中國共產黨的誕生準備了思想條件和幹部條件。馬克思主義的傳播和先進知識分子的組織、推動，產生了中國工人階級的代表——中國共產黨，中國的政治面貌、社會結構和思想狀況開始發生深刻的變化，中國社會向着國家獨立、民主富強的「上升」趨勢曲折前進。

　　工人階級成長壯大，是中國共產黨成立的階級基礎。據統計：甲午戰爭爆發前，中國大概有產業工人10萬人，而到1913年第一次世界大戰前，產業工人已發展到100萬人左右。1914年至1919年第一次世界大戰期間，外國列強忙於混戰，無暇顧及中國國內市場，使得中國民族資本主義企業發展迎來短暫的春天，產業工人隊伍迅速壯大，至五四運動前，全國產業工人有260萬人左右，再加上約1800萬的手工業工人、店員和城市苦力，已經形成一支數量龐大的近代工人階級隊伍。這支工人階級隊伍從它誕生之日起，就深受帝國主義、封建主義和資本主義的三重剝削和壓迫。但是他們與先進的經濟形勢相聯繫，是新的社會生產力的代表，沒有私人佔有的生產資料，同社會發展的客觀要求和廣大勞動人民的根本利益保持一致，因此具有堅決、徹底的革命精神，積極參加各種形式的抗爭。隨着民族危機加深和階級矛盾激化，工人階級進一步表現出巨大革命力量。五四運動中，一批接受馬克思主義的知識分子看到工人階級蘊含的潛力，促使他們加快與工人相結合的步伐，有意識地到工人群眾當中宣傳社會主義思想，努力實現馬克思主義與工人運動結合，為中國共產黨成立打下基礎。

　　馬克思列寧主義在中國的傳播，是中國共產黨成立的基礎。五四運動以後，馬克思主義的傳播日益擴大。陳獨秀在《社會主義的批評》一文中指出「只有俄國底共產黨在名義上，在實質上，都真是馬格斯主義，而德國底社會民主黨不但忘記了馬格斯底學說，並且明明白白反對馬格斯，表面上卻掛着馬格斯派的招牌」。因此，「中國底改造與存在，大部分都要靠國際社會主義的運動幫忙，這是不容諱飾的了；國內的資本階級雖尚幼稚，而外國資本主義底壓迫是人人都知道的，因此階級戰爭的觀念確是中國人應該發達的了；再睜開眼睛看看我們有產階級的政治家政客底腐敗而且無能和代議制度底信用，民主政治及議會政策在中國比在歐美更格外破產了；所以中國若是採用德國社會民主黨的國家社會主義，不過多多加給腐敗貪污的官僚政客以作惡的機會罷了。」[1]

　　隨着馬克思列寧主義的廣泛傳播及與工人運動日益結合，建立一個工人階級的政黨便提上日程。1920年3月，俄共（布）中央遠東局外事處派維金斯基（中文名吳廷康）等到中國，尋求與革命者聯繫並試圖建立政黨。他們先在北京經過俄籍教員柏烈偉結識了李大釗等人。然後又通過李大釗的介紹，前往上海結識了陳獨秀，並通過陳與上海等地的中國許多傾向於社會主義的知識分子進行了廣泛接觸與交談。通過座談，維經斯基向與會者系統地灌輸了關於列寧主義的一些基本知識，說明了俄國革命成功的原因及其成功的方法，從而引起了人們極大興趣。他鼓勵中國的社會主義者聯合起來。8月，陳獨秀在上海籌建中國共產黨上海發起組，成員主要有陳獨秀、李達、李漢俊、陳望道等，並改組《新青年》為其機關刊物，李漢俊、陳望道任主編。10月，李大釗在北京發起成立共產黨小組，11月底命名為中國共產黨北京支部，成員主要有張申府、鄧中夏、高君宇、羅章龍、張國燾、劉仁靜、張太雷、何孟雄等，

---

[1] 陳獨秀：《社會主義批評》（1921 年 1 月 15 日），載《陳獨秀文集》第二卷，人民出版社 2013 年版，第 133 頁。

李大釗被推選為書記。上海、北京黨小組成立後，帶動其他地區如武漢、長沙、廣州、濟南等地紛紛成立黨小組，海外歐洲、日本等地也都相繼建立共產黨的早期組織。各地共產黨組織的建立及開展的活動為正式成立中國共產黨創造了條件。

1920年8月，上海又新印刷所承印出版了中國第一部《共產黨宣言》的全譯本。11月，在維經斯基的幫助下，上海共產主義小組更進一步創辦了自己的機關刊物——《共產黨》月刊，旗幟鮮明地宣傳無產階級革命和共產主義的主張。上海還特別起草了一個《中國共產黨宣言》，明確主張要像俄國十月革命那樣，用強力打倒資本家的國家，鏟除現在的資本制度，從資本家手裏獲得政權，實行無產階級專政，建立一個沒有經濟剝削、沒有政治壓迫、沒有階級的共產主義社會。共產主義運動由此開始在中國有了自己的一塊陣地。

1921年6月，共產國際代表馬林和赤色職工國際代表尼科爾斯基到達上海，幫助中共建黨。7月23日，創建中國共產黨的第一次全國代表大會在上海法租界望志路106號（現興業路76號）祕密舉行。出席本次大會的有各地共產黨或共產主義小組的代表：上海的李達、李漢俊；北京的張國燾、劉仁靜；長沙的毛澤東、何叔衡；武漢的董必武、陳潭秋；濟南的王盡美、鄧恩銘；廣州的陳公博，以及在日本的周佛海，陳獨秀的代表包惠僧，共產國際代表馬林、尼科爾斯基。黨的主要創始人陳獨秀、李大釗因公務繁忙未能參加大會。30日晚受到租界巡捕搜查後，31日會議轉移到浙江嘉興南湖的遊船上進行並在此結束。

會議的議程包括各地代表向大會報告工作情況，起草並討論和通過黨的綱領，選舉黨的中央機構。

大會通過了《中國共產黨第一個綱領》，對黨的名稱、黨的性質、奮鬥目標和組織原則做了明確規定。黨的名稱定為「中國共產黨」，奮鬥目標是「承認無產階級專政」，「與無產階級一起推翻資本家階級的政權」，「消滅資本家私有制，沒收機器、土地、廠房和半成品等生產

資料，歸社會公有」；組織形式是「蘇維埃管理制度」，成為黨員的條件是「凡承認本黨綱領和政策，並願成為忠實黨員的人，經黨員一人介紹，不分性別、國籍，均可接收為黨員，成為我們的同志」。還規定「凡有黨員五人以上的地方，應成立委員會」[1]。大會還通過了《關於當前實際工作的決議》，提出中共當時的基本任務是：成立產業工會，灌輸階級鬥爭精神，不使工會成為其他黨派的傀儡及執行其他的政治路線；一切宣傳出版工作均應受中央的監督，不得違背黨的原則、政策和決議；對現有其他政黨，應採取獨立的攻擊的政策，不同其他黨派建立任何關係；黨中央應每月向第三國際報告工作。[2]

大會選舉陳獨秀、張國燾、李達組成中央局，陳獨秀為中央局書記，張國燾為組織主任，李達為宣傳主任，組成中共領導機關。

中國共產黨的成立，在當時是祕密的，社會影響不大。但歷史很快就證明，這個黨的成立，開闢了中國歷史的新篇章，是馬克思主義在中國由理論走向實踐的發端，也是五四運動之後中國革命的性質由資產階級領導的舊民主主義革命向無產階級領導的新民主主義革命轉化的重要標誌。中國共產黨旗幟鮮明地用馬克思主義理論觀察和分析中國的問題，主張用階級鬥爭的方式奪取政權，建立無產階級專政，實現共產主義，具有和當時中國所有黨派都不同的階級基礎、理論指導和行動指南。中國共產黨的成立使工人階級有了自己政治上的代表，儘管對馬列主義和中國社會面臨的複雜形勢認識不深，所提出的革命綱領尚待完善，但始終明確自己是工人階級的政黨，是工人階級的先鋒隊，代表廣大被壓迫勞動群眾的利益。

中國共產黨的成立也是學習蘇俄革命經驗並得到蘇俄指導的結果，

1 《中國共產黨第一個綱領》，《中共中央文件選集》第一冊，中共中央黨校出版社 1989年版，第 3-4 頁。

2 參見《中國共產黨第一個決議》，《中共中央文件選集》第一冊，第 6—8 頁。

中國共產黨與蘇俄及國際共產主義運動的密切的思想、組織聯繫，在今後的革命道路中既有成功經驗亦有失敗之處。但是，中國共產黨的成立無疑是中國近代史上具有劃時代意義的大事件，誠如毛澤東指出的「自從有了中國共產黨，中國革命的面目就煥然一新了」[1]。

中國共產黨成立後，除了發展組織外，還加強了對工會、青年、婦女運動的領導。具體來說，主要從三方面開展工作。

一是建立中國社會主義青年團。當時接受馬克思主義、願意投身社會革命的，以青年學生居多，因此黨的早期組織建立青年團的工作尤為必要。1922年5月，中國社會主義青年團在廣州召開第一次全國代表大會，制定了團的綱領和章程，選舉了由施存統任書記，蔡和森、張太雷、俞秀松、高尚德等人組成的中央委員會，並通過了加入「少共國際」決議。團組織成立後，成為黨領導青年運動的得力助手。

二是領導工農運動。中國共產黨始終明確「黨的一切活動都必須深入到廣大的群眾裏面去」的理念，按照決議成立工人運動的領導組織、開展工人階級宣傳教育工作。根據規定，「凡有一個以上產業部門的地方，均應組織工會；在沒有大工業而只有一兩個工廠的地方，可以成立比較適於當地條件的工廠工會」。還提出，「對於手工業工會，應迅速派出黨員，以便儘快進行改組工作」。通過在工會內部建立黨組織，保證了黨對工會和工會運動的領導。1921年8月11日，中國勞動組合書記部在上海正式掛牌辦公，以張國燾為總主任，出版機關報《勞動週刊》，在「發刊詞」中明確表示，要「本着中國勞動組合書記部的宗旨，為勞動者說話」。中國勞動組合書記部成立後，逐漸成為全國工人運動的總機關和領導者，並陸續在北京、漢口、長沙、廣州、濟南設立了分部。1922年5月1日至6日，由中國勞動組合書記部發起，邀請全國各地各黨派

---

1 毛澤東：《全世界革命力量團結起來，反對帝國主義的侵略》（1948年11月），載《毛澤東選集》第四卷，第1357頁。

工會團體，在廣州河南機器維持會召開了第一次全國勞動大會，參加大會的代表共162人，代表12個城市、100多個工會組織、27萬多名會員。代表中有共產黨員、國民黨員、無政府主義者，等等。大會順利通過了10個決議案，其中，《八小時工作制案》《罷工援助案》和《工會組織原則案》都是勞動組合書記部的代表提出來的。從1922年初至1923年2月「二七」大罷工被鎮壓，在中國共產黨的領導下，工人運動出現了一個高潮，其間30餘萬工人參加了大小100多次罷工。如1922年1月香港海員大罷工；8月京漢鐵路長辛店工人罷工；9月湖南安源路礦工人大罷工；10月京奉鐵路山海關鐵工廠、唐山製造廠工人罷工。

中國共產黨成立早期領導工人運動所積累的正反兩方面經驗教訓，對後來的革命有着深遠影響，不僅為中國共產黨鍛煉了大批年輕的幹部，提升了中國共產黨的組織力、動員力，也擴大了黨在人民群眾之中的影響，贏得了人民群眾的擁護和愛戴，在之後的國共合作中得以充分表現，並由此開創了20世紀20年代中期激盪無數國人精神與生活的轟轟烈烈的國民革命時代。

三是適時召開黨的第二次全國代表大會，提出黨的最低綱領和最高綱領。1922年7月16日至23日在上海召開中國共產黨第二次全國代表大會，出席大會的有中央局成員、黨的地方組織的代表和參加遠東各國共產黨及民族革命團體第一次代表大會回國的部分代表，共12人，包括陳獨秀、張國燾、李達、王盡美、蔡和森、施存統等。共產國際代表維經斯基也出席了會議。大會選舉了新的中央領導機構，陳獨秀、鄧中夏、張國燾、蔡和森、高君宇為中央執行委員會委員，張國燾、蔡和森分別負責組織、宣傳工作。大會決定出版黨中央機關刊物——《嚮導》週刊，蔡和森任主編。

大會通過了《世界大勢與中國共產黨》等9個決議案和《中國共產黨章程》，發表了《中國共產黨第二次全國大會宣言》。宣言分析了國際形勢和中國社會半殖民地半封建的性質，闡明了中國革命的性質、動力

和對象，制定了中國共產黨的最低綱領和最高綱領。最低綱領即現階段
的革命任務：「消除內亂，打倒軍閥，建設國內和平；推翻國際帝國主
義的壓迫，達到中華民族完全獨立；統一中國本部（東三省在內）為真
正民主共和國。」最高綱領為「要組織無產階級，用階級鬥爭的手段，
建立勞農專政的政治，鏟除私有財產制度，漸次達到一個共產主義的社
會」[1]。

　　中共二大第一次將黨在民主革命中要實現的目標同將來進行社會
主義革命要實現的長遠目標結合起來，不僅明確提出反對帝國主義、反
對封建主義的民主革命任務，還明確指出要通過民主革命進一步創造條
件，實現社會主義和共產主義。這是中國共產黨人對中國國情和中國革
命問題認識的一次深化，是黨把馬克思主義基本原理同中國革命實踐相
結合的一個重要成果。

1　《中國共產黨第二次全國大會宣言》，《中共中央文件選集》第一冊，第 115 頁。

中國國民黨召開第一次全國代表大會
國共合作開展農民運動
與北伐戰爭

一、第一次國共合作的國內外形勢

　　第一次世界大戰結束後，國際局勢發生重大變化，美國一躍成為世界強國，開始主導戰後世界秩序的重建。為了削弱和限制日本，提議召開華盛頓會議。1921年11月12日至1922年2月6日，美、英、日、法、意、中、荷、葡、比九國會議在華盛頓舉行，通過解決中國問題的所謂「華盛頓方案」，其要點包括：（1）尊重中國的主權、獨立和領土完整；（2）給予中國最充分的不受阻礙的機會，以發展並維持一個有效力和穩固的政府；（3）各國在華機會均等。華盛頓會議是繼巴黎和會後，列強調整其在遠東及太平洋地區利益關係的又一次重要會議，與巴黎和會一起形成所謂「凡爾賽——華盛頓體系」，成為第二次世界大戰爆發前列強之間大體平衡的競爭發展格局。中國雖然通過交涉，爭取到提高關稅、撤退外郵等權益，且在山東問題上獲得相對可接受的結果，但英美列強在會議期間犧牲弱國利益的做法依舊，會議未能就中國提出撤退外國駐軍、放棄勢力範圍、歸還租界和租借地及實行關稅自主等問題達成協議，反而進一步使得列強在華攫取的特權合法化，由此引發中國人民的強烈反對。中國共產黨曾這樣評論華盛頓會議：「華盛頓會議中之主要問題——中國問題，是在美國脅制之下解決的，結果，他們承認日本在滿蒙和東部西伯利亞獨佔的掠奪，將中國置在他們共同侵略的『開放門戶』政策之下。」而且，「華盛頓會議給中國造成一種新局面，就是歷來各帝國主義者的互競侵略，變為協同的侵略。這種協同的侵略將

要完全剝奪中國人民的經濟獨立，使四萬萬被壓迫的中國人都變成新式主人國際托拉斯的奴隸。因此最近的時期，是中國人民的生死關頭，是不得不起來奮鬥的時期。」[1] 會議結束後，北京、上海、天津、漢口、杭州等地學生和各界群眾組織機會遊行和罷課，反對中日兩國政府舉行會外交涉，要求取消「二十一條」。

在國內，帝國主義支持下的各派軍閥混戰不斷，主要集中在皖、直、奉三大派系之間，由此派系矛盾與鬥爭成為軍閥政治的常態，造成社會動盪，人民生活日加困苦。

在這種國內外形勢下，中國國民黨一直處在變化和「改組」之中。

二、孫中山「聯俄」、「聯共」、「扶助農工」思想的形成

「二次革命」失敗後，孫中山先後發動了護國運動和護法運動，堅持舉起民主革命的大旗。1919年10月他將中華革命黨改名為中國國民黨，頒發《中國國民黨規約》，自任總理；1920年1月底建立廣州軍政府，11月修訂《中國國民黨總章》及規約；1921年，國會非常會議在廣州召開，孫中山被選為大總統；1922年6月，廣東陳炯明部叛變，炮轟總統府，孫中山避難至永豐艦，經香港到上海。這次事件使廣東革命事業毀於一旦，孫中山於9月18日發表了《致海外同志書》，表達其內心的悲痛：「文率同志為民國而奮鬥垂三十年，中間出死入生，失敗之數不可僂指，顧失敗之慘酷未有甚於此役者。蓋歷次失敗，雖原因不一，而其究竟則為失敗於敵人。此役則敵人已為我屈，所代敵人而興者，乃為十餘年卵翼之陳炯明，且其陰毒兇狠，凡敵人所不忍為者，皆為之而無恤，此不但國之不幸，抑亦人心世道之憂也。」[2] 這一事件還使孫中山認識到主義之統一與人心之堅定的重要性，迫切需要一個組織嚴密的革命

1　《中國共產黨第二次全國大會宣言》，《中共中央文件選集》第一冊，第 106 頁。
2　孫中山：《致海外同志書》（1922 年 9 月 18 日），載《孫中山全集》第六卷，第 555 頁。

黨和一支服膺三民主義的軍隊來實現他的革命理想。為此,孫中山決定與蘇俄合作,開始逐步形成「聯俄、聯共、扶助農工」的思想。

俄國十月革命的勝利和社會主義思潮在知識界的廣泛傳播不僅為中國共產黨的成立奠定了思想基礎,也成為孫中山改組國民黨的思想來源之一。他曾經說:「我對中國革命的命運想了很多,我對從前所信仰的一切幾乎都失望了,而現在我深信,中國革命的唯一實際的真誠的朋友是蘇俄。」[1]其中,《孫文越飛聯合宣言》的發表標誌着孫中山聯俄政策的正式確立。

越飛曾任蘇俄政府副外交人民委員,1922年7月26日被任命為駐華全權代表。從8月至12月,他與孫中山多次信件往來,希望與孫建立密切關係並商討兩國各種問題。1923年1月,孫中山聯合各方力量討伐陳炯明,迫使陳炯明逃往惠州。隨後,孫中山在廣州設立中華民國軍政府海陸軍大元帥大本營並任海陸軍大元帥。與此同時,越飛向莫斯科報告認為與吳佩孚、張作霖的聯繫不是一件最緊要的事情,現在只有孫中山和中國國民黨對於中國革命具有無比的重要性。1月4日,俄共中央政治局決議採納越飛建議,全力支持中國國民黨,決定「資助國民黨的費用從共產國際的後備基金中支付」[2]。17日,越飛前往上海與孫中山進行正式談判。26日,雙方達成一項重要決議,即《孫文越飛聯合宣言》,該宣言共四條:第一條,鑒於當時中國現狀,指出「共產組織,甚至蘇維埃制度,均不能引用於中國」,中國當前最重要的地方,在於「民國統一之成功,欲完全國家的獨立之獲得」,對於此點,越飛承諾「中國當得俄國國民最摯熱之同情,且可以俄國援助為依賴也」;第二條,越飛重申,俄國政府準備且願意根據俄國拋棄帝政時代中俄條約(連同中

---

1 陳錫祺主編:《孫中山年譜長編》下冊,中華書局 1991 年版,第 1472 頁。

2 《俄共(布)中央政治局會議第 42 號記錄》(1923 年 1 月 4 日),載中共中央黨史研究室第一研究部譯《聯共(布)、共產國際與中國國民革命運動(1920—1925)》,北京圖書館出版社 1997 年版,第 187 頁。

東鐵路等合同在內）之基礎，另行開始中俄交涉；第三條，雙方同意維持中東鐵路現狀，以後協商解決；第四條，越飛表示「俄國現政府決無亦從無意思與目的，在外蒙古實施帝國主義之政策，或者使其與中國分立」[1]。孫中山據此表示蘇軍可暫時駐紮外蒙古。

《孫文越飛聯合宣言》的發表，不僅標誌着孫中山聯俄政策的正式確立，也加快了同中國共產黨合作的步伐。

孫中山到上海後，陳獨秀、李大釗先後前去探望並同他交流探討革命新道路問題，通過接觸，孫中山對李大釗等共產黨人產生了深刻印象，並同他們建立了聯繫。1922年8月28—30日，共產國際代表馬林與中共領導人在杭州西湖舉行祕密會議，這次會議決定共產黨員以個人身份加入國民黨同時保存共產黨。中共中央同意後，孫中山委託張繼等人與在滬國民黨負責人商議，並通電國民黨相關支部，國共兩黨領導人就中共黨員加入國民黨的問題達成初步共識。9月初，經張繼介紹和孫中山「主盟」，陳獨秀、李大釗等率先加入國民黨。

1923年1月，共產國際執委會做出《關於中國共產黨與國民黨的關係問題的決議》，指出「中國共產黨黨員留在國民黨內是適宜的」，「但是，這不能以取消中國共產黨獨特的政治面貌為代價」[2]。這個決議在一定程度上推動了國共合作的進行。1923年「二七」罷工失敗後，中國共產黨於6月在廣州召開第三次全國代表大會，出席大會的代表有30多人，代表全國黨員420人。大會主要討論了共產黨員加入國民黨的問題，通過了《關於國民運動及國民黨問題的決議案》等10多個重要文件。大會決定接受共產國際關於國共合作的決議，決定保持黨在政治上、組織上獨立性的前提下，全體黨員以個人身份加入國民黨。

---

1 《孫文越飛聯合宣言》（1923 年 1 月 26 日），載《孫中山全集》第七卷，第 51—52 頁。

2 《共產國際執行委員會關於中國共產黨與國民黨的關係問題的決議》（1923 年 1 月 12 日），載中共中央黨史研究室第一研究部譯《聯共（布）、共產國際與中國國民革命運動（1920—1925）》，第 436 頁。

聯共（容共）政策的形成是孫中山對革命道路的新探索。在國共合作醞釀過程中，國民黨內部分右派分子竭力反對，但孫中山的態度十分堅決，並對黨內的阻撓分子宣佈，在必要時可以開除他們的黨籍。

在中國人口中，農民佔大多數，其次是工人，尤其是產業工人、手工業者及農業工人達數千萬之多。孫中山在長期的革命鬥爭中，遭受了一次次的挫折和失敗，其中原因之一就是沒有廣泛發動群眾、組織群眾，尤其是沒有到下層的工農群眾中去開展工作，也未能形成有組織的、持久的群眾運動。五四運動中工人階級爆發出的強大力量和工農運動的蓬勃發展，使孫中山認識到「農民是我們中國人民之中的最大多數，如果農民不來參加革命，就是我們革命沒有基礎」[1]。組織起來的工人，「既是有了團體，要廢除中外不平等的條約，便可以做全國人的指導，作國民的先鋒，在最前的陣線上去奮鬥」[2]。扶助農工政策確立後，孫中山開始在實踐中積極支持工農運動。

聯俄、聯共（容共）、扶助農工思想是孫中山晚年民主革命思想的精華，在這一思想指導下，在共產國際和中國共產黨幫助下，孫中山加快了國民黨改組工作步伐。1923年1月，孫中山在上海召集中國國民黨改造大會，發表《中國國民黨宣言》，宣佈《中國國民黨總章》，完成國民黨黨務改進。10月19日，孫中山正式委派廖仲愷、汪精衛、張繼、戴季陶、李大釗五人為國民黨改組委員。25日，在廣州召開改組特別會議，會上討論了國民黨改組計劃和改組綱要。同日，孫中山任命胡漢民、林森、廖仲愷、鄧澤如、楊庶堪、陳樹人、孫科、吳鐵城、譚平山為國民黨臨時中央執行委員，汪精衛、李大釗、謝英伯、古應芬、許崇清為候補執行委員，組織臨時中央執行委員會，負責國民黨改組的籌備

---

1 孫中山：《在廣州農民運動講習所第一屆畢業禮的演說》（1924年8月21日），載《孫中山全集》第十卷，第 555 頁。
2 孫中山：《在廣州市工人代表會的演說》（1924年5月1日），載《孫中山全集》第十卷，第 149 頁。

工作。臨時中央執行委員會成立後主要從兩方面開展工作，一是籌備全
國代表大會，二是在廣州、上海兩地進行「試點改組」，從黨員登記入
手，相繼成立區分部、區黨部。

三、中國國民黨一大召開 確定國共合作方針

　　1924年1月20日至30日，中國國民黨第一次全國代表大會在廣州召
開，孫中山擔任大會主席，並指定胡漢民、汪精衛、林森、謝持、李大
釗5人組成主席團。出席開幕式大會代表共173人[1]，其中有國民黨黨員廖
仲愷、譚延闓、戴季陶、于右任、孫科、何香凝等，加入國民黨的共產
黨員24人，其中有李大釗、毛澤東、張國燾、林伯渠、譚平山、于樹德
等。李大釗、于樹德是大會宣言審查委員，毛澤東任章程審查委員會委
員，譚平山任黨務審查委員會委員。

　　大會審議並通過《中國國民黨第一次全國代表大會宣言》草案[2]，
確立了聯俄、聯共、扶助農工三大政策[3]，並對三民主義做了新的解釋，
賦予三民主義新的社會政治內涵，指出民族主義具有階級性，對不同階
級具有不同的意義，對外主張「中國民族自求解放」、「免除帝國主義
之侵略」，對內主張「各民族一律平等」。民權主義主張直接的、普遍
的、革命的民權，民權不只賦予那些堅持革命政權觀點的人，而且為一
般平民所共有，非少數人所得而私；民生主義包含平均地權和節制資本

---

1 中國國民黨一大代表人數有不同說法，據考證，出席開幕式的代表 165 人，另加臨時中
央執行委員會委員 6 人，總理孫中山和一大祕書長劉芷芬，共 173 人。一大代表人數的
考證，可參見陳錫祺主編《孫中山年譜長編》下冊，中華書局 1991 年版，第 1802 頁；
又見路海江《國民黨「一大」代表總數及出席會議代表人數考》，《黨史縱橫》1992 年
第 3 期。

2 這個草案，由鮑羅廷根據共產國際和孫中山的思想提出，瞿秋白翻譯成中文，汪精衛做
中文潤色，在徵求孫中山意見後交宣言審查委員會審查通過。

3 國民黨一大宣言通過的政策有多項，雖沒有明確提出「三大政策」字樣，但是聯俄、聯共、
扶助農工是其中最核心的三項。台灣的國民黨學者不承認「三大政策」，認為「三大政策」
是共產黨概括出來的，且認為沒有聯共，只有「容共」。其實，聯共與容共，並無本質差別。

的原則。平均地權是由國家通過徵稅和收買的方法，使土地的增值收歸國家，防止「土地權為少數人所操縱」。節制資本是防止私人資本操縱國民生計。民生主義的出發點，是防止壟斷性的大資本家出現，反對大資本家壟斷社會財富。

經過重新解釋的「三民主義」被稱為「新三民主義」，由於其同中國共產黨的民主革命綱領基本原則一致，因而成為國共合作的政治基礎。

大會還通過了《中國國民黨章程》，規定國民黨從中央到基層的完整的組織系統，專設「總理」一章，規定孫中山為總理，總理為全國代表大會和中央執行委員會主席。在討論共產黨員參加國民黨的問題時，發生了激烈討論。有人提出應在國民黨新章程中加入「本黨黨員不得加入他黨」的條文，以反對共產黨員的「跨黨」。李大釗代表中國共產黨在會上發言並印發了《意見書》，指出：「我們之加入本黨，是為有所貢獻於本黨，以貢獻於國民革命的事業而來的」；「我們來參加本黨而兼跨固有的黨籍，是光明正大的行為」[1]。李大釗的聲明得到與會的絕大多數代表的贊同，會議通過對國民黨章程的討論，正式確認共產黨員以個人身份加入國民黨。

大會選舉了中國國民黨中央執行委員會，其中，中國國民黨黨員有胡漢民、汪精衛、廖仲愷、戴季陶、林森、鄒魯、譚延闓、于右任等，共產黨員有李大釗、譚平山、于樹德、毛澤東、林祖涵、瞿秋白、張國燾、于方舟、韓麟符、沈定一十人，當選為中央執行委員或中央候補執行委員，約佔委員總數的四分之一。會後設立的中央黨部七個部中，中共黨員佔據了兩個部長（組織部、農民部）和相當於副部長的祕書（組織部、工人部、農民部）職位。

1　李大釗：《在中國國民黨第一次代表大會上的發言》（1924 年 1 月 28 日），載《李大釗文集》第四卷，人民出版社 1999 年版，第 370 頁。

中國國民黨第一次全國代表大會的召開，是國民黨正式改組和國共合作正式形成的標誌，是中國實踐民主革命綱領和民主聯合戰線政策的重大勝利，也是孫中山晚年推動中國革命的一大歷史功績。在中國共產黨的幫助下，中國國民黨有了一個比較明確的民族民主革命綱領，而國共合作的正式建立，開啟了中國民主革命的新篇章，掀起了國民革命的高潮。

四、工農運動與北伐戰爭的勝利開展

中國共產黨第一次、第二次全國代表大會和中國國民黨第一次全國代表大會的召開，國共合作關係的確立，非常鮮明地表現了近代中國的「沉淪」開始走出了「谷底」，出現了近代中國歷史「上升」的歷程。

國民黨一大後，國共合作推進國民革命運動的步伐加快了。

一是黃埔軍校的創辦。

1924年1月，孫中山委派蔣介石為軍校籌備委員會委員長，軍校校名定為「中國國民黨陸軍軍官學校」，校址選在廣州珠江口的黃埔島上，因此一般俗稱「黃埔軍校」。1924年5月5日，黃埔軍校開學，6月16日舉行開學典禮。孫中山自任軍校總理，任命蔣介石為校長，廖仲愷為黨代表，何應欽任總教官，設政治、教授、教練、管理、軍需、軍醫各部。黃埔軍校是在蘇聯協助下建立的，其組織體制參考了蘇聯紅軍，初期的軍事課程則由蘇聯顧問負責指導，這些對國民革命軍的各軍事學校乃至軍事體系，均產生了深遠影響。[1]共產黨人積極參加辦學，從各地選派大批黨、團員和革命青年到軍校學習，周恩來、聶榮臻、惲代英、蕭楚女、熊雄等中共黨員也在軍校中擔任政治教官和各級領導職務，為中共培養和鍛煉了一批軍事幹部和軍事人才。為適應革命形勢的需要，縮短

---

1 參見張瑞德《國民革命軍的制度與戰力》，載王建朗、黃克武主編《兩岸新編中國近代史》（民國卷）上，社會科學文獻出版社 2016 年版，第 210 頁。

黃埔軍校

了學制，學生入學後僅一個月的入伍教育（第四期起改為半年）和六個月的正式教育。黃埔軍校下設政治部和黨代表，政治部負責對學員進行政治教育，提高學員的政治修養，向學員灌輸革命知識，黨代表的職責主要是監督和指導各級軍事長官的工作，必要時可直接指揮軍隊。軍校還建立了黨的組織系統，規定所有學生需加入國民黨，並在師生為骨幹的基礎上，建立革命武裝。軍隊黨化，改變了自湘淮軍以來兵為將有、兵為私人所有的局面，這在中國近代軍隊建設史上具有重要的開創意義。

從1924年5月到1927年7月，黃埔軍校共畢業六期學員計2萬餘人，為國民革命軍東征、北伐的開展奠定了基礎。

二是1925年爆發的五卅運動和省港大罷工，是國民革命運動興起的標誌之一。

1925年5月15日，日資上海內外棉第12廠工人顧正紅被日本職員槍殺，引發工廠2萬工人罷工，學生展開募捐和追悼活動。16日、19日中

共中央連續發表通告，指示各地黨、團員立即號召社會各界人士一致援助罷工工人，發起一場反對日本帝國主義的運動。28日，中共中央和上海黨組織召開緊急會議，決定發動學生和工人在30日到租界內舉行大規模的反帝示威活動。是日，上海各校學生3000多人前往租界散發傳單和發表演說，租界工部局出動大批巡捕企圖驅散學生，學生與巡捕發生衝突，遭到逮捕。下午，數萬群眾聚集在南京路老閘捕房外示威，要求立即釋放被捕學生，武裝巡捕對示威民眾開槍射擊，打死十餘人，重傷數十人，釀成震驚中外的五卅慘案。以後幾天，在上海和其他地方又連續發生英、日等國軍警槍殺中國民眾的事件。

慘案發生當晚，中共中央召開緊急會議，討論和制定反帝鬥爭的策略，決定成立以瞿秋白、蔡和森、李立三、劉少奇和劉華等人組成的行動委員會，加強對運動的領導，並展開工人罷工、學生罷課、商人罷市的鬥爭。6月1日，成立由李立三、劉華分任正副委員長的上海總工會。4日，中國共產黨發起成立具有聯合戰線性質的上海工商學聯合委員會，主要由上海總工會、全國學生聯合會、上海學生聯合會和上海各馬路商界總聯合會四大團體各派六名代表組成，作為運動的公開指導機關，上海總商會拒絕參加，允諾站在調停的位置。

五卅運動期間，數十萬工人持續罷工數月之久，在中國歷史上前所未有。據估計，整個運動期間，國內有600多座城鎮、1700萬人、近萬個民眾團體，海外近百個國家和地區的華僑參加了這場運動。各地為援助運動而發生的罷工多達135次，罷工工人總計約50萬人，顯示出已經覺醒了的中國民眾的巨大威力，給帝國主義和軍閥勢力以沉重打擊。發生在廣州和香港的省港大罷工，是五卅運動的重要組成部分。

五卅慘案發生後，中共廣東區委立即派鄧中夏、蘇兆徵等赴香港醞釀罷工以聲援上海。6月3日，廣州各界群眾舉行示威遊行，聲援五卅運動。19日，香港工人舉行大罷工。23日，廣州工農商學兵各界和港澳各團體10萬餘人在廣州舉行大會和示威遊行。當遊行隊伍經過沙基時，遭

到英國軍警的排槍襲擊，當場死亡52人，重傷170餘人，這就是沙基慘
案。慘案發生後，一場大罷工迅速席捲香港、廣州。30日，香港罷工工
團召開代表大會，有100多個團體代表到會，決議將香港工團總會遷設廣
州。7月初，省港罷工委員會正式成立，蘇兆徵、林偉民、李森等13人當
選為委員，蘇兆徵任委員長，鄧中夏、廖仲愷等被聘為顧問。1926年10
月上旬，中共鑒於國內外形勢的變化，決定在維護罷工工人利益的前提
下，結束罷工。10月上旬，省港罷工委員會發表宣言，宣告罷工結束。

　　省港大罷工堅持16個月之久，在經濟上、政治上給英帝國主義沉重
打擊，為統一廣東革命根據地和維護社會秩序、為北伐的順利開展做出
了貢獻，中國共產黨在領導五卅運動和省港大罷工的過程中也壯大了自
己的組織力量。

　　三是籌劃成立廣州國民政府，開始北伐。

　　孫中山在確定「聯俄」政策後，增強和堅定了對「以黨建國」、
「以黨治國」和一黨獨掌政權的信念。[1]他在國民黨一大召開的第一天
就提出《組織國民政府之必要案》，認為「尚有應研究之問題二：一立
即將大元帥政府變為國民黨政府，二先將《建國大綱》表決後，四處宣
傳，使人民了解其內容，結合團體，要求政府之實現」[2]。根據孫中山的
提議，國民黨一大通過了《組織國民政府之必要提案》《國民政府建國
大綱》。因國內局勢複雜多變，尤其是廣東的軍情風雲突變。因此，國
民政府的具體組建工作沒有正式提上日程。

　　1925年2月、3月間，廣東革命政府以黃埔學生軍和粵軍許崇智部為
主力舉行了第一次東征，討伐陳炯明部。革命軍在東江農民的支援下，
打垮了陳炯明部主力，佔領潮州、梅縣等地。3月12日，孫中山在北京病

---

1 王奇生：《黨員、黨權與黨爭：1924—1949年中國國民黨的組織形態》，上海書店出
　　版社2003年版，第21頁。

2 孫中山：《關於組織國民政府案之說明》（1924年1月20日），載《孫中山全集》第
　　九卷，第103頁。

孫中山在黃埔軍校開學典禮上演講

逝，5月、6月份革命軍取得討伐滇桂軍閥的勝利，廣東局勢轉危為安。6月14日，國民黨中央政治委員會召開會議，擬定《政府改組決議案》、國民政府委員會名單及《中華民國國民政府組織法》，並於30日報送中央執行委員會審議。7月1日，國民政府在廣州正式宣告成立，實行委員制，以汪精衛、廖仲愷、胡漢民等16人為委員，汪精衛兼任國民政府主席。3日又成立了軍事委員會，委員有汪精衛（兼任軍委會主席）、胡漢民、伍朝樞、廖仲愷、蔣介石等8人，規定所管轄各軍一律稱為「國民革命軍」，並將黃埔軍校的「黨軍」的治軍原則推廣至國民革命軍，標誌着國民黨全面確立了「黨軍」體制。具體做法是將黃埔軍校的「黨軍」和駐紮在廣東的粵、湘、滇軍先後改編為國民革命軍7個軍共8.5萬人。

　　1926年6月初，國民政府任命蔣介石為國民革命軍總司令，7月上旬舉行總司令就職及北伐誓師典禮，北伐戰爭打響。當時的廣州國民政

府有三個討伐對象：一是河南、湖北、湖南和直隸南部的直系軍閥吳佩孚，號稱有兵力20萬人；二是盤踞江蘇、浙江、安徽、福建、江西的孫傳芳，號稱有兵力22萬人；三是佔有東北和山東、直隸、熱河、察哈爾等地並控制北京政權的張作霖，掌握兵力35萬人，並擁有空軍和兵工廠，是北方軍閥中勢力最強者。此外，還有一些地方軍閥如山西的閻錫山、雲南的唐繼堯、貴州的袁祖銘、四川的劉湘、湖南的趙恒惕等。

國民革命軍的作戰方針是首先向湖南、湖北進軍，消滅吳佩孚部主力，同時爭取張作霖、孫傳芳暫時保持中立，待兩湖戰場取得勝利後再東進，消滅孫傳芳部，最後北上與張作霖部作戰。

北伐戰爭的前奏是援湘作戰。1926年3月，原本聽命於吳佩孚的湖南軍閥趙恒惕在湖南人民和反趙勢力逼迫下，離開長沙，由湖南省防第四師師長唐生智代理省長職務，遭到吳佩孚的反對，吳佩孚一方面委任湖南省防第三師師長葉開鑫為「討賊聯軍湘軍總司令」，攻打唐生智，一方面調軍入湘，援助葉開鑫。5月，廣州國民政府軍事委員會決定出兵入湘，隨即任命唐生智擔任國民革命軍第八軍軍長兼北伐前敵總指揮，同時派第四軍獨立團葉挺部擔任北伐的先遣部隊，出兵援唐。5月底，葉挺獨立團和七軍一部分分別從廣東、廣西挺進湖南。國民革命軍援湘作戰，穩定了湖南政局，為北伐全面進行奠定了基礎。6月底，北伐軍分左、中、右三路北上。7月下旬，唐生智宣佈就任國民政府委任之職，廢除趙恒惕主政時期之省憲法，解散省議會，直屬廣州國民政府領導。北伐軍一路勢如破竹，先後在鄂南取得汀泗橋和賀勝橋戰役的勝利，並於10月10日佔領武昌，從而佔據湖南、湖北，吳佩孚的主力基本被消滅，吳也因此敗走河南，一蹶不振。

吳佩孚的主力被打垮之時，主戰場轉向江西。1926年8月，孫傳芳召開軍事會議，決定從蘇、浙、皖三省抽調主力部隊10萬人入贛，準備與北伐軍作戰。雙方在江西、福建、浙江、江蘇等戰場激戰，孫傳芳節節敗退。11月8日，北伐軍攻入南昌，孫傳芳的主力大部分被消滅。緊接着

北伐軍在福建戰場也獲得勝利。到1927年3月，程潛部圍攻南京，迅速突破了孫傳芳和直魯聯軍的防線，24日佔領南京。

從1926年7月到1927年3月，北伐軍出征近10個月，打垮了吳佩孚和孫傳芳的主力，從廣東打到武漢、南京、上海，革命勢力拓展到長江流域，給北洋軍閥勢力致命打擊，顯示出國共合作的巨大力量，推動了國民革命的深入開展。

北伐戰爭還推動了工農運動的發展。北伐軍佔領長沙、武漢後，兩省都成立了總工會，到1926年12月，全國工會會員由北伐前100多萬人增加到近200萬人。有資料統計，從1926年10月到1927年4月，武漢地區工人罷工300多次，平均每天約1.5次，有150多個工會，數十萬工人參加了罷工鬥爭。上海工人階級為了配合北伐戰爭，先後舉行三次武裝起義，其中1926年10月和1927年2月兩次武裝起義都因缺乏經驗和準備不足而中途流產。1927年3月21日發動第三次起義，中共中央鑒於前兩次的失敗，成立特別委員會，周恩來擔任總指揮。3月20日，北伐軍進攻淞滬，逼近龍華。21日，80萬工人舉行罷工，後轉為武裝起義。3月下旬，上海全市均為罷工工人佔領，上海臨時市政府宣告成立，上海工人第三次武裝起義獲得勝利。

工人運動開展的同時，農民運動也發展迅速。

國民黨中央不僅設有農民部，而且組織農民運動講習所，培養農民運動指導人才，共產黨人首先將農民運動付諸行動。一些國民黨左派的幹部黨員在北伐戰爭打響後，「緊隨軍隊之後，與共產黨人一起，大力推進了南方各省，尤其是兩湖與江西等地的工農運動」[1]。

北伐戰爭前，農民運動主要以廣東為中心，1926年9月，毛澤東發表《國民革命與農民運動》，指出：「農民問題乃國民革命的中心問

---

[1] 楊奎松：《國共分和的背景、經過與原因》，載王建朗、黃克武主編《兩岸新編中國近代史 · 民國卷》（上），社會科學文獻出版社 2016 年版，第 333 頁。

題，農民不起來參加並擁護國民革命，國民革命不會成功……若無農民從鄉村中奮起打倒宗法封建的地主階級之特權，則軍閥與帝國主義勢力總不會根本倒塌。」[1] 10月，中共中央在上海成立農民運動委員會，毛澤東擔任書記。農委成立後，制訂了《目前農運計劃》，指導各地農民運動。北伐開始後，農民運動由廣東擴展到湖南、湖北、江西、河南、陝西、四川等省。其中湖南農民運動勢頭迅猛，毛澤東在其中的貢獻較大。1926年11月，毛澤東擔任中共中央農委書記。1927年1月4日至2月5日，他對湖南湘潭、湘鄉、衡山、醴陵、長沙五縣農民運動做了32天的考察，於3月發表《湖南農民運動考察報告》，指出「國民革命需要一個大的農村變動。辛亥革命沒有這個變動，所以失敗了。現在有了這個變動，乃是革命完成的重要因素」[2]。當時擔任國民黨中央農民部長和國民革命軍總政治部主任的鄧演達，也積極扶助農民運動的開展，於1927年春相繼成立總政治部農民問題討論會、中央農民運動講習所等，全國各地農會也相繼成立。

工農運動的蓬勃發展，不僅調動了廣大群眾投身國民革命的積極性，提高了工農群眾的思想覺悟，也動搖了帝國主義和軍閥勢力的統治，成為北伐戰爭的重要組成部分。

國民革命順利開展的同時，國民黨內部和國共合作統一戰線開始出現分化和鬥爭。國民黨內部對孫中山的「容共」政策一開始就存在分歧，如馮自由、馬素、鄧澤如等人在孫中山改組國民黨之際就明確表示反對共產黨跨黨。1924年8月國民黨一屆二中執會上討論國民黨中央監察委員鄧澤如、張繼、謝持等人提出的「彈劾共產黨案」，通過《中國國

---

1 毛澤東：《國民革命與農民運動》（1926年9月1日），載《毛澤東文集》第一卷，人民出版社1993年版，第37、39頁。

2 毛澤東：《湖南農民運動考察報告》（1927年3月），載《毛澤東選集》第一卷，第16頁。

民黨中央執委會頒發有關容納共產分子問題之訓令》[1]，又通過《關於在國民黨內之共產派問題的決議案》，做出關於國共合作的決議，「中國國民黨對於加入本黨之共產主義者，只問其行動是否合於國民黨主義政綱，而不問其他。至於本黨之外存在之中國共產黨，作為非共產主義政黨之國民黨，對其存在及其黨員之行動，殊無監督之必要」[2]，堅持了國共合作的立場，徹底否定了「彈劾共產黨案」，由此引發部分國民黨內右派不滿。

1925年3月12日孫中山去世後，國民黨內右派勢力集結，先是戴季陶出版了《孫文主義之哲學的基礎》《國民革命與中國國民黨》等小冊子，反對馬克思主義理論，要求加入國民黨的共產黨員脫離一切黨派，成為單純的國民黨黨員。此外，國民黨內的右派還不斷製造事端，攻擊共產黨和國民黨內的左派，於1925年8月20日暗殺了左派領袖廖仲愷，當時廖仲愷在黨內的地位僅次於汪精衛和胡漢民，一身兼任多職。國民黨中央和國民政府指派汪精衛、許崇智、蔣介石三人組成特別委員會，處理廖案；組織陳公博、周恩來等9人參加「廖案檢查委員會」，負責檢查事宜。在這一案件調查過程中，蔣介石是最大的受益者，他全力支持汪精衛，打擊胡漢民，逼走許崇智，從此成為國民黨內真正的軍事領袖。[3]鄒魯、謝持、林森等一批國民黨右派於11月23日在北京西山召開會議，至次年1月4日宣佈閉幕，前後延續達42天之久，這些與會者被稱為「西山會議派」，主要討論與共產黨的關係、與廣州中央的關係、與蘇俄的關係等三個議題，其基本主張一是對「容共」政策不滿，主張「分

1 榮孟源、孫彩霞主編：《中國國民黨歷次代表大會及中央全會資料》上冊，光明日報出版社 1985 年版，第 72—75 頁。

2 《關於國民黨內之共產派問題的決議案》，載中共中央黨史研究室第一研究部譯《聯共（布）、共產國際與中國國民革命運動（1920—1925）》，第 523 頁。

3 金以林：《國民黨高層的派系政治——蔣介石「最高領袖」地位的確立》，社會科學文獻出版社 2016 年版，第 24 頁。

共」；二是對汪精衞主導的廣州國民政府不滿，宣佈停止廣州中央執行委員會的職權，在上海另立中央；三是決議解僱鮑羅廷，但無意放棄聯俄政策。「西山會議派」的活動造成了國民黨改組以來的第一次正式分裂，因此1926年1月國民黨「二大」對其做了組織處理。隨着北伐的勝利，廣州國民政府的合法地位更加穩固，「西山會議派」另立的「中央執行委員會」自1926年7月後再未開過會，號召力日漸減弱，活動空間日益狹小，部分黨員轉投廣州國民政府。

國共合作破裂
第一次國內革命戰爭失敗

　　1926年3月20日，黃埔軍校校長蔣介石以其座艦「中山艦」出現「異動」為由，宣佈緊急戒嚴，軟禁蘇聯顧問，並逮捕「中山艦」艦長、共產黨員李之龍，製造了「中山艦事件」（亦稱「三二〇」事件），意味着國共紛爭進一步升級。該事件主要成因是蔣介石個人猜忌，誤認為是汪精衞和蘇聯軍事總顧問季山嘉與中共聯手的倒蔣陰謀，臨時採取的軍事行動。[1]事變當天下午，在判定並不存在特別危險和陰謀後，蔣介石下令取消戒嚴，交還了收繳的武器並釋放被軟禁的中共黨員。汪精衞對這次事件非常激憤，又得不到蘇聯顧問支持，負氣出走海外。4月16日，在國民黨中央黨部與國民政府聯席會議上，蔣介石被選為軍事委員會主席。[2]5月中旬，蔣介石主持召開國民黨二屆二中全會，會上通過了《整理黨務決議案》，包括4個子決議案，內容主要有：凡他黨黨員之加入國民黨者，對於總理及三民主義不得加以懷疑或批評；中共應將加入國民黨的黨員名冊交由國民黨中央執行委員會主席保存；加入國民黨的中共黨員在國民黨高級黨部任執行委員之人數，不得超過總數的三分之一；中共黨員不得充任國民黨中央機關之部長；加入國民黨的共產黨員，非得有國民黨最高級黨部之許可，不得另有政治關係之組織及行動；中共對加入國民黨的共產黨員所發之一切訓令，應先交兩黨聯席會議通過；

1　關於「中山艦事件」的研究，參見楊天石《「中山艦事件」之謎》，《歷史研究》1988年第 2 期。

2　參見金以林《國民黨高層的派系政治：蔣介石「最高領袖」地位是如何確立的》，第23—32 頁。

國民黨未獲准脫黨以前，不得加入其他黨籍，如既脫國民黨而加入他黨者，不得再入國民黨；全體國民黨員重新登記。[1]

根據《整理黨務決議案》，譚平山、林伯渠、毛澤東等分別辭去了國民黨中央組織部長、農民部部長和宣傳部代理部長職務。蔣介石則通過「中山艦事件」和「整理黨務案」，先擔任國民黨中央組織部長兼軍人部部長，後又擔任國民黨中央常務委員會主席和國民革命軍總司令，逐漸控制國民黨、國民政府和國民革命軍的大權。

為遏制蔣介石勢力的擴張，以顧孟餘、何香凝等人為代表的國民黨左派主張迎汪復職。1926年8月下旬，迎汪運動公開化，主要分三股力量：一是部分黃埔軍校的學生；二是廣州的工人組織；三是以唐生智、張發奎為代表的北伐前線將領。中共中央既將蔣介石列為「將來之敵人」，又將蔣介石視為「現在之友軍」，處在「既不能推翻，又不能擁護」，「不聯合不行、不反對也不行」的兩難境地。在迎汪復職運動中基本方針是「繼續汪蔣合作的口號，要汪回來建立一個左派指導權的政府」[2]。

迎汪復職運動開展之際，又起遷都之爭。北伐軍攻佔武漢後，1926年11月國民黨中央政治會議決定中央黨部與國民政府遷都武漢，30日政治會議議決設立政治會議廣州分會。13日，在蘇聯顧問鮑羅廷提議下，國民政府在武漢宣佈成立「中國國民黨中央執行委員暨國民政府委員臨時聯席會議」，暫時執行最高職權。這一舉動遭到蔣介石的抵制和反對，1927年1月3日，他趁張靜江、譚延闓等中央執行委員路過南昌，召集中央政治會議第六次臨時會議，勸說與會者同意將中央黨部及國民政

1 中國第二歷史檔案館編：《中國國民黨第一、二次全國代表大會會議史料》（下），江蘇古籍出版社 1986 年版，第 712—716 頁。
2 《中共中央政治報告——關於目前形勢與黨的主要工作》（1927 年 1 月 8 日），載中共中央文獻研究室、中央檔案館編《建黨以來重要文獻選編（1921—1949）》第四冊，中央文獻出版社 2011 年版，第 5 頁。

府暫駐於他掌控的南昌，遷都問題以後再議，由此造成武漢與南昌的對峙。2月下旬，武漢方面宣佈結束臨時聯席會議，中央黨部與國民政府開始在武漢辦公，南昌方面也聲明國民政府仍在南昌照常辦公，儼然形成兩個中央。1927年3月10日，國民黨二屆三中全會在武漢召開，蔣介石和張靜江沒有出席，會議由鮑羅廷和國民黨左派控制。蔣介石原來的職位如中常會主席、中央組織部長、軍人部長，均被撤銷或被替代，只保留國民革命軍總司令一職，而總司令的權限，復由全會通過的條例加以限制。此外，為改變蔣介石在黃埔軍校培養個人勢力的狀況，會議決定軍事政治學校及各分校，均改校長制為委員制。4月1日，武漢國民政府下令廢除國民革命軍總司令一職，改為集團軍，任命蔣介石為第一集團軍總司令，馮玉祥為第二集團軍總司令，試圖削弱蔣介石軍權。

國民黨二屆三中全會雖削弱了蔣介石的權力，卻也成為他清黨反共的轉折點。4月5日，汪精衛約見陳獨秀，兩人發表《國共兩黨領袖聯合宣言》，其中寫道：「中國共產黨堅決的承認，中國國民黨及國民黨的三民主義，在中國革命中毫無疑義的需要」，要求國共兩黨同志「不聽信任何謠言，相互尊敬」，「開誠合作，如兄弟般親密」[1]。宣言表明陳獨秀並沒有認清當時的局勢，而蔣介石與中共的矛盾已經激化。蔣認為武漢國民政府的種種做法都是鮑羅廷和中共在幕後操縱，因此對鮑羅廷和中共非常痛恨。4月12日，蔣介石下令淞滬戒嚴司令部正副司令白崇禧、周鳳岐，以制止械鬥為名，利用青洪幫做前鋒，在一天之內迅速將上海工人糾察隊的武裝收繳。13日，上海10萬人在閘北集會抗議，遊行群眾遭到軍隊用機關槍密集射擊，當場死亡100多人。到14日，上海工人被殺者300多人，被捕者500多人，失蹤者5000多人。蔣介石還下令解散上海總工會，查封革命組織，捕殺共產黨員和革命者，汪壽華等中共黨

---

1 陳獨秀：《國共兩黨聯合宣言——告全黨同志書》（1927 年 4 月 4 日），載《陳獨秀文集》第四卷，人民出版社 2013 年版，第 66—67 頁。

員英勇犧牲。蔣介石在日記裏寫道：「上海工團槍械昨日已繳，頗有死傷，而浙江各處CP（英文『共產黨』一詞的縮寫——引者注）皆同時驅逐。」[1] 這就是「四一二」政變。隨後，蔣介石在南京、無錫、寧波、杭州、福州、廈門等地以「清黨」為名，清洗共產黨員和革命群眾。「四一二」政變標誌着蔣介石徹底叛變革命，是國共合作的大革命從勝利走向失敗的轉折點。

16日，蔣介石召開政治會議，決議在南京成立國民政府與中央黨部，開始「清黨」，大肆屠殺共產黨員和革命群眾。清黨反共運動迅速在蔣介石勢力所及的江、浙、皖、閩、粵、桂等省區鋪開。4月18日，南京國民政府宣告成立，國民政府一分為二，寧漢對峙由此形成。

隨着「四一二」政變發生和南京國民政府建立，蔣介石的強勢地位形成，武漢國民政府與南京合流的趨勢很快就出現了。武漢政府的統治區域較小，湖南由唐生智控制，截留了財政收入，江西則入不敷出，僅靠湖北一省財政支持。南京政府成立後，武漢地區掀起了聲勢浩大的討蔣運動，武漢國民黨中央下令開除蔣介石的黨籍，免去他的各類職務。中共中央也發表宣言，譴責蔣介石的暴行。與此同時，兩湖地區的工農運動也在繼續發展，尤其是農民要求解決土地問題的自發鬥爭，關於這一問題，武漢革命陣營內部並未達成一致，反倒矛盾不斷。農民運動持續高漲態勢引起汪精衛、孫科、顧孟餘、譚延闓等人的不滿。1927年4月下旬至5月中旬，國民黨中央黨部決議在湖南、湖北、江西等省組織特別委員會，同時陸續出台一系列限制工農運動的條例和法令。在這種局面下，部分武漢政府的軍官發動武裝叛變，5月21日，第三十三團團長許克祥在長沙發動「馬日事變」[2]，捕殺共產黨員和群眾100多人。

6月27日，武漢國民政府決定解散工人糾察隊，逼迫譚平山、蘇兆徵

---

1 蔣介石日記，1927年4月13日，藏美國斯坦福大學胡佛研究所。

2 馬日即21日。舊時拍發電報為了省字省錢，為電報編了代日韻目，21的韻目為馬。

辭去國民政府部長職務，停止宣傳工作。面對危急的革命形勢，共產國際發來指示要求中共開展土地革命，改造國民黨組織，建立工農武裝，但還未貫徹實施，就被共產國際代表洩露給汪精衞，成為汪精衞「分共」的藉口。

7月15日，汪精衞等控制的武漢國民黨中央召開會議，決定「分共」，開始對共產黨人和革命群眾公開鎮壓，大批共產黨員和群眾被捕殺，共產黨被迫轉入地下，第一次國共合作徹底破裂，也宣告了國民革命的失敗。

寧漢合流與東北易幟
國民黨軍閥大混戰

　　「四一二」政變後，18日，蔣介石於原江蘇省議會門外舉行南京國民政府成立典禮。同日，國民黨中央政治會議發表《國民政府建都南京宣言》，宣告自己的政治理念。南京國民政府成立後不久，國民黨中央政治會議主席胡漢民宣佈取消「打倒西山會議派」的口號，後在聯席會議上通過恢復西山會議派的林森、張繼、謝持、居正、鄒魯等18人的黨籍。這時，南京國民政府主要面臨兩方面挑戰。

　　一是武漢國民政府。武漢國民政府是廣州國民政府的延續，汪精衞也是合法推舉出來的政治領袖，有較多的中央執監委員支持，佔據湖北、湖南、江西三省並由湖南將領唐生智主持軍事，雖實力弱但居正統地位。二是佔據河南、陝西及甘肅的國民革命軍第二集團軍總司令馮玉祥和佔據山西、綏遠和直隸一部分地區的國民革命軍北方總司令閻錫山，兩者實力較強，但在寧漢兩個政權間搖擺，力主寧漢調和。7月24日，汪精衞、譚延闓、孫科等回電馮玉祥，表示願意「和平統一」並「遷都南京」。8月8日，李宗仁聯絡寧方將領聯名致電汪精衞，表示願意和平解決黨內糾紛。此時，由於北伐軍在東線戰事失利，加上武漢政權和桂系李宗仁、白崇禧等的聯合壓力下，蔣介石於8月12日晚宣佈下野，辭去國民革命軍總司令的職務，南京政權落入李宗仁、白崇禧、何應欽等軍事將領的控制之中。

　　1927年8月19日，武漢國民黨中央執行委員會第25次擴大會議通過遷都宣言，並撤銷對胡漢民、蔡元培、吳稚暉、李濟深、張靜江、蔣介石、古應芬、蕭佛成、陳果夫等人開除黨籍的處分。22日晚，李宗仁與

汪精衛、譚延闓、孫科、陳公博、唐生智、朱培德、程潛等9人在九江舉行會議，商定武漢政府於9月3日遷往南京。

　　在「反共」目標一致和實現「黨內團結」的旗號下，9月11日至13日，寧、漢、滬（西山會議派）三方主要負責人在上海伍朝樞寓所舉行談話會。15日，寧、漢、滬（西山會議派）三方在南京召開國民黨中央執監委員臨時聯席會議，會議決定設立「中國國民黨中央特別委員會」，改組國民黨中央黨部和國民政府。16日，國民黨中央特別委員會宣告寧、漢、滬三個國民黨中央合流，但並未消除國民黨內的矛盾。20日，國民政府軍事委員會委員宣誓就職，同日發表國民政府成立宣言，宣佈6條施政方針，包括繼續北伐、削平軍閥、完成全國統一、貫徹廢除不平等條約主張以及肅清共產黨等。寧漢至此實現合流。

　　11月蔣介石回國，國民黨內各派系再次進行權力重組。1928年1月4日，蔣介石在南京宣佈繼續行使國民革命軍總司令職權，此後，在「國民黨中樞暫時出現了蔣介石一人在朝，汪精衛、胡漢民兩人分別下野出洋的局面」[1]。2月上旬，按照蔣介石意願，國民黨二屆四中全會召開，改組了國民黨中央機構和國民政府，會議通過國民革命軍總司令得兼任軍事委員會主席的決議。蔣被推選為國民黨最高日常議事機構——中央政治會議的主席，確立了蔣介石在國民黨內的權力核心地位。國民黨二屆四中全會還通過了「限期完成北伐案」。全會結束後，蔣介石在徐州舉行二次北伐誓師大會，提出「打倒張作霖，統一全中國」的口號。蔣介石先與馮玉祥、閻錫山的代表舉行會議，改組馮玉祥、閻錫山掌握的軍隊；後與李宗仁、白崇禧達成合作協議。至此，國民革命軍共計40多個軍70餘萬人，奉系張作霖的安國軍編為7個軍約60萬人。4月5日，國民黨中央發表北伐出師宣言。兩天後，蔣介石、馮玉祥、閻錫山和李宗仁分別率領四個集團軍向奉系軍閥發起進攻。

---

1 金以林：《國民黨高層的派系政治——蔣介石「最高領袖」地位的確立》，第58頁。

　　1928年5月1日，北伐軍佔領濟南，日本軍隊以保護日僑為藉口悍然出兵，製造了濟南慘案，中國軍民死傷達數千人之多。慘案發生後，張作霖的安國軍內部開始出現「息爭禦侮」的呼聲。9日，張作霖、張學良與楊宇霆等聯名通電，聲明願意立即「停戰息爭」。蔣介石下令繼續北上，計劃完成北伐的最後勝利。面對北伐軍的攻勢，5月30日，安國軍政府召開最高緊急會議，張作霖、張學良、楊宇霆、張作相、孫傳芳等與會，最終決定退往關外。6月3日凌晨，張作霖乘京奉專列離京返奉。

　　6月4日清晨，張作霖乘坐專列抵達瀋陽近郊皇姑屯時，關東軍引爆事先埋設的炸藥，黑龍江督辦吳俊陞當場斃命，張作霖身受重傷，很快不治身亡，這一事件被稱為「皇姑屯事件」。北伐軍佔領京津等地後，12日，國民政府發表《對內宣言》，宣佈結束軍政，開始訓政，並宣佈了屬行法治、澄清吏治、肅清盜匪、蠲免苛稅、裁減兵額五大施政方針。15日，國民政府發表《對外宣言》，宣佈「中國統一告成」。20日，國民黨中央政治會議決定，原直隸省改名為河北省，北京改為北平，北平和天津劃為特別市。

　　皇姑屯事件後，張學良擔任奉天軍務督辦。6月下旬起，南京政府開始與奉軍高層就「罷兵」和「奉方加入國民政府」的條件初步交換意見，張學良一度同意7月中旬在熱河和東三省先後發表易幟通電，後因日本方面的阻擾一再拖延。1928年10月10日，國民政府新任主席、委員舉行就職典禮，蔣介石任國民政府主席，張學良等為國民政府委員。12月29日，張學良在奉天省府禮堂舉行隆重的易幟典禮並發表《易幟通電》，宣告東北三省改旗易幟。隨後國民政府於31日正式任命張學良為東北邊防軍司令長官，至此奉軍正式歸屬國民革命軍，中國也在辛亥革命後歷經十幾年的分裂局面獲得形式上的統一。

　　二是國民黨內部派系林立，新軍閥混戰。東北易幟後，國民黨內各地方實力派仍各霸一方，爭鬥不休，混戰不斷。在此後的一年多時間

裏，蔣介石控制的南京政府以統一全國為名，同李宗仁、白崇禧、馮玉祥、閻錫山、唐生智等地方實力派展開了數次內戰。有時甚至是你尚未登場，我已登台，令人眼花繚亂、啼笑皆非。[1] 1928年7月，蔣介石提出《軍事善後案》，其中強調北伐成功後要緊之務就是統一軍政和實行裁兵。當時蔣介石任總司令的第一集團軍主要駐紮在江蘇、安徽、江西、浙江、福建等地；馮玉祥的第二集團軍主要駐紮在綏遠、陝西、甘肅、河南、山東等地；閻錫山的第三集團軍主要駐紮在山西、河北、察哈爾三省及平津二市；李宗仁的第四集團軍駐紮在湖南、湖北和冀東地區。1929年1月正式召開軍事編遣會議，會議通過《國民革命軍編遣進行程序大綱》，規定全國現有軍隊分設中央直轄各軍編遣區、海軍編遣區、第1編遣區和按照地區劃分的5個編遣區。會議名義上是編遣軍隊以節省開支從事經濟建設，實際是蔣介石想藉此削弱地方軍事力量，因此該次會議沒有解決各大軍事集團間的分歧，反而激化了各方矛盾。

首先是蔣桂矛盾。1929年2月19日，以李宗仁為主席的武漢政治分會議決免去湖南省政府主席魯滌平的職務，另委任何鍵為主席，引發蔣介石發動討桂戰爭。3月26日，蔣介石下令免去李宗仁、李濟深、白崇禧的職務，讓其聽候查辦，並調動三路大軍進攻武漢，史稱「蔣桂戰爭」。蔣介石利用桂系武漢駐軍內部的矛盾，爭取到李明瑞等軍官支持，被夾擊的胡宗鐸、陶鈞所部撤離武漢，倉皇敗逃鄂西。4月5日，蔣介石佔領武漢後，繼續往桂系大本營廣西派兵，希圖徹底消滅桂系軍事實力。至6月間，在蔣介石分化瓦解政策下，桂軍不戰自潰，幾乎瓦解，李宗仁、白崇禧和黃紹竑等逃往香港。

桂系失敗的同時，蔣介石又把矛頭轉向馮玉祥，先後發動討馮戰爭和中原大戰。1929年5月中旬，馮玉祥在陝西華陰召開軍事會議，決定武力討蔣，自任「護黨救國軍西北路軍總司令」。蔣介石先操縱國民黨中

---

1 金以林：《國民黨高層的派系政治——蔣介石「最高領袖」地位的確立》，第 80 頁。

常會議開除馮玉祥黨籍,又以重金厚禮收買拉攏馮軍內部將領。22日,馮部高級將領石友三、韓復榘等宣佈擁蔣反馮,西北軍將領劉鎮華、楊虎城、馬鴻逵等隨後附和。在內外壓力下,馮玉祥宣佈下野,餘部在宋哲元等人統率下撤回西北。在這之後,又有李宗仁、張發奎聯軍和唐生智、石友三聯軍的反蔣活動,都被蔣介石一一擊敗。

到了1930年,一場更大規模的國民黨內軍閥勢力大混戰即將打響,這就是閻錫山、馮玉祥、李宗仁聯合反蔣的中原大戰。在這些反蔣勢力中,閻錫山居於主導地位。3月中旬,閻、馮、桂三派將領50餘人通電全國,列舉蔣介石六大罪狀,宣佈討蔣。三派於4月1日通電就任中華民國陸海空軍總司令、副司令。南京國民政府為維護其法統地位,4月5日下令通緝閻錫山。5月初,蔣介石在南京舉行討逆誓師典禮,中原大戰拉開序幕。反蔣的軍隊總計約70萬人,加上附從的石友三等雜牌軍,共80多萬人,蔣介石出兵約60萬人。分南北兩個戰場,北方主戰場在河南,支戰場在山東,分別沿平漢、津浦、隴海等鐵路沿線進行;南方戰場在湖南,沿湘江進行,以衡陽附近為決戰區。7月反蔣聯軍在北方戰場取得優勢,決定召開北平擴大會議。8月7日,擴大會議第一次會議在北平懷仁堂召開,汪精衛任主席,會議通過七條宣言,包括起草約法保障民權、籌備國民會議等。9月,反蔣派宣告成立北平國民政府,推舉閻錫山、馮玉祥、汪精衛、李宗仁、張學良(未經本人同意)、謝持、唐生智7人為國民政府委員,閻錫山被推舉為政府主席。

中原大戰爆發後,張學良坐鎮東北、軍事實力較強,成為蔣介石拉攏爭取的對象。9月2日,張學良向閻錫山的代表傅作義表示他並不贊同另立中央。18日,張學良發表通電「呼籲和平,即日罷兵,靜候中央措置」,並派遣部分東北邊防軍入關協助蔣介石。在南北兩面夾擊下,反蔣聯軍迅速潰敗,撤出平津地區。11月初,閻錫山、馮玉祥聯名通電下野,中原大戰以反蔣派失敗而告終,蔣介石更加獨斷專行,造成「寧粵

對峙」的局面，蔣被迫第二次下野。「九一八」事變爆發後，國民黨政府不得不暫時結束了派系紛爭，走向表面的「團結」。[1]

---

1 「寧粵對峙」期間，國民黨內的鬥爭雖被冠以「反對個人獨裁」、「護黨救國」等口號，實質還是「權力」二字，歸根結底還是因「派系」而生，這種表面的團結，也無法撫平派系帶來的裂痕。參見金以林《國民黨高層的派系政治——蔣介石「最高領袖」地位的確立》，社會科學文獻出版社 2016 年版，第 5 頁。王奇生指出，國民黨的派系鬥爭可以劃分三個階段，分別是 1925—1931 年，1932—1937 年，1938—1949 年，參見王奇生《黨員、黨權與黨爭：1924—1949 年中國國民黨的組織形態》，上海書店出版社 2003 年版，第 214—217 頁。

第五節

工農武裝割據與
蘇維埃革命政府的建立

　　國共合作的國民革命失敗後，白色恐怖籠罩全國，中國革命轉入低潮，中共組織被迫轉入地下。據中共六大不完全統計，從1927年3月到1928年上半年，被殺害的共產黨員和革命群眾達31萬多人，其中共產黨員2.6萬多人，包括蕭楚女、夏明翰、羅亦農、向警予等人。面對惡劣的環境和生死考驗，1927年7月下旬，中共中央政治局臨時常委會決定集結中共所掌握的武裝力量，準備在南昌發動起義。此外，還要在工農運動基礎較好的湘、鄂、贛、粵四省，組織農民發動秋收起義。

　　7月27日，周恩來趕赴南昌，組成包括李立三、彭湃、惲代英等在內的前敵委員會，周恩來任書記。8月1日凌晨，在周恩來的領導下，賀龍、葉挺、聶榮臻、朱德等人率領黨所掌握和影響的軍隊2萬多人突然發動起義，經過4個多小時的激烈戰鬥，起義軍佔領南昌城。後根據中共中央的計劃相繼撤離南昌，南下廣東，準備在廣東發動土地革命、重建革命根據地。起義軍在南下過程中遭到國民黨軍隊多次伏擊和圍攻，導致部隊被打散。保存下來的部隊一部分轉移到海豐與陸豐地區與當地農軍會合；一部分由朱德、陳毅率領，轉入粵湘贛邊界地區開展遊擊戰爭。

　　南昌起義打響了武裝反抗國民黨反動派的第一槍，標誌着中國共產黨獨立領導革命戰爭、創建人民軍隊和武裝奪取政權的開始，是中國共產黨歷史上的一個偉大事件，是中國革命史上的一個偉大事件，也是中華民族發展史上的一個偉大事件。

　　南昌起義後第六天，即1927年8月7日，在共產國際幫助下，中共中央在漢口召開緊急會議，會議批評了大革命後期以陳獨秀為首的中央所

犯的右傾機會主義錯誤，確立了實行土地革命和武裝起義的方針。毛澤東在會上指出：「……以後要非常注意軍事。須知政權是由槍桿子中取得的。」[1] 會議選舉了以瞿秋白為首的新的中共中央臨時政治局。會後決定由毛澤東、彭公達負責改組湖南省委，領導秋收起義。毛澤東到湖南後，組織成立中共湖南省委前敵委員會，將參加起義的部隊統一編為工農革命軍第一師，於9月9日在湘贛邊界發動秋收起義。起義軍最初佔領醴陵、瀏陽縣城和一些集鎮，後遭到包圍，損失嚴重。此時毛澤東果斷改變原有計劃，下令各路起義軍撤退至文家市集中。19日，前敵委員會在文家市開會決定把起義轉到統治力量薄弱的農村地區。月底，起義軍到達江西省永新縣三灣村時，在毛澤東領導下進行了改編，史稱三灣改編。這次改編重建了部隊的軍事、政治制度，將部隊縮編為一個團；建立黨的各級組織和黨代表制度，黨的支部建在連上，在連以上成立士兵管理委員會，營、團設黨委。從組織上確立了黨對軍隊的領導，是建設無產階級領導的新型人民軍隊的重要開端，是人民軍隊完全區別於一切舊軍隊的政治特質和根本優勢。改編後的部隊隨後落腳於井岡山，開創了中共歷史上第一塊農村革命根據地。

繼南昌起義和秋收起義後，12月11日，在中共廣東省委書記張太雷和葉挺、惲代英等領導下，以國民革命軍第四軍教導團、警衛團一部為主力，加上廣州工人赤衛隊七個聯隊以及部分市郊農民武裝，發動了廣州起義。起義軍一度佔領廣州絕大部分地區，並成立了廣州蘇維埃政府，終因力量懸殊而失敗。

除了這幾次規模較大的起義外，到1928年初，中共領導了全國大大小小近百次暴動，主要有海陸豐起義、瓊崖起義等。這些起義大多遭到失敗，部分幸存的隊伍退往農村，開展遊擊鬥爭，開展土地革命，建立

---

1 毛澤東：《在中央緊急會議上的發言》（1927年8月7日），載《毛澤東文集》第一卷，第47頁。

革命根據地，為黨創建紅軍和發展壯大根據地奠定了基礎。

1928年4月，朱德、陳毅率領南昌起義餘部及湘南農民軍轉戰到井岡山，在寧岡與毛澤東率領的部隊會師，合編為中國工農革命軍第四軍，朱德任軍長，毛澤東任黨代表，王爾琢任參謀長。5月，湘贛邊界黨的第一次代表大會在寧岡茨坪召開，毛澤東當選為中共湘贛邊界特委書記，統一領導湘贛邊界紅軍和根據地的鬥爭。12月，彭德懷、滕代遠率領平江起義後組成的紅五軍主力由湘鄂贛地區到達井岡山，井岡山根據地規模不斷擴大，推動了革命形勢的發展，毛澤東曾指出：「邊界紅旗子始終不倒，不但表示了共產黨的力量，而且表示了統治階級的破產，在全國政治上有重大的意義。」[1]

井岡山根據地的發展引起國民黨政府的恐懼，從1928年7月中旬開始，國民黨軍對井岡山進行三次「會剿」，在12月的第三次「會剿」中，紅軍在寧岡縣柏露村舉行聯席會議，決定由彭德懷、滕代遠率領紅五軍和紅四軍一部留守井岡山，毛澤東、朱德、陳毅率領紅四軍主力出擊贛南。1929年1月，紅四軍主力離開井岡山進入贛南，於1930年6月創建贛南閩西根據地。到1930年上半年，全國紅軍已發展到13個軍，近10萬人，開闢了15塊革命根據地，分佈於江西、福建、湖南、湖北、安徽等十餘個省，如湘鄂贛根據地、鄂豫皖根據地、洪湖湘鄂西根據地、廣西右江根據地等。

由於共產國際「左」傾思想的影響加上中共還處於幼年時期，在政治上並不成熟，對中國的社會性質和革命的性質、動力和前途等問題存在分歧。1927年11月，瞿秋白在上海主持召開中共中央臨時政治局擴大會議，會議接受了共產國際代表羅米納茲「不斷革命」的觀點，通過《中國現狀與共產黨的任務決議案》，使黨內出現「左」傾盲動錯誤並佔據主動地位。這表明正確認識中國革命基本問題的重要性以及召開黨

---

1 毛澤東：《井岡山的鬥爭》（1928年11月25日），載《毛澤東選集》第一卷，第81頁。

的全國代表大會的急迫性。

1928年6月18日—7月11日，中國共產黨在莫斯科近郊五一村召開第六次全國代表大會。會議通過了《政治議決案》《蘇維埃政權組織問題決議案》《土地問題議決案》等15個關於政治、軍事、組織、蘇維埃政權等問題的決議案，還修改了黨的章程，選舉了新的中央委員會，選舉向忠發為中央政治局主席兼中央政治局常委會主席，周恩來為中央政治局常委會祕書長。大會正確分析了中國的社會性質，指出現階段中國革命的性質仍然是資產階級民主革命，明確了革命的中心任務是以工農民主專政實現反帝反封建兩大目標。提出目前「最主要的危險傾向就是盲動主義和命令主義，他們都是使黨脫離群眾的」[1]。

中共六大對克服黨內「左」傾錯誤，促進中國革命的發展起了積極作用，但六大仍然把城市工作放在中心地位，對中間派的重要作用和反動勢力內部的矛盾缺乏正確的估計和應對政策，也沒有認識到中國革命的長期性和複雜性，而且對農村工作的重要地位缺乏必要的認識。

此後兩年，中共貫徹執行六大路線，中國革命出現恢復和發展的局面，但此時黨內有人質疑「紅旗到底打多久」，一些領導層則堅持「城市中心」，認為農村包圍城市是農民意識與保守觀念，也有擔心農村鬥爭超過城市鬥爭將不利於中國革命的觀點。從1928年10月到1930年1月，毛澤東陸續發表了《中國紅色政權為甚麼能夠存在？》《井岡山的鬥爭》《星星之火，可以燎原》等著作，科學論證了共產黨領導下的土地革命、開展武裝鬥爭和建立工農民主政權三者之間的關係，形成了「工農武裝割據」的理論。

這一系列論述標誌着中國化馬克思主義即毛澤東思想的初步形成，是對馬克思主義創造性的運用和發展，為中國革命在城市遭遇失敗後要

---

1 《政治議決案》（1928 年 7 月 9 日），載中共中央文獻研究室、中央檔案館編《建黨以來重要文獻選編（1921—1949）》第五冊，中央文獻出版社 2011 年版，第 391 頁。

想向前進一步發展指明了道路。

1930年6月11日，中共中央政治局開會通過李立三起草的《目前政治任務的決議》，標誌着李立三的「左」傾冒險主義錯誤在黨內取得主導地位，這個錯誤使黨付出了慘痛代價，國民黨統治區的許多中國共產黨黨組織暴露出來。其中，武漢、南京等城市的中國共產黨黨組織幾乎全部瓦解。這種做法招致聯共（布）中央的嚴厲批評，中共中央決定放棄原定的暴動計劃，開始重新認識革命的形勢和前途問題。9月24—28日，中共中央召開六屆三中全會，李立三在會上作了自我批評，會後被解除職務。為加強對根據地的統一領導，1931年11月，在江西瑞金召開中華蘇維埃第一次全國代表大會，各根據地以及紅軍和白區代表共600餘人出席。大會的主要任務是選舉蘇維埃臨時中央政府，並依據臨時中央有關憲法大綱的原則意見，審議通過中共中央提交的勞動法、土地法、紅軍法、經濟政策、少數民族問題、工農檢查處等法令。

大會選舉毛澤東為中華蘇維埃共和國臨時中央政府主席和中央執行委員會主席，項英、張國燾為中央執行委員會副主席。中央執行委員會下設人民委員會作為中央行政機關，設有外交、軍事、勞動、財政、土地、教育、內務、司法、工農檢查委員會部和中央國家政治保衛局等辦事機構，決定臨時中央政府設在江西瑞金，自此，贛南、閩西作為中央蘇區的地位確定下來。

11月25日，根據全蘇「一大」和中共中央的指示，成立了以朱德、彭德懷、王稼祥、林彪、譚震林、葉劍英、孔荷寵、周恩來、張國燾、邵式平、賀龍、毛澤東、徐向前、關向應、王盛榮15人組成的中華蘇維埃共和國中央革命軍事委員會。朱德為主席，王稼祥、彭德懷為副主席。中央軍委成立後，全國紅軍實現了統一領導。

中國的蘇維埃革命在從城市轉移到農村後，更多的是以土地革命的形式表現。中共成立初期通過的《土地問題決議案》曾明確規定沒收豪紳、地主及祠堂、廟宇、教堂及其他公產、官荒地或無主地，分配給無

地和少地農民使用的方針。井岡山革命根據地建立後，通過了《井岡山土地法》，做出沒收土地歸蘇維埃政府所有、農民只有使用權、禁止土地買賣的規定。《井岡山土地法》的制定對推動土地改革和根據地建設有積極意義，但沒有充分滿足農民的現實利益。紅軍主力進軍贛南、閩西後，1929年4月，頒佈了《興國土地法》，把沒收一切土地改為沒收一切公共土地及地主階級土地。7月，通過《土地問題決議案》規定：自耕農的田地不沒收；田地以鄉為單位，按原耕形式，抽多補少平均分配；對富農只沒收多餘的土地，不過分打擊；對大中小地主區別對待，給地主以生活出路。中共領導土地革命的第一步，是和農民經濟利益密切相關的減租、平穀（限制穀價）、廢除債務、抗捐等，這些政策使大部分農民嘗到土地改革帶來的收益，且「一嘗其味，決不會輕易忘記」[1]。中共也因此認識到，只有農民的部分經濟利益得到滿足，才能進一步將土地革命推向深入。

1931年12月1日，中華工農兵蘇維埃第一次全國代表大會通過的《中華蘇維埃共和國土地法》等草案，以法律的形式把土地革命中實行的平均分配一切土地的政策固定下來。經過三年多的土地革命實踐，基本形成了一套較為切實可行的土地革命路線、政策和方法，主要是：「依靠貧農、僱農，聯合中農，消滅地主階級，變封建土地所有制為農民土地所有制；以鄉為單位，按人口平均分配土地，在原耕地基礎上，抽多補少，抽肥補瘦等。」[2]土地革命是中共在農村進行的重大社會變革，極大地調動了農民發展生產、支援革命的積極性，使農村革命根據地的面

1 《羅明致福建臨時省委信》（1928 年 11 月 21 日），載《閩西革命史文獻資料》第 1 輯，中共龍岩地委黨史資料徵集領導小組 1981 年編印，第 320 頁。
2 中共中央黨史研究室：《中國共產黨的九十年》（新民主主義革命時期），中共黨史出版社、黨建讀物出版社 2016 年 7 月版，第 136—137 頁。

貌發生了根本性變化，他們紛紛參加紅軍或支援前線[1]，使中國共產黨贏得了人民群眾的擁護，為根據地建設和革命的深入開展奠定了堅實的基礎。

---

1 黃道炫認為 20 世紀 20—30 年代的蘇維埃革命雖以土地革命為中心，但蘇維埃革命的源流也有其多樣性，它為農民提供了平等、權利、尊嚴、身份感，是農民投身革命不可忽視的政治、心理原因。詳見黃道炫《張力與限界：中央蘇區的革命（1933—1934）》，社會科學文獻出版社 2011 年版，第 72 頁。

「圍剿」與反「圍剿」
兩個「政權」的較量

中原大戰後，蔣介石集中兵力向各根據地和紅軍發動大規模「圍剿」，紅軍在根據地人民支持下，展開反「圍剿」戰爭。「圍剿」和反「圍剿」，中華蘇維埃共和國和中華民國兩個「政權」的反覆較量，構成有關「中國」命運的較量與決戰。

1930年10月，蔣介石在南昌設立「陸海空軍總司令行營」，以江西省主席魯滌平兼行營主任，出動10萬大軍採用「長驅直入，外線作戰，分進合擊，猛進猛攻」的戰術，對中央根據地發動第一次「圍剿」。此時紅一方面軍約4萬人，在毛澤東、朱德指揮下，採取誘敵深入的作戰方針，於12月30日在龍岡地區殲敵1萬人，並活捉國民黨第十八師師長張輝瓚。接着，又在東韶追擊譚道源師，殲滅一個多旅，打破了國民黨軍隊第一次「圍剿」。

1931年1月，蘇區中央局在寧都小布成立，項英任代理書記，並成立由蘇區中央局領導的中央革命軍事委員會，項英任主席，朱德、毛澤東任副主席，毛澤東兼任總政治部主任，同時撤銷以毛澤東為書記的中共紅一方面軍總前委。

一個月後，蔣介石部署發動第二次「圍剿」。1931年2月，何應欽重組總司令部南昌行營，集結兵力約20萬人，對中央根據地採取「穩紮穩打，步步為營，緊縮包圍」的「圍剿」方針。紅軍採取集中兵力先打弱敵，在運動中各個消滅敵人的方針。自1931年5月16日至31日，紅軍從富田開始，連打五個勝仗，橫掃700里，自贛江之畔直達福建建寧，共殲敵3萬多人，打破了國民黨軍隊的第二次「圍剿」，擴大了中央革命根據

地。

6月，蔣介石親自出任圍剿軍總司令，到南昌指揮第三次「圍剿」。何應欽為前敵總指揮兼左翼集團軍總司令，調集30萬人從南豐進攻，陳銘樞為右翼集團軍總司令，從吉安進攻，採用「厚集兵力，分路圍剿」，「長驅直入，分進合擊」的戰法，企圖先擊破紅軍主力，然後再深入「清剿」蘇區。7月，毛澤東提出「避敵主力，打其虛弱」的作戰方針，紅一方面軍歷時三個月，殲敵3萬多人，粉碎了國民黨軍隊的第三次「圍剿」。此次「圍剿」被粉碎後，由於「九一八」事變的爆發及國民黨內部的鬥爭，國民黨軍隊在江西開始全面後撤，贛南、閩西兩塊根據地基本連成一片，並擴大到跨20餘個縣的廣大地區，中央蘇區進入快速發展時期。

由於受紅軍反「圍剿」勝利的影響和全國抗日反蔣浪潮的推動，1931年12月，國民黨第26路軍1.7萬人，在參謀長趙博生和季振同、董振堂、黃中岳等率領下，在江西寧都起義，改編為中國工農紅軍第五軍團。反「圍剿」的勝利，進一步推動了根據地的發展，贛南、閩西連成一片，中央根據地空前壯大，先後控制了20餘個縣。

其他根據地的反「圍剿」鬥爭也陸續取得勝利。

鄂豫皖革命根據地地處長江以北，平漢路東，其規模僅次於中央根據地，總面積達4萬餘平方公里，人口350餘萬。從1930年冬到1931年夏，紅軍先後打破國民黨軍隊兩次「圍剿」。1931年11月，中共中央決定，鄂豫皖根據地的紅四軍和紅二十五軍在黃安七里坪合編為紅四方面軍，徐向前任總指揮，陳昌浩任政委，總兵力近3萬人。

此外，湘鄂西、贛東北、洪湖、閩浙贛、瓊崖等根據地也相繼取得反「圍剿」鬥爭的勝利，紅軍和革命根據地均得到不同程度的發展。

第七節

社會性質論戰與
社會政治思潮

大革命失敗後，南京國民政府開始在政治上和文化上對異己勢力採取高壓政策。從1929年起，相繼頒佈《宣傳審查條例》《出版法》等，還設立了圖書審查委員會，對具有進步傾向的作品加以扼殺，一批進步青年作家和文藝界人士也遭到殺害。在國民黨的白色恐怖下，共產黨人和一批左翼知識分子聯合起來，在思想文化戰線進行戰鬥。

在國民黨屬行「清黨」、推行黨治和訓政過程中，馬克思主義理論研究和宣傳仍在頑強奮鬥，出現了翻譯和出版馬克思、恩格斯、列寧著作的熱潮。據統計，從1927年8月至1937年6月間，翻譯出版的馬恩著作達113種之多，包括馬克思、恩格斯的《政治經濟學批判》《神聖家族》《哥達綱領批判》《哲學的貧困》《路易·波拿巴的霧月十八日》《反杜林論》《家庭、私有制和國家的起源》《路德維希·費爾巴哈和德國古典哲學的終結》，列寧的《國家與革命》《帝國主義是資本主義的最高階段》《兩個策略》《唯物論與經驗批判論》等。隨着馬列著作大量出版，介紹和研究馬克思列寧主義著作論集也大量出現，如李達等合譯的《馬克思主義經濟學基礎理論》《社會科學概論》，屈章翻譯的《歷史唯物主義》等。

一批先進的知識分子還通過創辦刊物、發表論文、出版專著等方式介紹和宣傳馬克思主義理論。如瞿秋白的《唯物論的宇宙觀概說》《馬克思主義之概念》、李達的《社會主義之基礎知識》等。1927年底，留學日本的朱鏡我、馮乃超等人回國後，先後創辦了《文化批評》《思想》《流沙》等雜誌，發表了朱鏡我的《科學的社會觀》、李一氓的

《科學社會主義的哲學淵源》等文章。這些文章從各個方面闡述世界和中國革命的理論與實際問題，受到青年的歡迎。

馬克思主義的傳播，帶來各派知識分子對國民黨統治合法性與共產黨暴力革命的合理性的懷疑與爭論，中國向何處去的問題成為各派知識分子關注的焦點。

1928年1月，《新生命》雜誌在上海創刊，陳布雷、戴季陶、邵力子、周佛海、陳果夫等為發起創辦人，周佛海、薩孟武先後擔任主編，作者群體有周佛海、薩孟武、梅思平、陶希聖、樊仲雲等人。該雜誌先後發表了陶希聖的《中國社會到底是甚麼社會》《中國之商人資本及地主與農民》等文章，其中提出中國是一個「宗法制度已不存在，宗法勢力還存在着」、「封建制度已不存在，封建勢力還存在着」的社會，《新生命》後續發表了熊康生的《中國社會的蠡測》、黎際濤的《中國社會構造的史的觀察》、葉非英的《中國之封建勢力》等文，均支持了陶希聖的觀點。1929年，陶希聖先後出版了《中國社會之史的分析》《中國封建社會史》，繼續討論中國社會性質問題，否定「封建制度」的存在。

此外，聯共（布）黨內托洛茨基一派指出斯大林為首的共產國際在指導中國革命問題上犯了嚴重錯誤，導致中國革命的失敗；當前中國革命的主要任務應當逐漸轉向直接反對資產階級的革命，應該努力爭取公開地位，為團結一切小資產階級及其勢力，以國民會議為中心口號，通過合法和半合法的鬥爭來宣傳和爭取群眾。這一錯誤觀點得到陳獨秀等人的擁護，對中共推行的以土地革命為中心的蘇維埃運動造成一定的破壞力。

圍繞《新生命》雜誌形成的新生命派和托洛茨基派的觀點，使得中共開始考慮回應這一系列問題。加上中共對社會性質的問題也很關注，認為清楚認識中國社會的來龍去脈，有助於強化中國革命的理論基礎。1928年，一些歸國的「創造社」青年成員，在上海創辦《文化批判》

《流沙》《思想》等雜誌，弘揚馬列主義理論，批判各種非馬克思主義的文化，這些刊物的主要撰稿人和編輯者如李一氓、朱鏡我、彭康、李初梨、馮乃超等人，後來多在中共中央宣傳部文化工作委員會任職。1930年4月，由共產黨人主辦的刊物《新思潮》雜誌出版「中國經濟研究專號」，發表潘東周的《中國經濟的性質》、吳黎平的《中國土地問題》、王學文的《中國資本主義在中國經濟中的地位及發展前途》等文章，以馬克思主義為指導，主要從帝國主義和中國經濟的關係、中國經濟的具體運行、民族資本在中國經濟中的地位等方面，分析中國的社會經濟狀況，肯定中國是半殖民地半封建社會的論斷。「中國經濟研究專號」刊出後，一場關於中國社會性質的論戰隨之展開，主要集中在托派與共產黨人之間，參加這場論戰並在《新思潮》上發表文章的有：新生命派陶希聖等，托洛茨基派任曙、嚴靈峰、李季、王宜昌等，神州國光社的王錫禮、胡秋原等，共產黨人張聞天（化名劉夢雲）、熊得山、劉蘇華、何幹之等。

論戰主要圍繞以下三個問題。

第一，關於帝國主義與中國經濟發展的關係。持托派觀點者認為，帝國主義侵入中國後，封建制度的經濟基礎已遭破壞，整個中國社會已不可避免地向資本主義過程發展壯大。因此，中國工人階級當前的主要任務，已不是反對封建主義，而是反對整個資本主義。對此，馬克思主義學者反駁說，帝國主義入侵固然造就了某些資本主義的生產關係，一定程度上刺激了資本主義經濟的發展，在國家主權無法保證的情況下，外國資本主義侵入，往往造成本國經濟的畸形發展，民族資本主義在帝國主義和封建主義聯合壓迫之下，難以得到發展。帝國主義正是靠確保和加深殖民地和半殖民地對其依賴性來加強剝削的。

第二，關於資本主義的發展程度。持托派觀點者誇大中國資本主義的發展水平，認為中國資本主義已取代封建經濟佔統治地位。馬克思主義學者結合事實，以翔實的統計數據證明中國民族資本主義雖有所發

展，但在中國社會中仍處於十分弱小的地位，既無法與列強控制的經濟相抗衡，也不可能取代封建經濟。

第三，關於封建勢力在中國社會經濟中的地位。持托派觀點者否認中國社會還存在相當濃厚的封建勢力。馬克思主義學者對中國社會特別是農村社會性質，進行了深入考察，指出在當時中國農村，地主對農民的剝削仍通過租佃、收取實物地租的方式進行，和資本主義化的利用新式技術、僱傭工資勞動者的剝削形式迥然不同。商業資本雖然滲入農村，但不足以改變農村封建生產關係，反而充當了封建生產關係的潤滑劑。[1]

這場論爭的實質是唯物史觀與唯心史觀的鬥爭。通過這場論戰，揭露和批判了托派歪曲近代中國社會性質、反對和破壞中國革命的反動實質，論證了中共「六大」關於中國革命性質及革命任務的論斷，促進了馬克思主義理論與中國革命具體實踐的結合。

1934年1月，張聞天發表《中國革命的社會經濟基礎》一文提出中國社會的經濟是「半殖民地與半封建的經濟」，並指出：「這種經濟決定了中國革命的任務與性質，決定了中國革命中各階級的關係，決定了中國革命的動力。」[2] 從而得出結論：「中國資產階級民主革命歸根結底只有在中國無產階級和它的先鋒隊──中國共產黨領導之下才能獲得最後的勝利⋯⋯過去中國革命證明了，將來還會不斷地證明著。」[3] 1937年，何幹之出版《中國社會性質問題論戰》一書，對半殖民地半封建社會有了比較清醒的認識。1938年後，毛澤東對半殖民地半封建的中國社會性

---

1 參見《中國近代史》編寫組編《中國近代史》，高等教育出版社、人民出版社 2012 年版，第 437 頁。[美] 阿里夫 ‧ 德里克：《革命與歷史：中國馬克思主義歷史學的起源（1919－1937）》，江蘇人民出版社 2004 年版，對這一問題也有專章討論。

2 張聞天：《中國革命的社會經濟基礎》（1934 年 1 月），載《張聞天文集》第一卷，中共黨史資料出版社 1990 年版，第 479 頁。

3 張聞天：《中國革命基本問題》，東北書店 1949 年版，第 131 頁。

質作了集中的理論概括，認為半殖民地半封建社會性質「是一個總的最本質的規律」，「我們要用這個規律去觀察一切事物」[1]。在中國社會性質論戰中，共產黨人通過這場論戰，成功宣傳了馬克思主義歷史唯物論觀點，也由此延伸到史學領域，引發關於中國社會歷史分期的論戰。[2]

　　1930年，郭沫若出版的《中國古代社會研究》運用馬克思主義唯物史觀，通過對中國古史資料的發掘、鑒別、研究，以物質資料生產方式的發展變化，說明中國古代的歷史，首次將鴉片戰爭以前的歷史，分為原始社會、奴隸社會、封建社會，最後到資本主義社會這樣一個歷史過程。由此引發出一場社會史大討論。討論主要圍繞下述三點：第一，亞細亞生產方式的性質是甚麼？第二，中國歷史上是否存在奴隸社會階段？第三，秦漢以後是不是有所謂「商業資本主義社會」或「前資本主義社會」？這三個問題的實質是要不要堅持運用唯物史觀來研究中國歷史？唯物史觀關於社會經濟形態的學說是不是適用於中國歷史？即人類社會（包括中國社會歷史）是否遵循唯物史觀所揭示的歷史發展的普遍規律？

　　第一，關於亞細亞生產方式問題。亞細亞生產方式由馬克思首先提出，「大體說來，亞細亞的、古希臘羅馬的、封建的和現代資產階級的生產方式可以看做是經濟的社會形態演進的幾個時代」[3]。關於亞細亞生產方式，比較有代表性的觀點，是郭沫若所解釋的古代原始共產社會。

　　第二，關於中國歷史上存在奴隸制階段問題。李季、陶希聖、王錫禮等否認中國存在奴隸制階段，他們認為中國從氏族社會進入封建社會

1　毛澤東：《認識中國社會性質是重要的中心的一點》（1938 年 3 月 20 日），見《毛澤東延安時期文稿兩篇》（1938 年 3 月—1941 年 10 月），載《黨的文獻》2002 年第 3 期。
2　關於中國社會性質問題的論戰，可參考李紅岩《半殖民地半封建理論的來龍去脈》，載《中國近代史學史論》，中國社會科學出版社 2011 年版，第 49—86 頁。
3　馬克思：《〈政治經濟學批判〉序言》，載《馬克思恩格斯文集》第二卷，人民出版社 2009 年版，第 592 頁。

中間沒有經過奴隸制階段，周朝是典型的封建制社會，以此來否認奴隸制是人類歷史發展的必經階段。馬克思主義學者普遍肯定中國歷史上存在過奴隸制階段。郭沫若在《中國古代社會研究》《殷周青銅器銘文研究》等著作中論證了「西周是奴隸社會」的判斷。呂振羽在《史前期中國社會研究》、翦伯贊在《殷代奴隸社會研究之批判》中也都闡明了中國奴隸制產生的依據，堅持了馬克思主義關於社會發展規律的學說。

第三，關於秦漢以後中國的社會性質問題。對這一問題眾說紛紜，有前資本主義社會、商業資本主義社會、專制資本主義社會、半封建社會等種種說法，郭沫若、呂振羽等人堅持運用唯物史觀分析秦漢以後中國社會政治經濟狀況，認為周秦以來雖歷經王朝變更，但中國社會封建制度的政治和經濟組織一直延續，地主與農民之間剝削與被剝削的關係沒有改變。因此，中國社會在鴉片戰爭前，實際上長期停滯在封建社會形態中。鴉片戰爭後，外國列強入侵，中國社會淪為半殖民地半封建社會。

中國社會史論戰雖未能徹底解決中國社會發展過程中諸階段的許多問題，但這場論戰在思想戰線具有重要意義，它是將馬克思主義理論引入中國社會史領域的全面反映。通過討論，馬克思主義唯物史觀、階級分析方法逐漸被很多人接受，中國社會的性質以及由原始社會、奴隸社會、封建社會發展的歷史脈絡，被初步勾勒出來。[1]

本章內容主要敍述中國共產黨成立，中國國民黨召開第一次全國代表大會，確定國共合作政策，共同討伐北洋軍閥，這些都是推動近代中國社會「上升」趨勢的明顯標誌。中國共產黨的成立，標誌着「中國人民謀求民族獨立、人民解放和國家富強、人民幸福的鬥爭就有了主心

---

1 參見《中國近代史》編寫組編《中國近代史》，第 438 頁。此外，陳峰《民國史學的轉折 —— 中國社會史論戰研究（1927 — 1937）》，山東大學出版社 2010 年版，對中國社會史論戰進行了專門討論，對其發生的背景、過程、性質和影響進行了剖析。

骨，中國人民就從精神上由被動轉為主動」[1]。

當北伐取得關鍵性進展的時刻，以「左」的面目出現，在東征和北伐中取得了中國國民黨實權的蔣介石，在上海發動了政變，把國民黨一大決定的聯合共產黨的政策推翻了，把共產黨人打入血泊之中，歷史上稱為「四一二」政變。這次政變是國民黨歷史的一大轉折，也是近代中國歷史的一大轉折，這體現了近代中國「上升」趨勢的曲折性。

「四一二」政變後，中國共產黨以南昌起義、秋收起義，建立井岡山革命根據地來反擊蔣介石、國民黨，國民黨以對根據地的圍剿來鎮壓共產黨的反擊。同時，蔣介石、國民黨繼續完成北伐，形式上完成了國家的統一，這一點又符合國民黨一大的精神。這個歷史悖論再一次說明了近代中國「上升」趨勢的曲折性。

---

1 習近平：《決勝全面建成小康社會 奪取新時代中國特色社會主義偉大勝利——在中國共產黨第十九次全國代表大會上的報告》（2017 年 10 月 18 日），人民出版社 2017 年版，第 13 頁。

第九章

民族危機加深
國內階級關係的調整

「九一八」事變與
「不抵抗政策」

　　20世紀20年代初，日本試圖衝破華盛頓體系的束縛，稱霸東亞。1927年，日本內閣首相兼外相田中義一主持召開東方會議，制定了大陸政策，決心對外侵略擴張。1929年秋，資本主義世界爆發了新的經濟危機，這場危機於1930年春波及日本，1931年達到頂點。中小企業相繼倒閉，大量失業，人民生活極其貧困，國內階級矛盾激化，從城市到鄉村，到處充滿着不安和反抗。日本政府加緊實施其既定的侵華政策，轉移人民視線。

　　日本侵佔中國東北的野心由來已久。還在1929年7月，日本駐瀋陽關東軍參謀石原莞爾就起草了《關東軍佔領滿蒙計劃》的文件。1930年9月，另一關東軍參謀佐久間亮三進一步起草了《關於滿蒙佔領地統治的研究》的文件。1931年5月，在板垣征四郎、石原莞爾等的策劃下，又制定了《處理滿蒙問題方案》的文件，強調在非常情況下，關東軍可自行決定佔領滿蒙。6月底，關東軍甚至設計了在位於瀋陽城北郊南滿鐵路附近的柳條湖製造爆炸事件，並制定一舉奪取瀋陽城的具體步驟。

　　就在關東軍祕密策劃奪取東北的行動的同時，日本人還在有步驟地激化中日關係，為武裝侵略東北作輿論準備。

　　6月下旬，日軍參謀本部上尉中村震太郎在興安嶺一帶進行非法軍事調查，被中國駐軍查獲並處死，此即「中村事件」。7月1日，又發生了「萬寶山事件」。萬寶山在長春以北30公里處。事件起因於日本警察支持朝鮮移民為引水入田，強行在中國農民的熟田裏挖壕、建壩。它造成了中朝農民之間的衝突，日本警察開槍打死打傷中國農民數十人並捕去

若干人，同時大造輿論煽動仇華，致使朝鮮國內發生了大批殺害華僑的流血事件。而日本國內強硬分子反而斥責政府對中國過於軟弱。

「萬寶山事件」和「中村事件」發生，蔣介石電告張學良「應予不抵抗，力避衝突」[1]。事件發生後，日本掀起了一股排華浪潮，日本軍方要求報復中國的言論甚囂塵上。7月下旬，蔣介石公開發表《告全國同胞一致安內攘外電》，稱：「惟攘外應先安內……不先消滅赤匪，恢復民族之元氣，則不能禦侮；不先削平粵逆，完成國家之統一，則不能攘外。」[2]

1931年9月18日夜，日本關東軍獨立守備第二大隊第三中隊河本末守中尉帶領六名士兵，到瀋陽北郊東北邊防軍駐地北大營西南柳條湖，在南滿鐵路的路軌上埋設炸藥，炸毀柳條湖段1.5米路軌。花谷正少尉在事前即向關東軍參謀長和陸軍相發出電報，誣稱中國軍隊破壞南滿鐵路，與日軍守備隊發生衝突。埋伏在附近的日軍第三中隊長川島正大尉在爆炸發生後，即率部向東北軍獨立第7旅駐地北大營發起進攻。關東軍司令長官本莊繁批准了高級參謀板垣征四郎擬定的命令：第29聯隊進攻瀋陽，第二師團增援。

由於張學良忠實貫徹蔣介石的不抵抗政策，一方面解除了東北軍的思想武裝，另一方面對日本的戰略意圖嚴重誤判，當事變發生後又缺乏有力的指揮，導致東北軍大多不戰自潰。1931年9月19日晨，關東軍攻佔北大營，佔領瀋陽城，然後向瀋陽以北和東南兩個方向進攻。至9月25日，關東軍侵佔遼寧、吉林兩省大部，佔領了長春、吉林等30餘座城市和12條鐵路。10月3日，關東軍以遼、吉兩省為基地，開始向黑龍江省省會齊齊哈爾方向進攻。黑龍江省代主席兼代軍事總指揮馬佔山率當地駐

---

1 張友坤、錢鋼主編：《張學良年譜》（上），社會科學文獻出版社 1996 年版，第 569 頁。

2 蔣介石：《告全國同胞一致安內攘外》，載秦孝儀主編《先總統蔣公思想言論總集》第三十卷，中國國民黨中央委員會黨史委員會 1984 年版，第 150 頁。

軍頑強抵抗，展開江橋抗戰。激戰至11月18日，傷亡慘重，被迫撤退。日軍隨即佔領齊齊哈爾，並攻佔黑龍江省大部。12月下旬，日軍主力兩個師團、六個混成旅團兵分三路進犯錦州。1932年1月初，日軍奪取錦州。2月初，哈爾濱失陷。吉林省和黑龍江省政府也不復存在。至此，東北三省的大好河山全部淪陷，3000萬同胞淪入敵手。這就是震驚中外的「九一八」事變。

　　日本發動「九一八」事變是第一次世界大戰後首次以武力重新瓜分世界的重大行動，它開始打破凡爾賽——華盛頓體系所確立的世界秩序，標誌着東方戰爭策源地開始形成。

　　「九一八」事變發生時，蔣介石正在「圍剿」紅軍。9月21日，蔣介石在南京召集吳稚暉、張靜江、戴季陶、邵元沖等會商處理方針，提出避免擴大戰爭、向國聯與《非戰公約》簽字國申訴，求得公平決斷的主張。22日，蔣介石在國民黨南京市黨部黨員大會上發表演說中講道：「我國民此刻必須上下一致，先以公理對強權，以和平對野蠻，忍痛含憤，暫取逆來順受態度，以待國際公理之判斷。」[1] 23日，南京國民政府發表《告全國國民書》：「政府現時既以此次案件訴之於國聯行政會，以待公理之解決，故已嚴格命令全國軍隊，對日避免衝突，對於國民亦一致告誡，務必維持嚴肅鎮靜之態度。」[2] 這表明「九一八」事變後，南京國民政府和蔣介石對日方針主要採取的還是不抵抗政策。

　　國民黨政府把遏制日本侵略的希望寄託於英美等列強的出面干涉，幻想依賴國際聯盟壓迫日本撤兵，與日本達成某種妥協。中國外交部向日本提出三次抗議，並向國聯提出申訴。日本發表《關於滿洲事變的第一次聲明》，誣指「中國軍隊破壞了南滿鐵路的路軌」，強稱日軍「有

---

1 蔣介石：《一致奮起共救危亡》，載李雲漢編《九一八事變史料》，（台北）正中書局 1977 年版，第 322 頁。
2 《告全國國民書》（1931 年 9 月 23 日），《世界日報》1931 年 9 月 24 日。

必要先發制人」。國聯理事會通過九項決議，要求中日雙方防止事態進一步擴大。日本代表雖在決議案上簽字，但日本內閣並沒有約束軍方。關東軍繼續炮轟通遼，轟炸錦州。國聯並未譴責侵略者。1931年10月初，中國駐國聯代表施肇基照會國聯祕書長，要求立即召開理事會，採取措施恢復事變前狀態，賠償中國損失。國聯理事會未能通過要求日本在限期內撤軍完畢的中日問題決議案。日本政府隨即發表《關於滿洲事變的第二次聲明》，再次為其侵略行徑辯護。

10月24日，國聯理事會又通過決議要求日本於11月6日前撤兵，日本投反對票否決了決議，國聯束手無策。在中國代表的要求下，12月10日，國聯行政院通過決議：「派遣一委員會，該委員會以五人組織之，就地研究任何情形影響國際關係而有擾亂中日兩國和平或和平所維繫之諒解之虞者。」[1]1932年1月21日，國聯調查團正式成立，由英、美、法、德、意五個國家的代表組成，因團長是英國人李頓爵士，也稱為「李頓調查團」。根據理事會決議，中國派顧維鈞以中國代表處處長資格參加，日方派曾任駐瀋陽總領事的吉田伊三郎參加。因決議中規定「該委員會對於任何一方之軍事辦法，無干涉之權」[2]。因此，國聯調查團並不能對日本的侵略起到阻止作用。不僅如此，調查團提出的報告書也並未持公允立場，日本的行為既不能視為合法，又強調日軍的行動帶有自衞性質；既承認中國對東北三省的領土主權，又強調日本在東北有特殊地位和特殊需要。即便如此，日本政府仍拒絕接受。

蔣介石在依賴國聯的希望破滅後，又寄望於通過外交方式解決問題，並試圖與日本直接交涉。由於遭到各方反對，其對日直接談判的計劃未能實現。1931年12月15日，蔣介石被迫辭職下野，宣佈辭去國民政

---

1 《國際聯盟關於解決中日糾紛的有關文件．國聯行政院決議案》(1931年12月10日)，載《中華民國史檔案資料彙編》第五輯第一編《外交》(一)，第541頁。

2 《國際聯盟關於解決中日糾紛的有關文件．國聯行政院決議案》(1931年12月10日)，載《中華民國史檔案資料彙編》第五輯第一編《外交》(一)，第541頁。

府主席、行政院長、陸海空軍總司令職務。1932年1月1日，根據國民黨四屆一中全會的推舉，林森就任國民政府主席，孫科就任行政院院長，張繼就任立法院院長，伍朝樞就任司法院院長，戴季陶就任考試院院長，于右任就任監察院院長，新一屆中央政府組成。

「九一八」事變是日本有計劃實施其大陸政策的第一步，在日本的策動下，東北各地發生所謂的「滿洲獨立運動」。1931年11月10日，日本關東軍祕密將清廢帝溥儀從天津接到東北。1932年1月6日，日本陸軍省、海軍省和外務省與參謀本部一同制定了《中國問題處理綱要》，明確提出要將東北從中國主權下分離出來成為一個「國家」，其政治、經濟、國防、交通等均受日本控制，並由日本人直接參與其行政事務。2月，關東軍在瀋陽召開「建國會議」，決定合併三省的偽政權，成立「東北行政委員會」。25日，關東軍以偽東北行政委員會的名義，發表滿洲建國方案，規定國名為「滿洲國」，元首稱號為「執政」，首都定於長春，改稱「新京」。3月1日，宣佈偽滿洲國成立。9日，溥儀出任偽執政，張景惠任偽參議府議長，鄭孝胥任偽國務總理。12日，犬養毅內閣會議通過《滿蒙問題處理方針綱要》，指出：「目前滿蒙的狀況已成為從中國本部政權分離出來的一個獨立的政權統治地區，日本應加以誘導，使之逐漸具有一個國家的實質。」[1]

1933年2月24日，國聯大會以42票贊成，日本1票反對，通過《國際聯盟特別大會關於中日爭議報告書》，聲明對「滿洲國」不給予事實上或法律上的承認。3月27日，日本政府發表通告，宣佈退出國聯，不再接受國聯的任何決議和約束。1934年3月1日，偽滿洲國政體改行君主立憲制，溥儀坐上「皇帝」寶座，並在日偽官員的陪同下，到長春郊外的天壇祭天，年號「康德」。根據關東軍與溥儀簽訂的《日滿密約》，關東

---

1 日本外務省：《日本外交年表並主要文書》（1840—1945）下冊，東京原書房1955年版，第204頁。

軍代表日本政府，對偽滿洲國擁有內部指導權，偽滿所有重大決策與人事任命，都要得到關東軍同意。「滿洲國」成為日本關東軍控制下的傀儡政權。

日本擴大對華侵略
蔣介石實施「安內攘外」對策

　　「九一八」事變後，上海民眾反日和抵制日貨運動日益高漲，極大地刺激了上海的日本僑民，日本駐華公使重光葵向國民政府提出抗議，威脅說中國政府如果繼續默許排日運動進一步發展，中日兩國將有最不幸之重大事件發生。受到日本政府強硬態度的激勵，日本僑民於10月至11月間在上海連續舉行日僑大會，通過宣言和決議，揚言要懲罰中國。1932年1月18日，在日本駐上海領事館武官輔助官兼上海特務機關長田中隆吉的蓄意煽動下，上海妙法寺日本僧人天崎啟升等5人，向三友實業社的中國工人進行挑釁，又指使流氓將兩名日僧打傷，並誣陷中國工人所為。隨後，日方傳言有一名日僧死亡，田中隆吉藉機擴大事態。隨後，幾十名日本浪人，縱火焚燒三友實業社工廠，並打死中國軍警一人，打傷軍警兩人。上海日僑1000餘人召開大會並舉行遊行示威，沿途搗毀電車公共汽車及中國商店，同時日本駐滬總領事向上海市長吳鐵城提出道歉、緝兇、賠償、取締抗日運動和解散抗日團體五項要求。

　　從23日起，日本大批海軍陸戰隊士兵在上海登陸，至27日，日本派至上海的兵力已有軍艦30餘艘、飛機40架次、裝甲車幾十輛和陸戰隊6000人。在這種情況下，日本駐上海總領事的態度更加強硬，不僅要求道歉、賠償和懲兇，而且要求取締一切排日活動和一切以抗日為目的的民間團體。27日，日方向上海市政府發出最後通牒，限24小時以內答覆。28日晚，吳鐵城答應日方全部要求，但日軍仍向上海北站、江灣、吳淞等地發起攻擊，「一‧二八」事變爆發。

　　此時，駐防上海的是第十九路軍，總指揮蔣光鼐，軍長蔡廷鍇。他

們通電表示：「惟知正當防衛，捍患守土，是其天職，尺地寸草，不能放棄。為救國保種而抵抗，雖犧牲至一人一彈，絕不退縮，以喪失中華民國軍人之人格。」[1] 同時，陳銘樞、蔣光鼐、蔡廷鍇等十九路軍高級將領還公開發表了《告十九路軍全體同志書》和《告淞滬民眾書》，表示：「不要感覺我們物資敵不過人，我們要以偉大犧牲精神來戰勝一切，我們必定能操勝算，我們必定能救中國。」[2] 蔣、蔡的通電和表態受到社會各界的強烈支持和擁護，此時，國民政府宣佈遷至洛陽辦公。2月，蔣介石提出：「只要不喪國權，不失守土，日寇不提難以忍受的條件，則我方即可於英、美干涉之時，與之交涉。」[3]

淞滬抗戰，日軍投入金澤第9師團、久留米混成旅團、第11師團、第14師團、弘前第8師團、第1師團、第10師團及海軍陸戰隊約7.7萬餘人，中方軍隊只有4.21萬人。第十九路軍和第五軍頑強抵抗日軍，在閘北、江灣等處與日軍激戰，中國軍隊死傷、失蹤共14801人，日軍死傷3184人。[4] 第十九路軍堅決抗戰，得不到中央政府支持，不僅給養缺乏，部隊損失也得不到及時增援。3月1日，日軍1萬多人趁中國軍隊兵力分散之時，在瀏河偷襲登陸。在援軍未到達的情況下，蔣光鼐總指揮下達總退卻令，將主力部隊撤退至黃渡、方泰鎮、嘉定、太倉一線。5月5日，在國聯及英美等國的調解下，中日雙方代表簽訂《淞滬停戰協定》，協定共有五條，附件三號，主要內容包括雙方停止一切敵對行動，中國軍隊駐紮現在位置，日軍撤退至事變前的公共租界暨虹口方面的越界築路。

1 《海上血戰記》（1932 年 2 月 22 日），《國聞週報》第九卷第七期。

2 上海社會科學院歷史研究所編：《「九一八」——「一・二八」上海軍民抗日運動史料》，上海社會科學院出版社 1986 年版，第 187 頁。

3 秦孝儀總編纂：《總統蔣公大事長編初稿》第二卷，台北中正文教基金會 2005 年版，第 172 頁。肖如平圍繞「一・二八」淞滬抗戰前後南京國民政府的對日政策及其轉變，重點分析蔣介石、汪精衛、孫科、陳銘樞等軍政領導人在淞滬抗戰中的權力紛爭與政策分歧。參見肖如平《南京國民政府與一・二八淞滬抗戰研究》，浙江大學出版社 2016 年版。

4 章伯鋒、莊建平主編：《抗日戰爭》第一卷，四川大學出版社 1997 年版，第 355—357 頁。

此後，美英等國以監視協議的履行情況。協定簽字後，日方代表宣佈日軍自5月6日起開始撤退。至此，淞滬抗戰結束。

該協定使中國失去了在上海的駐兵權，為日後日本發動全面侵華戰爭提供了條件，也損害了英美等國在長江流域的利益，破壞了第一次世界大戰後建立起的遠東地區新的國際秩序。

日本在侵佔了我國東三省、成立「滿洲國」後，並沒有滿足其擴張慾望，開始把侵略的矛頭轉向華北地區。

1932年上半年，日本對駐守熱河的東北軍發動進攻。8月，國民政府決議撤銷北平綏靖公署，改設軍委會北平分會，蔣介石任委員長，由副委員長張學良代行其職，統一協調指揮駐華北各省的軍隊。1933年1月初，日軍在山海關製造事端，炮擊臨榆縣城，誣陷中國守軍，以此為藉口發動進攻，駐守山海關的東北軍何柱國部奮起還擊，安德馨營全部殉國。3日，日軍佔領山海關和臨榆縣城。2月，日本向南京國民政府遞交備忘錄，要求中國軍隊撤出熱河省，遭到拒絕。隨後日本關東軍下達《攻佔熱河計劃》，揚言要讓熱河「真正成為滿洲國的領域」，旋即以奪取熱河首府承德為主要目標，兵分三路向朝陽、赤峰、凌源地區發起進攻。3月初，赤峰失守，日軍佔領承德。8萬餘名東北軍全線撤退，山海關以北，義院口、界嶺口、冷口、喜峰口、大安口、古北口一線長城全線告急。此時蔣介石集重兵開展對中央紅軍的第四次「圍剿」，在熱河問題上，未做充分準備。全國輿論嘩然，引發對東北軍和國民政府不抵抗政策的批評浪潮。蔣介石被迫離開江西「剿共」前線北上，張學良引咎辭職，由何應欽兼任北平軍分會委員長。

日軍佔領承德後，隨即派兵向長城各口進發。3月初，長城抗戰爆發。國民黨西北軍宋哲元部，第三十二軍商震部，東北軍王以哲部，以及奉命增援的中央軍徐庭瑤、關麟徵等3個師，與日軍英勇作戰。5月上旬，日軍越過長城，從東西兩個方向向冀東地區大規模進攻，撫寧、盧龍、遷安等地相繼失陷。5月下旬，長城全線失守，中國軍隊撤退至寧

河、寶坻，日軍先鋒第6師團推進至薊運河一線，直逼平津。

5月3日，國民政府設立行政院北平政務整理委員會，任命黃郛為委員長，負責對日交涉停戰問題。25日，北平軍分會接受日方條件，決定停火。5月底，北平軍分會總參議熊斌與日本關東軍副參謀長岡村寧次，代表中日雙方簽訂《塘沽協定》，規定中國軍隊撤退至延慶、昌平、順義、通縣、香河、寶坻、寧河、蘆台一線以西、以南地區，以後不得越過該線；將長城以南冀東22縣定為非武裝地帶，中國不得駐軍，華北地區門戶就此打開。

日軍在入侵熱河的同時，對察哈爾省步步進逼。長城內外大片國土淪喪，民族危機更加深重，一批愛國將領激於民族大義，不顧南京國民政府的禁令，毅然率部抗日。馮玉祥還在1932年10月就從隱居的山東泰山來到察哈爾張家口，組織抗日武裝。當熱河淪陷，大批義勇軍無路可走，自然擁入察哈爾境內，投奔主張抗戰的馮玉祥。於是，馮玉祥便以第二十九軍教導團和方振武所部為主，和義勇軍等組成了「察哈爾民眾抗日同盟軍」，1933年5月26日，馮玉祥通電就職，親任總司令。

抗日同盟軍自6月起接連收復康保、寶昌、沽源等地，並連戰五晝夜，奪取淪入敵手的察哈爾商業重鎮多倫。但馮玉祥此舉受到南京國民黨當局強烈反對，甚至不惜派出15萬大軍對同盟軍進行軍事圍攻，致使同盟軍內部迅速分化，馮玉祥在日、蔣兩方面的夾擊下，被迫於8月中旬宣佈去職，重新返回山東泰山。方振武、吉鴻昌率部打出抗日討賊的旗號，興兵南討，很快陷入重圍，被國民黨大軍所消滅。方振武逃亡海外，吉鴻昌避入天津租界，後被國民黨逮捕殺害。

「一・二八」事變後，第十九路軍被調往福建「圍剿」紅軍，他們不滿蔣介石的「安內攘外」的不抵抗政策，響應中共抗日宣言，尋求與紅軍合作，1933年9月，第十九路軍於閩贛邊界中央蘇區的紅軍聯繫，約定停戰。11月20日，李濟深、陳銘樞、蔣光鼐、蔡廷鍇等發動福建政變，宣佈成立「中華共和國人民革命政府」，公開提出「反蔣抗日」口

號，並宣佈成立人民革命軍第一方面軍總司令部，蔡廷鍇任司令。12月下旬，蔣介石組織軍隊進攻福建人民革命政府。1934年1月，存在僅50多天的福建人民政府宣告失敗。

「福建事變」表明國民黨內部在抗戰和「圍剿」紅軍問題上的分化，有力地衝擊了蔣介石「安內攘外」政策，對建立抗日民族統一戰線產生了積極影響。

華北地區是中國政治、經濟、文化中心地區之一，戰略地位十分重要。日軍在武力侵佔東北三省和熱河後，又以武力威脅、政治謀略和經濟掠奪相結合的方式，通過逼簽協定、扶植偽政權的手段，開始了名為「華北自治」，實為變華北為第二個偽滿洲國的侵略活動，史稱「華北事變」。

1935年5月底，日本中國駐屯軍藉口中國軍隊援助東北抗日義勇軍進入灤東「非武裝」區和天津兩名親日報社社長在天津日租界被青幫暗殺，向何應欽等提出抗議和無理要求，即所謂「河北事件」。事件發生後，日本華北駐屯軍司令官梅津美治郎於6月向國民政府代表何應欽提出取消國民黨河北省黨部，撤走駐河北的軍隊，撤換河北省主席和平、津兩市市長，取締反日團體等無理要求。國民政府召開緊急會議，決定接受日方條件。7月，日本華北駐屯軍司令官梅津美治郎與國民黨華北軍分會代理委員長何應欽達成協議（即「何梅協定」），日本政府攫取了中國河北、察哈爾兩省的大部分。這一系列喪權辱國的協定，嚴重損害了中國主權，助長了日本侵略者的氣焰，造成日本佔據平津及河北省大部分的既定事實，華北地區的中國主權及行政系統開始瓦解。

10月，日本軍方又在河北省香河縣指使漢奸暴動，佔據了縣城。11月，日本軍方指使灤榆區行政督察教導員殷汝耕在通州成立了所謂「冀東防共自治委員會」，使冀東20餘縣脫離中國政府管轄，為日本所控制。一個月後，殷汝耕又將其政權改名為「冀東防共自治政府」，並與偽滿洲國進行「互訪」。同時，日本侵略軍還在平津等地加緊演習，

進行挑釁。12月，國民政府指派宋哲元等成立「冀察政務委員會」，宋哲元擔任委員長。冀察政務委員會是日本侵略者和蔣介石集團妥協的產物，雖隸屬於國民黨中央政府，但具有很強的獨立性。隨後，日本政府加緊策劃「華北五省自治運動」，華北主權陷入危機。

　　1936年5月，以德穆楚克棟魯普（德王）為首的偽蒙古軍政府在德化成立，成為日本侵略內蒙古地區的工具。華北陷入四分五裂的狀態。儘管國民政府，在華北還擁有主權，但喪失了諸多戰略上極為重要地區的管轄權。隨後，日軍加快了全面侵華戰爭的步伐。

第三節

抗日救亡運動的高漲

「九一八」事變後，抗日救亡運動在全國興起。1931年9月20日至1932年4月15日，中國共產黨先後發表《為日本帝國主義強暴佔領東三省事件宣言》《為國民黨反動政府出賣中華民族利益告全國民眾書》等聲明，揭露日本帝國主義侵略中國並稱霸亞洲和世界的陰謀。上海、天津、廣州、北平等地工人紛紛舉行反日大罷工和示威遊行，組織抗日救國會開展抗日募捐。北平、南京、上海等地學生舉行罷課、示威、街頭宣傳等活動，全國先後成立了「東北民眾抗日救國會」、「北平工界抗日救國會」等，積極開展和聲援抗日活動。宋慶齡、何香凝、馮玉祥等國民黨內的抗戰派以及民族資產階級、海外華僑等也加入抗日救亡的行列，要求國民政府一致對外，共同抗日。

東北人民沒有停止過反抗日本的鬥爭。中國共產黨不僅積極參加和推動各地的抗日救亡運動，而且直接領導了東北人民的抗日武裝鬥爭。中共中央以及東北黨組織先後選派羅登賢、楊靖宇、趙尚志、周保中、趙一曼等到東北，加強中共滿洲省委的領導力量。1932—1933年，中共滿洲省委與以原東北軍為主體的抗日義勇軍進行合作，並直接建立了盤石、汪清等反日遊擊力量，後來這些遊擊隊統稱為東北抗日聯軍。至1937年7月，東北抗日聯軍發展到十個軍，一個獨立師，共約3萬人。

1932年12月，中國民權保障同盟在上海成立，宋慶齡任主席，蔡元培任副主席。同盟的宗旨是營救一切愛國的革命的政治犯，爭取人民的言論、出版、集會、結社的自由，該同盟存在期間做了許多工作，推動了民主運動的發展。1933年6月18日，同盟總幹事楊杏佛遭到暗殺，同盟的活動因國民政府的迫害而無法繼續下去，被迫中止。

　　隨着日本侵華步伐的加快，尤其是華北事變後，中華民族危機進一步加深，在中共地下黨組織的領導下，平津學生自治會成立，並積極開展抗日救亡宣傳活動。

　　1935年12月9日，北平學生舉行聲勢浩大的抗日遊行，打出「反對華北自治」、「打倒日本帝國主義」、「停止內戰，一致對外」的口號，遭到國民黨軍警鎮壓。幾天之內，有70多所學校成立了自治會或學生會，並在北平學聯號召下宣佈罷課。12月16日，北平學生和市民3萬多人在天橋召開大會，通過反對冀察政務委員會、反對華北傀儡組織、要求停止內戰一致對外等決議案。會後舉行更大規模的示威遊行，再次遭到大批軍警衝擊，300餘人受傷，30餘人被捕，迫於民眾的壓力，冀察政務委員會宣佈延期成立，這就是「一二·九」運動。

　　「一二·九」運動得到全國人民的支持和響應。天津學生舉行示威遊行，並宣佈實行罷課。上海學生及各界人士舉行全市示威遊行，要求釋放被捕北平學生。南京、杭州、武漢、廣州、開封、濟南、太原、南寧、揚州、蘇州、保定、長沙等地學生也相繼舉行遊行或罷課。12月下旬，平津學生聯合會成立，次年1月初天津學聯組織南下，沿津浦鐵路和平漢鐵路宣傳抗日。2月初，宣傳團建立了中華民族解放先鋒隊，並迅速發展到全國30餘個城市，積極開展抗日活動。「一二·九」運動具有深遠歷史意義，標誌着中國人民抗日救亡民主運動新高潮的到來。毛澤東評價這場運動「準備了抗戰的思想，準備了抗戰的人心，準備了抗戰的幹部」，「將成為中國歷史上的一個非常重要的紀念」[1]。

　　1936年5月底至6月初，在共產黨人的積極參與下，宋慶齡、何香凝、馬相伯、鄒韜奮、胡愈之等知名人士，在上海圓明園路中華基督教

---

1 毛澤東：《一二九運動的偉大意義》（1939年12月9日），載《毛澤東文集》第二卷，第253頁。

青年會發起成立了全國各界救國聯合會成立大會[1]，會議通過《全國各界救國聯合會章程》《全國各界救國聯合會宣言》《抗日救國初步綱領》等文件。同時，救國會在上海、香港、西安以及兩廣等地組織了大規模的救亡運動，引起了全社會的強烈反響。毛澤東多次致函救國會領導人，充分肯定救國會提出的全國團結一致、抗日救國的主張，表示願意同救國會密切合作，並再次表明了中國共產黨的抗日民族統一戰線政策。救國會的抗日主張引起了國民黨當局不滿。

11月23日，國民黨政府以「危害民國」罪，逮捕了救國會的沈鈞儒、章乃器、鄒韜奮、李公樸、沙千里、史良、王造時七人，史稱「七君子事件」。事件在社會各界人士中引起較大震動，許壽裳、許德珩、張東蓀、張申府等109位知名人士聯名致電國民政府，要求對七君子「完全開釋，勿再拘傳，以慰群情，共赴國難為幸」[2]。1937年6月25日，宋慶齡、何香凝、胡愈之等16人發起救國入獄運動並發表《救國入獄運動宣言》。在各方壓力下，7月31日，「七君子」被釋放出獄。

1930年3月，在中國共產黨的建議和籌劃下，中國左翼作家聯盟（簡稱「左聯」）在上海成立。10月，中國左翼文化界總同盟成立。這些左翼文化團體通過文藝創作的形式，積極為抗日救亡運動服務，先後創辦了《萌芽月刊》《北斗》《文化月報》《生活週刊》等刊物，翻譯了《資本論》第一卷、《反杜林論》《政治經濟學批判》《唯物主義與經驗批判主義》等一批馬列著作，創作了《八月的鄉村》《子夜》等小說，湧現出魯迅、茅盾等一批文化名人。此外，田漢作詞、聶耳譜曲的《義勇軍進行曲》作為影片《風雲兒女》的主題曲在中國大地上廣泛傳播，激發了民眾的抗日鬥志。

1　關於救國會的研究，見周天度、孫彩霞《救國會史（1936—1949）》，群言出版社2008年版。

2　《救亡情報》第 29 期，1936 年 12 月 9 日。

第四節

紅軍被迫轉移
蘇維埃運動遭受挫折

　　1931年11月1日至5日，中央蘇區黨的第一次代表大會在江西瑞金召開，史稱「贛南會議」。蘇區中央局代理書記毛澤東代表蘇區中央局向大會作了報告。會議通過了《政治決議案》《黨的建設問題決議案》《紅軍問題決議案》等文件。會上，「左」傾教條主義者把毛澤東的正確主張斥責為「狹義的經驗論」、「農民的落後意識」和「富農路線」，甚至指責「抽多補少，抽肥補瘦」的土地政策，「是模糊土地革命中的階級鬥爭，也是同樣的犯了富農路線的錯誤」[1]。贛南會議及其決議案，表明毛澤東在中央蘇區的正確領導受到排擠，處境較為困難。

　　1932年5月，隨着上海抗戰結束，蔣介石召開「清剿」會議，下令向革命根據地發動第四次「圍剿」，他的戰略部署是先進攻鄂豫皖、湘鄂西根據地，得手後再全力進攻中央根據地。7月14日，蔣介石自任鄂豫皖「剿匪」總司令，調集以中央軍為主的26個師5個旅約30萬軍隊，發動對鄂豫皖根據地進攻。此時紅四方面軍約有4.5萬餘人，曾給國民黨軍隊造成一定打擊。但是時任中共鄂豫皖中央分局書記兼軍事委員會主席的張國燾，在「肅反」擴大化中錯誤殺害了許繼慎等優秀將領和大批幹部，國民黨軍隊大舉進攻時，他又盲目輕敵，倉促應戰，錯誤指導，結果使紅軍遭到較大傷亡。10月，張國燾在未得到中央允許的情況下，張皇失措，決定紅四方面軍主力2萬多人越過平漢鐵路向西轉移，歷時兩個多月

1　《政治決議案——中央蘇區第一次黨代表大會通過》（1931 年 11 月 1—5 日），載《中共中央文件選集》第七冊，中共中央黨校出版社 1991 年版，第 448 頁。

後，進入川北，開闢了川陝根據地，並於1933年2月7日召開中共川陝省第一次黨代表大會，成立以熊國炳為主席的川陝省蘇維埃政府。

在進攻鄂豫皖根據地的同時，國民黨軍隊10萬餘人向湘鄂西根據地發起進攻，六屆四中全會後，時任中共湘鄂西中央分局書記兼紅三軍政治委員的夏曦來此工作，他也執行了冒險主義和宗派主義方針，在「肅反」中錯誤地殺害了段德昌等優秀將領和大批幹部，作戰中先是輕敵冒進，繼又消極防禦，部隊傷亡慘重，只能退出湘鄂西，經輾轉作戰，又開闢了黔東根據地。鄂豫皖和湘鄂西蘇區的陷落，結束了蘇區和紅軍對國民黨華中統治區的威脅，但是國民黨軍對中央蘇區的「圍剿」卻以失敗告終。

1932年底，蔣介石親臨南昌坐鎮指揮，由何應欽任總司令，調集國民黨30多個師約40萬的兵力，分左、中、右三路向中央根據地發動第四次「圍剿」，這時紅一方面軍約有7萬人，在總司令員朱德、政治委員周恩來指揮下，運用以往反「圍剿」的成功經驗，於1933年2月、3月間，經黃陂、草台崗兩次伏擊，殲滅陳誠部精銳主力近3個師，俘虜敵人1萬餘人，成功打破了國民黨軍隊對中央根據地的第四次「圍剿」。

正當第四次反「圍剿」進行時，中共中央由於王明「左」傾機會主義，採取排斥其他抗日反蔣力量的方針，使各蘇區紅軍遭到不同程度的損失，毛澤東也受到「左」傾中央的指責，被迫離開領導崗位。

1933年5月31日「塘沽協定」簽字後，蔣介石自任總司令，向美、英、德等國借款購買飛機、大炮並聘請外國軍事專家和顧問，在廬山舉辦軍官訓練團，並調集100萬軍隊，準備發動對革命根據地的第五次「圍剿」。他吸取過去的失敗教訓，強調實行「三分軍事、七分政治」的方針，將「圍剿」定位為軍事、政治、經濟、社會的總體戰，採取一系列措施，力圖強化自身力量，嚴密政治組織，改變國民黨政權和軍隊的負

面形象，同時對蘇區實行經濟上嚴密封鎖[1]，軍事上採取持久戰和堡壘主義的戰略。

中央根據地仍是敵人「圍剿」的重點，蔣介石投入50萬兵力，這時中央根據地主力紅軍約有10萬人，敵我力量對比懸殊。在上海不能立足的臨時中央負責人博古來到瑞金中央根據地，他不懂軍事，把紅軍指揮權交給共產國際派來的軍事顧問李德，李德不了解中國實際情況，採用教條主義和軍事冒險主義策略，反對「誘敵深入」的方針，主張「禦敵於國門之外」，要求紅軍全線進攻，使紅軍遭受很大損失，喪失了根據地大片地區。1934年1月，中共六屆五中全會在瑞金召開，這次會議把「左」傾錯誤推向頂點，會議改選了中央政治局，選舉產生了中央書記處，博古仍負總責。4月中旬，國民黨軍隊集中優勢兵力進攻中央蘇區北大門廣昌，博古、李德不顧敵強我弱實際情況，命令紅軍主力堅守，經過18天血戰，廣昌失守。

為了減輕國民黨軍隊對中央根據地的壓力，7月上旬，由尋淮洲等領導的紅七軍團改編為北上抗日先遣隊，開赴閩浙皖贛邊區活動。11月，紅七軍團同方志敏領導的紅十軍會合，組成紅十軍團繼續北上。1935年1月，紅十軍團遭遇國民黨軍隊圍追堵截，方志敏被俘。8月6日，方志敏在南昌英勇犧牲。

1934年9月下旬，在國民黨各路軍隊進攻下，中央根據地僅剩下瑞金、興國、雩都等縣之間的狹小區域，中央紅軍已無法在原地扭轉戰局。9月17日，博古致電共產國際報告紅軍主力準備實施戰略轉移。9月30日，共產國際覆電表示同意。10月中旬，中共中央機關和中央紅軍主力8.6萬餘人，被迫實行戰略轉移，開始長征，中央根據地也因第五次反「圍剿」的失利而隨之丟失。

「左」傾教條主義給中國革命造成巨大損失，導致除陝甘以外各主

---

1 參見黃道炫《張力與限界：中央蘇區的革命（1933—1934）》，第 197—211 頁。

要革命根據地的丟失，嚴重破壞了中共在國民黨統治區組織工作，中國的蘇維埃運動遭受重大挫折。

紅軍長征開始後，博古等推行「左」傾錯誤方針的中共中央領導人又犯了逃跑主義錯誤，將戰略轉移和突圍變成了大搬家式的行動，帶着笨重的機器，行動遲緩，一天只能走一二十里路。按照原定計劃，中央紅軍準備轉移到湖南西北部，同紅二、紅六軍團會合。在連續突破國民黨軍隊的四道封鎖線後，遭遇國民黨重兵夾擊，付出了很大代價。12月1日，中央機關和中央紅軍渡過湘江，全軍從出發時8.6萬餘人減至3萬多人。損失半數以上，所帶的機器、文件等也在戰鬥中大部丟失。在殘酷的事實面前，中共中央和中革軍委發生激烈爭論，對錯誤領導的懷疑不滿情緒蔓延，要求改換領導的呼聲增長。

1934年12月18日，中共中央政治局在貴州黎平舉行會議，經過激烈爭論，接受毛澤東的提議，通過了《中央政治局關於戰略方針之決定》，放棄向湘西前進的計劃，改向貴州北部進軍。1935年1月7日，紅軍攻克黔北重鎮遵義。

1月15日至17日，中共中央在遵義召開政治局擴大會議，博古、張聞天、毛澤東、李德等20人參加會議。會議討論了博古就第五次反「圍剿」失利問題所做的總結報告，批評博古、李德在第五次反「圍剿」中實行單純防禦、在戰略轉移中實行逃跑主義的錯誤，明確提出必須改善軍委領導方式。會議增選毛澤東為中央政治局常委，通過了張聞天起草的《中央關於反對敵人五次「圍剿」的總結決議》。2月5日，中央紅軍從遵義在向雲南扎西地區進軍途中，中央政治局常委會決定由張聞天代替博古負中央總責。3月中旬，中共中央決定成立由周恩來、毛澤東、王稼祥組成黨內最高軍事指揮小組，即新的「三人團」，以周恩來為首，負責全軍的軍事行動，取代了原來以博古、李德、周恩來組成的軍事指揮三人團。

遵義會議實際上確立了以毛澤東為主要代表的馬克思主義正確路線

在中共中央的領導地位，確立了毛澤東在軍事上的領導核心作用，在極其危急的情況下挽救了中國共產黨，挽救了紅軍，挽救了中國革命，是中共歷史上一個生死攸關的轉折點。

遵義會議後，中央紅軍在毛澤東等指揮下，決定分兵渡江北上。從1月末到3月下旬，紅軍4次渡過赤水河，5月上旬渡過金沙江。至此，中央紅軍擺脫了幾十萬國民黨軍隊的圍追堵截，粉碎了蔣介石圍殲紅軍於川黔滇邊境的計劃，取得了戰略轉移中具有決定意義的勝利。

紅軍渡過金沙江後繼續北上，經過大涼山彝族聚居區，紅軍總參謀長劉伯承同彝族果基部落首領小葉丹歃血為盟，紅軍順利通過了這個地區。5月下旬，紅軍強渡大渡河，飛奪瀘定橋，接着又翻越了海拔4000多米的大雪山夾金山。6月12日，中央紅軍（紅一方面軍）先頭部隊到達懋功東南的達維鎮，與前來迎接的紅四方面軍第三十軍李先念部會師。6月18日，中共中央與中央紅軍主力到達懋功地區。

紅一、紅四方面軍勝利會師後，對如何採取下一步行動存在意見分歧。6月26日，中共中央和紅四方面軍領導人在兩河口召開會議，討論戰略方針問題。周恩來提議創建新的根據地需要有三個條件：地域寬大好機動；群眾條件較好，人口較多；經濟條件較好。據此，會議通過周恩來提出的北上戰略方針，決定紅軍主力向北進攻，以建立川陝甘革命根據地。29日，中共中央政治局決定增補張國燾為中革軍委副主席，增補徐向前、陳昌浩為軍委委員。但是，張國燾並不滿意，提出各種藉口拖延部隊行動。

8月6日，中共中央政治局在沙窩召開會議，討論兩軍的團結問題，決定將紅軍分為左、右兩路軍，分別由朱德、張國燾和徐向前、陳昌浩率領北上，張國燾仍舊拖延。9月1日，中共中央電催張國燾和左路軍迅速北上，張國燾命令部隊原地不動。9日，張國燾電令徐向前、陳昌浩率部南下，擔任右路軍參謀長的葉劍英看到電報後，立即報告給毛澤東。面對兩軍分裂的局面，毛澤東經與張聞天、博古、周恩來、王稼祥磋商

後，提議中共中央應率紅一、紅三軍和軍委縱隊連夜脫離紅四方面軍北上。9月12日，中共中央政治局在甘肅迭部縣俄界召開擴大會議，通過關於張國燾錯誤的決定，並將北上紅軍改稱陝甘支隊。10月19日，陝甘支隊到達陝甘交界的吳起鎮。至此，中央紅軍主力行程25000里、縱橫11個省的長征勝利結束，陝甘根據地成為中央紅軍的落腳地。

1935年10月5日，堅持南下的張國燾，公然另立「中央」。中共中央在北上和南下問題上同張國燾的分裂行為進行了激烈而堅決的鬥爭。1936年1月22日，中共中央政治局做出《關於張國燾同志成立第二「中央」的決定》，責令他立即「取消他的一切『中央』放棄一切反黨的傾向」[1]。紅四方面軍南下後，傷亡慘重，到4月間僅剩下4萬多人。這時中共中央一再電令紅四方面軍北上，從蘇聯歸國的張浩也以共產國際代表的身份多次致電張國燾，表明共產國際完全同意中共中央的政治路線，要他立即取消另立的「中央」，在這種情況下，張國燾不得不於6月6日宣佈取消另立的「中央」。[2]

1935年11月，由賀龍、蕭克領導的湘鄂川黔根據地紅二、紅六軍團，從湘西北桑植出發長征，1936年7月初同紅四方面軍在甘孜會師。中共中央指定紅二、紅六軍團加上紅三十二軍合編為紅二方面軍，由賀龍任總指揮，任弼時任政治委員。10月9日，紅四方面軍指揮部到達甘肅會寧，同紅一方面軍會合。22日，紅二方面軍指揮部到達將台堡同紅一方面軍會合。至此，紅二、紅四方面軍完成了長征。

主力紅軍長征後，留在長江南北的部分紅軍和遊擊隊，在項英、陳毅等領導下開展了艱苦的遊擊戰爭。

長征的勝利是中國革命轉危為安的關鍵。毛澤東指出：「長征是歷

---

1 《中央關於張國燾同志成立第二「中央」的決定》（1936 年 1 月 22 日），載《中共中央文件選集》第十一冊，中共中央黨校出版社 1991 年版，第 3 頁。

2 在北上和南下的戰略抉擇上，黨中央與張國燾展開了一場激烈的鬥爭。參見劉統《北上：黨中央與張國燾鬥爭始末》，生活　·　讀書　·　新知三聯書店 2016 年版。

史紀錄上的第一次，長征是宣言書，長征是宣傳隊，長征是播種機。」[1]
長征打破了國民黨軍隊的圍追堵截，實現了紅軍的戰略大展開，宣傳了
中國共產黨的政治主張，在沿途播撒了革命的種子，鼓舞了廣大人民群
眾。長征後保存下來的紅軍人數雖然不多，但這是黨極為寶貴的精華，
構成以後領導抗日戰爭和解放戰爭的骨幹。長征的勝利，表明中國共產
黨及其所領導的中國工農紅軍具有戰勝任何困難的頑強的生命力，是一
支不可戰勝的力量，從此開啟了中國共產黨為實現民族獨立、人民解放
而鬥爭的新的偉大進軍。

---

1 毛澤東：《論反對日本帝國主義的策略》（1935 年 12 月 27 日），載《毛澤東選集》第
一卷，第 149—150 頁。

西安事變
中國歷史發展的新契機

　　1935年8月1日，中共中央發表《為抗日救國告全國同胞書》，呼籲全國各黨派各界同胞各軍隊，摒棄前嫌，停止內戰，集中一切國力，建立「全中國統一的國防政府」，組織「全中國統一的抗日聯軍」[1]，為抗日救國的神聖事業而奮鬥。中國共產黨提出的抗日救國主張，表明了堅決的反對日本侵略的立場，反映了當時大多數人民的願望和要求，推動了全國抗日救亡運動高漲。12月17日至25日，中共中央在陝西安定縣瓦窰堡召開政治局會議，即瓦窰堡會議，出席和列席會議的有毛澤東、張聞天、周恩來、博古、李維漢、王稼祥、劉少奇、鄧發、凱豐、張浩、鄧穎超、吳亮平、郭洪濤等。會議着重討論了全國政治形勢和黨的策略路線、軍事戰略，確立了建立抗日民族統一戰線的新策略，並相應地調整了各項具體政策。

　　張聞天在會上作了關於政治形勢和策略問題的報告，張浩作了關於共產國際七大精神的傳達報告。毛澤東在主題發言中分析各階級對抗日的態度，明確提出民族資產階級在亡國滅種的關頭有參加抗日的可能，甚至連大資產階級營壘也有分化的可能，要從關門主義中解放出來，建立廣泛的抗日民族統一戰線。會議通過了《中央關於目前政治形勢與黨的任務決議》，決議指出：在日本即將全面侵略中國的形勢下，社會各階層包括民族資產階級、鄉村富農、小地主甚至一部分軍閥等均有參加

---

[1] 參見《為抗日救國告全國同胞書》（1935年8月1日），載《中共中央文件選集》第十冊，中共中央黨校出版社1991年版，第522頁。

抗日救亡活動的可能性，民族革命戰線是擴大了。因此，中國共產黨應努力爭取一切可以爭取的力量參加到統一戰線中。統一戰線的最高組織形式是國防政府與抗日聯軍，決議要求各級黨組織要批評關門主義傾向，但在建立抗日民族統一戰線的同時，也要注意防止右傾錯誤，要把握革命的領導權。[1]

12月27日，毛澤東根據會議精神，在黨的活動分子會議上作《論反對日本帝國主義的策略》的報告，報告指出：「民族資產階級同地主階級、買辦階級不是同一的東西……在殖民地化威脅的新環境之下，民族資產階級的這些部分的態度可能發生變化。這個變化的特點就是他們的動搖。他們一方面不喜歡帝國主義，一方面又怕革命的徹底性，他們在這二者之間動搖著。……但在鬥爭的某些階段，他們中間的一部分（左翼）是有參加鬥爭的可能的。其另一部分，則有由動搖而採取中立態度的可能。」因此，「我們要把敵人營壘中間的一切爭鬥、缺口、矛盾，統統收集起來，作為反對當前主要敵人之用」[2]。

國外有學者認為，中共提出的抗日民族統一戰線口號遠比蔣介石的「攘外必先安內」政策更有說服力，「更符合中國城市人口的心態，其中包括學生、知識分子、很大一部分資產階級和許多國人，統一戰線政策在上述集團中，甚至在一些有影響力的國民黨派別中，都很有說服力」[3]。

中國共產黨關於建立抗日民族統一戰線的理論和策略，為完成由國內革命戰爭向抗日民族解放戰爭的轉變，促進抗日民族統一戰線的形

---

1 參見《中央關於目前政治形勢與黨的任務決議》（1935 年 12 月 25 日），載《中共中央文件選集》第 10 冊，第 602—622 頁。

2 毛澤東：《論反對日本帝國主義的策略》（1935 年 12 月 27 日），載《毛澤東選集》第一卷，第 145、148 頁。

3 費正清、費維愷主編：《劍橋中華民國史》下卷，中國社會科學出版社 1994 年版，第 607 頁。

成，迎接抗日新高潮的到來，作了政治上和理論上的準備。

　　瓦窰堡會議後，中共中央開始貫徹統一戰線策略，注重對國民黨黨政軍上層人士尤其是張學良、楊虎城等將領展開工作，爭取和動員他們共同抗日。毛澤東曾致電彭德懷，請他派伍修權將瓦窰堡會議的決議送給東北軍第六十七軍軍長王以哲，使其了解中共的統一戰線政策。毛澤東、周恩來等發表《紅軍為願意同東北軍聯合抗日致東北軍全體將士書》，建議互派代表共同協商「組織國防政府與抗日聯軍」[1]。1936年春，中共派李克農赴洛川，多次與張學良、王以哲會談，雙方達成互不侵犯、各守原防等口頭協議。4月9日晚，周恩來在延安與張學良進行祕密會談，王以哲、劉鼎、李克農等參加。[2]會議主要討論了「停止內戰，一致抗日」、「抗日救國的道路」、「聯蔣抗日」、「聯合蘇聯」、「停戰、通商」等議題，張學良表示「停止內戰一致抗日他完全同意」[3]。

　　對楊虎城率領的第十七路軍，中共也積極爭取。中央紅軍到達陝北後，毛澤東派紅二十六軍政委汪鋒到西安，爭取楊虎城部與紅軍聯合抗日。此後，中共北方局陸續派出張文彬、王世英、王炳南等多名黨員與楊虎城會談。至1936年9月，紅軍同東北軍、第十七路軍達成取消敵特行動、取消經濟封鎖、建立軍事聯絡、聯合抗日等協議。

　　1935年9月，蔣介石在日本《經濟往來》雜誌上發表《如何改善中日關係》一文，指出「中國對日本的妥協讓步，畢竟有一定的限度」[4]。11月12—23日，國民黨在南京召開第五次全國代表大會，蔣介石在大會上

---

1 《紅軍為願意同東北軍聯合抗日致東北軍全體將士書》（1936年1月25日），載《中共中央文件選集》第11冊，第8頁。

2 關於中共與張學良在西安事變前的接觸和會談，詳見楊奎松《西安事變新探——張學良與中共關係之研究》，山西人民出版社2012年版。

3 《周恩來關於與張學良商談情況給張聞天、毛澤東、彭德懷電》（1936年4月10日），載《中國共產黨關於西安事變檔案史料選編》，中國檔案出版社1997年版，第50頁。

4 《中央週報》第378期，1935年9月2日。

發表講話，提出「和平未到完全絕望之時，絕不放棄和平，犧牲未到最後關頭，亦絕不輕言犧牲」[1]。這表明，國民政府對日政策由軟弱漸趨強硬，但大會仍強調要對紅軍堅決實行「清剿」。1936年6月1日，廣東陳濟棠、廣西李宗仁、白崇禧聯名通電，籲請國民黨西南執行部、西南政務委員會「改頒軍號」，組織「抗日救國軍」，准其「北上抗日」。此後3個多月中，經蔣介石及其幕僚從中斡旋調解，「兩廣六一事變」最終和平解決，蔣介石的聲望也因此「如日中天」。[2] 7月，國民黨五屆二中全會再次確認「五全」大會的外交政策，指出「對外則絕不容忍任何侵害領土主權之事實，亦絕不簽訂任何侵害領土主權之協定，遇有領土主權被侵害之事實發生，如用盡政治方法而無效，危及國家民族之根本生存時，則必出以最後犧牲之決心，絕無絲毫猶豫之餘地」[3]。

華北事變後，蔣介石嘗試改善中蘇關係。1935年10月18日，蔣介石在南京會見蘇聯大使鮑格莫洛夫，鮑格莫洛夫向蔣介石提出改善蘇中關係並簽訂互不侵犯條約。1936年1月22日，鮑格莫洛夫與蔣介石再次會談，蔣介石提出希望蘇聯政府出面說服紅軍承認中央政府及司令部的權威，但蘇聯政府認為國共談判是中國內政，拒絕勸說中共與國民黨和談。[4]

1936年初，毛澤東、王稼祥公開表達了中共願與蔣介石國民黨合作抗日的態度。2月底，國民黨方面向中共提出政治解決國共關係的條件：若中共願意向南京國民政府「輸誠」，則可同意不進攻紅軍、一致抗

1　《接受蔣委員中正關於外交之建議案》，《革命文獻》第 76 輯，（台北）中央文物供應社 1978 年版，第 250 頁。
2　羅敏：《走向統一：西南與中央關係研究（1931—1936）》，社會科學文獻出版社 2014 年版，第 229 頁。
3　榮孟源、孫彩霞：《中國國民黨歷次代表大會及中央全會資料》下冊，第 412 頁。
4　汪金國利用俄文版蘇聯外交政策文件，對這一時期國民黨政府與蘇聯代表會談、最終簽訂《中蘇互不侵犯條約》的全過程作了詳細描述。參見胡德坤主編、汪金國《反法西斯戰爭時期的中國與世界研究》第八卷《戰時蘇聯對華政策》，人民出版社 2015 年版，第 32—42 頁。

日、釋放政治犯、武裝民眾等要求。3月5日，中共中央提出相應的五點條件作為雙方談判的基礎：「停止一切內戰，全國武裝不分紅白一致抗日；組織國防政府與抗日聯軍；容許全國主力紅軍迅速集中河北，首先抗禦日帝邁進；釋放政治犯，容許人民政治自由；內政與經濟上實行初步與必要之改革。」[1] 由此，國共雙方開始正式接觸。

國民黨政府對日態度的轉變，也影響了一些地方軍政領導人的抗日態度。1936年6月，日本關東軍參謀長板垣征四郎訪問綏遠省並拜會省主席傅作義，希望能改善中日關係，傅作義未作表態。8月，偽蒙軍李守信部2萬餘人進攻綏東地區，日軍隨即抵達張北支援，傅作義決心奮起抵抗。10月底，蔣介石借閻錫山、傅作義為其祝壽之機，與傅作義討論了在綏遠實施軍事防禦的方案。11月上旬，偽蒙軍陸續開始向綏遠境內百靈廟、商都等地增兵，綏遠形勢頓時緊張。本月中旬，傅作義部第三十五軍與日偽軍5000餘人，在紅格爾圖發生激戰，擊退了日偽軍的進攻。紅格爾圖初戰告捷後，傅作義決定先發制人、主動出擊，24日，率部奇襲日偽軍駐守的百靈廟地區，殲敵1300餘人，一舉收復綏北要地百靈廟。12月初，日偽軍4000餘人對百靈廟的反撲被擊潰，傅作義部收復日本軍根據地錫拉木楞廟（即大廟）。17日，偽軍王英部所屬兩個旅舉義反正。這一勝利振奮了全國人民的愛國熱情和民族精神，再次激發起抗日救亡運動的高潮，在全國範圍內掀起援綏抗日運動。

綏遠抗戰後，國民黨的內外政策出現了一些變化，國共開始接觸會談，但蔣介石並沒有完全放棄「安內攘外」的方針，仍準備組織對紅軍發動新「圍剿」。10月22日，蔣介石飛抵西安，催促張學良、楊虎城出兵「剿共」，張學良稱軍無鬥志，並力勸蔣介石停止內戰、一致抗日，但蔣介石堅持反共立場，宣稱「我們最近的敵人是共產黨，為害也最

---

1 《彭德懷、毛澤東關於對南京代表提出的談判條件給李克農轉王以哲電》（1936年3月5日），載《中國共產黨關於西安事變檔案史料選編》，第37頁。

急；日本離我們很遠，為害尚緩」[1]。12月初，張學良致電蔣介石，申訴報國殺敵的決心，蔣介石不為所動，考慮由中央軍接替東北軍實行「剿共」。不久，張學良又以「七君子事件」專程赴洛陽見蔣介石，請求蔣介石「釋放那幾位無辜的同胞」[2]，遭到拒絕，雙方的分歧日益加劇。

12月4日，蔣介石由洛陽赴西安，住在臨潼華清池，召來大批高級將領會商下一步大規模「剿共」計劃。中央軍30個師隨之進駐隴海線。蔣介石下令張學良、楊虎城率部進攻紅軍，否則就將東北軍調往福建，西北軍調往安徽，改由中央軍進駐陝甘「剿共」。張學良數次苦諫蔣介石改變政策，均被蔣介石斥責為年輕無知。12月8日晚，張學良和楊虎城密商後決定扣留蔣介石，逼蔣抗日。9日，西安學生1萬餘人舉行示威遊行，要求停止內戰、一致抗日。遊行隊伍從西安步行至臨潼，向蔣介石請願，蔣介石卻電令張學良鎮壓。10日，蔣介石派蔣鼎文出任西北「剿匪」軍前敵總司令，衛立煌為晉陝寧綏四省邊區總指揮「圍剿」紅軍。在多次勸說無效後，張學良、楊虎城決定實行「兵諫」。

12月12日，張學良、楊虎城按照事先約定，先由東北軍一部包圍華清池，扣留了蔣介石。同時第十七路軍控制了西安城，軟禁國民黨軍政要員陳調元、蔣作賓、邵力子、陳誠、朱紹良、蔣鼎文、衛立煌等17人。當天，張、楊通電全國，說明事變真相，提出八項主張：改組南京國民政府，容納各黨派，共同負責救國；停止一切內戰；立即釋放上海被捕愛國領袖；釋放全國一切政治犯；開放民眾愛國運動；保障人民集會、結社一切之政治自由；確實遵行總理遺囑；立即召開救國會議等。[3]

---

1 中國社會科學院現代史研究室編：《西安事變資料》第一輯，人民出版社 1980 年版，第 11 頁。

2 《在西安市民大會上的講演詞》（1936 年 12 月 16 日），《解放日報》（西安）1936 年 12 月 17 日。

3 中國第二歷史檔案館、雲南省檔案館、陝西省檔案館合編：《西安事變檔案史料選編》，檔案出版社 1986 年版，第 3—4 頁。

這就是震驚中外的西安事變。

西安事變的發生，在全國範圍內引起了強烈的震動，輿論反應激烈，社會各界和國內各派勢力多對和戰形勢深表憂慮。南京政府當天即通過決議，宣佈張學良「劫持統帥，妄作主張」，「形同匪寇」，應「先褫奪本兼各職，交軍事委員會嚴辦。所部軍隊歸軍事委員會直接指揮」[1]。同時發佈討伐令，國民黨中央軍在何應欽的指揮下，陸續開向潼關。整個形勢大有一觸即發之勢。

西安事變發生後，南京國民政府在如何對待事變問題上出現了兩種主張，軍政部長何應欽等主張調動軍隊進攻西安；以宋子文、宋美齡為首的一派主張和平解決，積極謀劃營救蔣介石。國民黨的地方實力派大多不支持張、楊，不過均主張和平解決西安事變。列強方面也是態度不一。日本政府極端仇視西安事變，宣稱張學良、楊虎城已經「赤化」，極力挑撥南京政府與西安方面的關係，企圖挑動中國擴大內戰，並伺機對中國採取新的侵略行動。英美等國出於自身利益，需要中國牽制日本，力求維持蔣介石的統治，以免南京國民政府為親日派所控制，因此支持和平解決事變。蘇聯也表示支持和平解決事變。

張學良連夜電告中共中央，毛澤東和周恩來立即覆電，表示擬派周恩來前往西安商量大計。13日，中共中央舉行政治局常委擴大會議，毛澤東在發言中認為西安事變是有革命意義的，它的行動、它的綱領，都有積極意義，應明確表示擁護，會議肯定了西安事變對「抗日反賣國賊」具有積極意義，打破了以前完全被蔣介石控制的局面。張聞天在發言中主張「我們不組織與南京對立方式，儘量爭取南京政府正統」。「我們的方針：把局部的抗日統一戰線，轉到全國性的抗日統一戰

---

1 《國民政府文官處奉發褫奪張學良本兼各職交軍委會嚴辦令致行政法院電》（1936 年 12 月 14 日），載中國第二歷史檔案館編《中華民國史檔案資料彙編》第五輯第一編政治，第 160 頁。

線。」[1] 17日，周恩來等作為中共代表抵達西安，與張、楊等人緊急磋商，並表示為了民族利益，只要蔣介石改變內戰政策、決心抗日，中共就願意與他合作。18日，中共提出和平解決西安事變的五項條件：召開抗日救國代表大會，自陝甘撤退中央軍援助晉綏抗日前線，承認紅軍和西安方面的抗日要求，停止內戰，一致抗日，開放人民抗日救國運動，釋放一切政治犯，實現孫中山先生的三大政策。如實現以上要求，「不但國家民族從此得救，即蔣氏的安全自由當亦不成問題」[2]。19日，中共中央再次召開政治局擴大會議，並向全黨發出《中央關於西安事變及我們的任務的指示》，全面分析了西安事變的性質和發展前途，分析了國際國內複雜的政治形勢，從中華民族和中國人民的長遠利益出發，確定了和平解決西安事變的基本方針。

12月22日，南京國民政府派宋子文、宋美齡作為談判代表飛抵西安，面見蔣介石。在周恩來與張學良、楊虎城共同努力下，經過談判，雙方達成六項協議：改組國民黨與國民政府，驅逐親日派，容納抗日分子；釋放上海愛國領袖，釋放一切政治犯，保障人民的自由權利；停止「剿共」政策，聯合紅軍抗日；召開各黨各派各界各軍的救國會議，決定抗日救亡方針；與同情中國抗日的國家建立合作關係；其他具體的救國辦法。[3] 至此，歷時14天的西安事變終於獲得和平解決，內戰基本停止。中共中央在這次事變中正確決策，充分表現團結抗日的誠意。

12月25日，張學良陪同蔣介石乘機離開西安。抵達南京後，蔣介石立即扣押張學良，張也由此開始了漫長的軟禁生涯。隨後東北軍被分別

---

1 張聞天：《儘量爭取南京政府正統》（1936 年 12 月 13 日），載《張聞天文集》第二卷，中共黨史出版社 1993 年版，第 198—199 頁。

2 《中共中央關於西安事變致國民黨中央電》（1936 年 12 月 18 日），載《建黨以來重要文獻選編（1921—1949）》第十三冊，第 418 頁。

3 毛澤東：《關於蔣介石聲明的聲明》（1936 年 12 月 28 日），載《毛澤東選集》第一卷，第 246 頁。

調至蘇北、皖北、豫南等地。楊虎城部第十七路軍被調往渭北。

　　日本帝國主義擴大對華侵略，迅速把中華民族與日本帝國主義的矛盾，變成國內佔據首要地位的矛盾。原有的階級矛盾逐漸處於從屬的地位。這是當時中國政治生活的大環境。在這個大環境的影響下，國內各階級、各政治集團原有的政治目標迅速得到調整。蔣介石、國民黨從堅決反共、「剿共」轉變為「政治解決」共產黨問題，轉變為可以和共產黨坐下來談判，討論共同抗日問題。共產黨也從大革命失敗後十年內戰的廝殺中轉變過來，從「反蔣抗日」變為「逼蔣抗日」，再變為「擁蔣抗日」。1937年2月，國民黨在南京召開五屆三中全會，中共中央致電全會，提出五項要求：停止內戰，集中火力，一致對外；保障言論、集會、結社之自由，釋放一切政治犯；召開各黨各派各界各軍的代表會議，集中全國人才，共同救國；迅速完成對日作戰之一切準備工作；改善人民的生活。同時願意執行四項保證：實行停止武力推翻國民黨政府的方針；工農政府改名中華民國特區政府，紅軍改名為國民革命軍；特區實行徹底的民主制度；停止沒收地主土地的政策，堅決執行抗日民族統一戰線的共同綱領。[1] 根據這四項保證，中國共產黨停止了進行10年之久的蘇維埃運動，放棄了蘇維埃革命的方針和政策，主動調整與國內各階級的關係，取消同南京國民政府的對立，從而為國共兩黨重新合作共同抗日，創造了必要的前提。中國共產黨這一重大讓步，得到一切主張抗日的人們贊同，也極大地推動了國共兩黨談判與和解的進程。對於這一重大讓步，毛澤東指出：「這種讓步是必要的，因為這種讓步是建立在一個更大更主要的原則上面，這就是抗日救亡的必要性與緊急性。」[2] 國民黨五屆三中全會基本接受中共主張，承認停止內戰的原則。為了促

---

1 章伯鋒、莊建平主編：《抗日戰爭》第一卷，第 926—927 頁。

2 毛澤東：《中日問題與西安事變——和史沫特萊的談話》（1937 年 3 月 1 日），載《毛澤東文集》第一卷，第 490 頁。

西安事變中的蔣介石和國民黨高級官員

進國民黨早日實行聯共抗日的政策，中共中央還先後派出周恩來、葉劍英、林伯渠、博古等同國民黨代表在西安、杭州、廬山、南京等地就國共合作、紅軍改編、陝甘寧邊區地位等問題舉行了多次談判。

西安事變的和平解決，成為時局轉換的樞紐，促進了以國共兩黨再度合作為基礎的抗日民族統一戰線的初步形成，為實行全民族抗戰準備了必要條件，顯示出中華民族團結一致、抵禦外侮的決心，成為由局部抗日戰爭走向全面抗日戰爭的轉折點。

日本帝國主義發動「九一八」事變，開始了侵略中國的14年戰爭，極大地激發了中國人民的抗日熱情。黑龍江江橋抗戰、淞滬抗戰、長城抗戰、察哈爾抗戰、綏遠抗戰，雖然違反了國民黨政府「攘外必先安內」的意願，卻反映了中國人民的抗日要求。史學界把這個時期的抗戰稱為局部抗戰。

「九一八」事變發生時，中共正在創建中央蘇區（中央革命根據地），並且遭到國民黨政府殘酷圍剿。對於日本帝國主義的侵略，中共

一再發表聲明，號召全國人民一致起來抵抗日本侵略。但是蔣介石、國民黨決心消滅共產黨和紅軍，發起一次一次「圍剿」，共產黨和紅軍為保衛自己的存在一次一次反「圍剿」。第五次反「圍剿」失利，經過萬里長征到達陝北，與張學良東北軍組成局部抗日統一戰線，促成了西安事變發生，迫使蔣介石承認「停止內戰，一致抗日」，為建立全國抗日民族統一戰線打下了堅實的基礎。

　　以上事實充分反映了面臨外敵侵略，中國人民民族覺醒的步伐加快了。民族覺醒步伐的加快，正是近代中國「上升」趨勢的有力證明。

第十章

日本全面侵略中國
抗日戰爭爆發

盧溝橋事變
開始了日本全面侵華戰爭

　　1937年7月7日夜，日本華北駐屯軍違反《辛丑條約》可以駐紮在天津的規定，違法侵入北平西南豐台附近，其第1聯隊第3大隊第8中隊在盧溝橋附近回龍廟借軍事演習之名，向中國駐軍尋釁，以一名士兵失蹤為藉口，要求進入宛平縣城搜查。日方無理要求遭到中國守軍29軍士兵拒絕。20分鐘後，日軍找到丟失的士兵，卻不肯罷休。日軍第1聯隊長牟田口廉調集兵力於第二天凌晨，向宛平城發動進攻。日軍從天津派出步兵第1聯隊第2大隊向北平增援。29軍官兵奮起還擊，盧溝橋事變爆發。日

「盧溝橋事變」日軍進攻宛平城，照片中可見宛平縣城的望樓

本華北駐屯軍違反《辛丑條約》，離開天津海光寺，前進到豐台一帶，是違反國際法的，是侵略行為。日本有學者斤斤計較於誰在盧溝橋開第一槍，似乎開第一槍應該承擔責任。現在沒有史料證明中方開第一槍。即使中方開了第一槍，也是對侵略者正義的還擊。

「七七」事變爆發，標誌着日本發動全面侵華戰爭的開始。中國守軍奮起反抗，則標誌着中國全面抗戰的開始。

日軍發動盧溝橋事變是有預謀的。據今井武夫回憶：當時在東京政界消息靈通人士已傳出「七夕之夜，華北將重演柳條溝（湖）一樣的事件」[1]，果然發生了盧溝橋事件。近衛文麿後來追述：「余拜命組閣之時（1937年5月），陸軍自『滿洲事變』以來所為之諸種策動，已相繼成熟，在中國大陸似有一觸即發之勢；當時中國問題，已至非武力解決不可之程度，余當然不知。故組閣後不足一月，盧溝橋事件爆發，竟擴大為『中國事變』。」[2]

盧溝橋事變發生後，中國共產黨向全國發出通電，指出「平津危急！華北危急！中華民族危急！只有全民族實行抗戰，才是我們的出路」！號召全國人民、軍隊、政府團結起來，「築成民族統一戰線的堅固長城」[3]，抵抗日本帝國主義的侵略。北平、天津、保定等地的人民群眾和共產黨領導的群眾團體，紛紛起來支援第29軍的抗戰。同日，毛澤東、朱德、彭德懷等紛紛致電蔣介石，表示紅軍將士願意為國效命與敵周旋，以達保土衛國之目的。

此時，蔣介石等國民政府許多要員正在廬山。7月8日，蔣介石獲知

---

1 ［日］今井武夫：《今井武夫回憶錄》，天津市政協編輯委員會譯，中國文史出版社1987年版，第12頁。

2 引自朱匯森主編《中華民國大事紀要（初稿）》，1937年7—12月，（台北）「國史館」1987年版，第50頁。

3 《中國共產黨為日軍進攻盧溝橋通電》（1937年7月8日），《中共中央文件選集》第十一冊，第274—275頁。

盧溝橋事變後，下令宋哲元：「宛平城應固守勿退，必須全體動員，以備事態擴大，此間已準備隨時增援矣。」[1] 蔣介石在7月8日日記裏記道：「得倭寇今晨在盧溝橋挑釁之報」，「彼將乘我準備未完之時，使我屈服乎？與宋哲元為難乎，使華北獨立化乎？決心應戰，此其時乎？」7月9日日記裏記道：「早起處理對華北戰事，準備動員，不避戰爭。」[2] 8日下午，國民政府外交部針對日本在盧溝橋的挑釁，口頭向日本政府提出抗議，要求日方「和平解決」，避免「事態擴大」。此外，外交部還發表聲明，指責日軍違法與冀察當局撤軍停戰之約定，要求日本「立即停止軍事行動」，「即日撤兵」。[3] 中國外交部多次向日方重申，中國政府不擴大事態，與和平解決事變之一途：「中國方面的軍事行動不過是對於增兵平津一帶的日軍當然的自衛準備。」此外，中國政府還試圖得到國際協助，通過第三國制止日本侵略，斡旋中日糾紛，以求事變和平解決。7月下旬，王寵惠會晤英國駐華大使，中國駐英、美、德、法、蘇大使郭泰祺、王正廷、程天放、顧維鈞、蔣廷黻等各向駐在國政府洽談，多方試探有關各國斡旋中日糾紛之意向。平津陷落後，蔣介石先後接見與日本訂有反共協定的德國大使陶德曼、意大利大使柯賽，希望兩國能勸阻日本的戰爭行動，但沒有得到響應。

　　日本方面雖宣稱採取「不擴大」、「就地解決」方針，但日本內閣於11日通過向華北增兵方案，決定從關東軍、朝鮮軍和日本國內抽調大批兵力援助華北駐屯軍。當天，日本政府還發表《關於向華北派兵的聲明》，並任命香月清司擔任華北駐屯軍總司令，發起對北平、天津的進攻作戰。

　　7月15日，中共代表周恩來將《中共中央為公佈國共合作宣言》面交給蔣介石，宣言中提出發動全民族抗戰、實行民主政治和改善人民生

---

1 中國人民政治協商會議全國委員會文史資料研究委員會編：《七七事變——原國民黨將領抗日戰爭親歷記》，中國文史出版社 1986 年版，第 48 頁。

2 《蔣介石日記》，藏美國斯坦福大學胡佛研究所。

3 秦孝儀主編：《盧溝橋事變史料》上冊，第 250 頁。

活三項基本要求，重申中共為實現國共合作停止施行武力推翻國民黨政權等四項保證，這四項保證「在相當程度上滿足了國民黨的要求」。[1]17日，蔣介石發表盧山談話，闡明了國民政府對盧溝橋事變的態度和立場，他認為「盧溝橋事變的推演是關係中國國家的整個的問題，此事能否結束就是最後關頭的境界」，同時表示「中國還是希望和平解決事變，但是中國有嚴正的立場和最低限度的條件」，這些條件包含四點：「（一）任何解決，不得侵害中國主權與領土之完整；（二）冀察行政組織不容任何不合法之改變；（三）中央政府所派地方官吏，如冀察政務委員會委員長宋哲元等，不能任人要求撤換之；（四）第29軍現在所駐地區不能受任何約束。」蔣介石還明確指出國民政府已經確定了「應戰而不求戰」的方針：「我們希望和平，而不求苟安；準備應戰，而絕不求戰。我們知道全國應戰以後之局勢，就只有犧牲到底，無絲毫僥倖求免之理。如果戰端一開，那就是地無分南北，年無分老幼，無論何人，皆有守土抗戰之責任，皆應抱定犧牲一切之決心。」[2]

蔣介石盧山談話發表後，國民政府主要做了兩方面的準備：一是爭取和平解決事變；二是根據日本華北增兵的計劃，做出應戰部署。

蔣介石的盧山談話還得到社會各界團體和愛國人士的一致擁護。7月21日，上海市商會表示蔣介石的談話「宣示國策，發揚正義，四億同胞，莫不感動。本會願率全滬商民，誓死待命」。[3]身陷囹圄的沈鈞儒、鄒韜奮等人也發表通電，表示擁護蔣介石的盧山講話精神。全國軍界、政界包括過去反對過蔣介石的人，也開始轉變態度，擁護其抗戰方針。如第5路軍總司令李宗仁、副總司令白崇禧同廣西省主席黃旭初致電國民

1 楊奎松：《國民黨走向皖南事變之經過》，《抗日戰爭研究》2002 年第 4 期。

2 秦孝儀主編：《盧溝橋事變史料》上冊，（台北）中國國民黨中央委員會黨史委員會 1986 年版，第 2—4 頁。

3 秦孝儀主編：《盧溝橋事變史料》上冊，（台北）中國國民黨中央委員會黨史委員會 1986 年版，第 327 頁。

政府，稱「任何犧牲，在所不惜」[1]。22日，上海抗敵後援會召開各界大會，表示「全體一致誓以血誠」[2]，擁護蔣介石的抗日主張。

　　7月25日，日軍第20師團一個中隊100餘人以修理電線為藉口強佔廊坊車站，與中國守軍發生衝突。26日拂曉，日軍飛機肆意轟炸中國軍隊兵營，挑起「廊坊事件」。廊坊失守後，日軍到達廣安門，企圖進入北平城，與中國守軍發生戰鬥，即「廣安門事件」。日本華北駐屯軍司令香月清司對宋哲元發出最後通牒，要求中國軍隊限期撤出北平城，未待答覆，日軍即向通縣發起總攻，宋哲元命令部下奮起抵抗，28日，日軍以3000餘人、炮40餘門，在40餘架次飛機轟炸的配合下向南苑猛烈攻擊，第29軍副軍長佟麟閣、第132師師長趙登禹犧牲，日軍佔領南苑。

　　天津也發生抗日作戰。28日午夜，第38師副師長李文田率該師第114旅主力協同天津市保安隊，向海光寺、東局子日軍飛機場、火車站進攻，一度攻克東局子日軍飛機場、東火車站和西火車站，逼近日本駐屯軍司令部，與日軍激戰。

　　29日凌晨2時，日本駐屯軍突然強佔天津市第四區警察局，並襲擊天津市保安隊。後日軍派50餘架飛機及多輛戰車向第38師進攻，雙方處於混戰狀態。29日晨，塘沽近岸和大沽口的日本軍艦向第29軍大沽口岸守軍發起炮擊和機槍掃射。午後炮擊更烈，兼以飛機轟炸。同日，到達塘沽的日本野戰重炮兵第九聯隊向大沽進攻。由於日軍突然發動進攻，第29軍倉促應戰。30日，天津淪陷。第29軍官兵壯烈殉國者5000餘人。[3]

　　盧溝橋事變促進了中華民族進一步覺醒，拉開了中華民族全體奮起抗戰的序幕。

---

1 秦孝儀主編：《盧溝橋事變史料》上冊，（台北）中國國民黨中央委員會黨史委員會1986年版，第282頁。

2 秦孝儀主編：《盧溝橋事變史料》上冊，（台北）中國國民黨中央委員會黨史委員會1986年版，第328頁。

1《抗日戰‧七七事變與平津作戰》，（台北）「國防部」史政編譯局編印，1981年，第42頁。

八一三上海抗戰
抗日民族統一戰線局面形成

平津淪陷後，中日間的大戰即將全面打響，國民政府決定召集各地高級將領到南京舉行國防會議。1937年8月7日上午，國防會議召開，達成以下決議：「（一）在未正式宣戰以前，與日交涉，仍不輕棄和平；（二）今後軍事、外交上，各方之態度均聽從中央之指揮與處置。」蔣介石在會上要求團結一致，共同一致努力，相信日本侵略者必敗，最後勝利必屬於我。[1]

8月11日，國民黨中央政治委員會召開第51次會議，決定設立陸海空軍大本營，由大元帥代表國民政府主席行使統率海陸空軍之權；另外設置國防最高會議，通過《國防最高會議組織條例》，下設國防參議會，以容納黨外抗日力量。

國防最高會議沿襲了國防委員會的職能，是全面抗戰初期結合黨、政、軍權的全國國防最高統一指揮機構，有權統轄軍事、外交、財政、經濟、交通、實業等各方面的事務，並且明確由蔣介石執掌最高決策權。該機構的設立表明國民黨的決策機制開始向戰時體制轉變。

日軍佔領平津後，進一步擴大侵華戰爭，新組建的日本華北方面軍兵分三路，沿平綏、津浦、平漢線推進，意欲完全佔領華北，以武力逼迫國民政府屈服。同時日軍還在上海點起戰火。

上海具有十分重要的戰略地位。從政治上看，滬寧地區是國民政

---

1 《抗戰爆發後南京國民政府國防聯席會議記錄》，《民國檔案》1996 年第 1 期。

府的政治中心，上海是南京的一道屏障；從對外關係上看，上海租界林立，西方國家各駐華機構大都集中於此；從經濟上看，上海又是中國最大的工商業城市和經濟金融中心以及國際貿易港口。實際上，日本陸軍對侵略上海早有準備，他們事先派遣間諜刺探上海與南京的軍事經濟情報，編纂了《上海及南京附近軍用地志概要》《上海市資源調查》等資料，並在此基礎上制定了侵略上海的作戰預案。

1937年8月9日發生「虹橋機場事件」，成為中日淞滬開戰的導火線。9日下午，日本駐滬海軍陸戰隊西部派遣隊隊長大山勇夫和一等兵齋藤與藏駕駛汽車至上海虹橋機場附近，越過警戒線，不服制止命令，被中國保安隊當場擊斃。事件發生當日，上海市政府電話告知日本駐滬總領事岡本孝正，日本官兵衝入虹橋機場，與守軍發生衝突，要求日方派人處置。11日，岡本孝正向上海市長俞鴻鈞提出，在正式交涉前，中國要先行做到撤退保安隊和拆除所有保安隊防禦工事兩項條件，遭到俞鴻鈞拒絕。

8月13日，淞滬一帶已經集結日本軍艦32艘，其中13艘停泊於黃浦江上，19艘在瀏河；日本海軍陸戰隊6000人，主力集中在虹口附近，另一部在楊樹浦及滬西各紗廠。是日上午，日軍越過租界，強佔八字橋、持志大學等處。18時，日軍以步槍與戰車向第88師、第87師射擊，同時炮擊上海市中心。13日夜，蔣介石命令張自忠次日拂曉發起總攻擊。14日，國民政府發表自衛抗戰聲明，列舉「九一八」事變以來日本侵略之事實，陳述「七七」事變後，中日交涉的經過，揭露了日本「不擴大」方針的虛偽性，聲明說：日本的侵略已經破壞了國聯盟約、九國公約、非戰公約，中國為日本所逼迫，不得不實行自衛。中國決不放棄領土任何部分，遇有侵略，只有自盡其能，抵抗暴力。同日，國民政府還宣佈京滬、京杭鐵路沿線各市縣及鄞縣、鎮海等處戒嚴，封閉鎮江下游長江江面，暫時停止一切航行活動。是日上午，中國空軍發起對日軍轟炸，15時陸軍發起進攻，奪取圍攻要點。15日拂曉，第九集團軍發起總攻

勢。當日，日本政府發表聲明，宣佈要「膺懲」中國軍隊。日本參謀本部遂編成以松井石根大將為司令的上海派遣軍，率第3、第10師團向上海開進。此時，日軍正從平津向河北、察哈爾擴大戰爭，華北會戰與淞滬會戰同時展開。9月5日，日本首相近衛文麿在議會發表演說，表示日本要採取可能的手段，徹底打擊中國軍隊。日本國會批准了超過20億日元的臨時軍費開支，日本走上了全面侵華的道路。

「八一三」上海事件，日本將侵華戰爭從華北擴展到長江三角洲，中華民族危機加深，促進了民族抗日統一戰線的正式形成，中國逐漸形成全國性抗戰局面。

日軍大舉進攻上海，直接威脅到國民黨統治的核心地區，蔣介石急欲調動紅軍開赴前線，因而在國共談判中開始表現出較多的團結合作的願望，兩黨談判取得了較大進展。

8月中旬，周恩來在南京與國民黨就南京、武漢、西安設立八路軍辦事處等問題，創辦《新華日報》問題和南方紅軍遊擊隊改編問題進行談判。14日，蔣介石約周恩來會談紅軍改編抗日事宜，雙方達成在陝甘地區的紅軍主力改編為國民革命軍第八路軍，在國民黨統治區若干城市設立八路軍辦事處和出版《新華日報》等協議。

8月20日，國防參議會正式成立，參加者包括共產黨在內的各政治派別的人物。22日，國民黨中常會召開祕密會議，決定自該日起全國進入戰時狀態。會議通過國民政府主席林森關於推選蔣介石為陸、海、空軍大元帥的提議，還正式通過了中政會關於設立國防最高會議的決議。其中，國民黨中政會提出並由中常會通過的《國防最高會議條例》共11條，規定：「國防最高會議為全國國防最高決定機關，對於中央執行委員會政治委員會負其責任」，「國防最高會議設置主席、副主席各一人，以軍事委員會委員長為主席，中央政治委員會主席為副主席」。實際上指定由蔣介石擔任主席。委員則由五個方面的官員擔任：（1）中央執行委員會常務委員祕書長，組織部、宣傳部、民眾訓練部各部部長，

淞滬會戰

中央監察委員會常務委員，中央政治委員會祕書長；（2）立法院院長、
副院長；（3）行政院祕書長，內政、外交、財政、交通、鐵道、實業、
教育各部部長；（4）軍事委員會副委員長，參謀本部總長，軍政部、海
軍部部長，訓練總監部總監，軍事參議院院長；（5）全國經濟委員會常
務委員。主席得在上述成員中指定9人為常務委員。國防最高會議的職權
有四點：（1）國防方針之決定；（2）國防經費之決定；（3）國家總動
員事項之決定；（4）其他與國防有關事項之決定。此外，還授予蔣介石
緊急命令權。[1]

　　8月22日，國民政府軍事委員會發佈紅軍改編的命令。8月25日，

---

1 中國第二歷史檔案館編：《國民黨政府政治制度檔案史料選編》上冊，安徽教育出版社
1994 年版，第 48—49 頁。

中共中央革命軍事委員會宣佈紅軍改為國民革命軍第八路軍，簡稱八路軍，朱德任總指揮，彭德懷任副總指揮，葉劍英任參謀長，左權任副參謀長，任弼時任政治部主任，鄧小平任政治部副主任。八路軍下轄第115師、第120師和第129師，林彪和聶榮臻、賀龍和蕭克、劉伯承和徐向前分別擔任正副師長，全軍約4.26萬人。為加強對八路軍的領導，中共中央決定在中央軍委領導下成立前方軍委分會，以朱德為書記，彭德懷為副書記。當天，朱德、彭德懷發表就職通電：「部隊現已改編完畢，東進殺敵。德等願竭至誠，擁護蔣委員長，追隨全國友軍之後，效命疆場，誓驅日寇，收復失地，為中國之獨立自由幸福而奮鬥到底。」[1]

9月22日，國民黨中央通訊社播發《中共中央為公佈國共合作宣言》，包括四點：「（1）孫中山先生的三民主義為中國今日之必需，本黨願為其徹底的實現而奮鬥；（2）取消一切推翻國民黨政權的暴動政策及赤化運動，停止以暴力沒收地主土地的政策；（3）取消現在的蘇維埃政府，實行民權政治，以期全國政權之統一；（4）取消紅軍名義及番號，改編為國民革命軍，受國民政府軍事委員會之統轄，並待命出動，擔任抗日前線之職責。」[2] 次日，蔣介石在盧山發表談話：「中國共產黨既捐棄成見，確認國家獨立與民族利益之重要，吾人惟望其真誠一致，實踐其宣言所舉諸點，更望其在禦侮救亡統一指揮之下，以貢獻能力於國家，與全國同胞一致奮鬥，以完成國民革命之使命。」[3] 至此，以國共兩黨合作為基礎的全國抗日民族統一戰線正式建立起來。

抗日民族統一戰線的建立，得到全國人民和各黨派的熱烈歡迎和支

1 《第八路軍總指揮朱德、副總指揮彭德懷就職通電》（1937 年 8 月 25 日），載《建黨以來重要文獻選編（1921—1949）》第十四冊，第 486 頁。

2 《中共中央為公佈國共合作宣言》（1937 年 7 月 15 日），載《建黨以來重要文獻選編（1921—1949）》第 14 冊，第 370 頁。

3 《中華民國史事紀要初稿（1937 年 7—12 月）》，（台北）「國史館」1987 年版，第 453 頁。

持，國民黨李濟深等領導的中華民族革命同盟從一度反蔣抗日轉到擁蔣抗日的立場，國家社會黨、中國青年黨、中華職業教育社、鄉村建設派等也一致表示擁護政府抗戰和國共兩黨合作抗日。宋慶齡在《關於國共合作的聲明》中指出：「國民黨和共產黨為了團結抗日，奠定了正式合作的基礎……國難當頭，應該盡棄前嫌。必須舉國上下團結一致，抵抗日本，爭取最後勝利。」[1] 鄒韜奮在《全國團結的重要表現》一文中說：「中國共產黨共赴國難的宣言和蔣委員長對於這個宣言所發表的重要談話，是全國團結禦侮的一個非常重要的表現；是國難愈益嚴重以來的數年間，全國憂心外患的人們不避艱險以企求的重要主張之一……無疑地是全國愛國的同胞們所熱烈歡迎的。」[2]

抗日民族統一戰線建立，對全國抗戰局面的形成起了關鍵作用。毛澤東評價：「這在中國革命史上開闢了一個新紀元。這將給予中國革命以廣大的深刻的影響，將對於打倒日本帝國主義發生決定的作用。」[3] 全國廣大工人、農民、知識分子也積極投入到抗日大潮當中，民族工商業者踴躍為前線捐錢捐物，一些人還不避艱險，把工廠遷往內地，各少數民族人民與漢族人民一起，積極參加抗日戰爭。許多台灣同胞回到祖國大陸，組織各種抗日團體和抗日武裝。港澳同胞和海外華僑也以各種方式參加抗日活動，華僑為抗戰捐款累計13億元法幣，僑匯達95億元以上，購買救國公債20億元以上，總計佔抗戰期間中國軍費很大的比例。[4] 在新加坡還成立了以陳嘉庚為主席的南洋華僑籌賑祖國難民總會，其分

---

1 宋慶齡：《關於國共合作的聲明》（1937 年 11 月），載《宋慶齡選集》，人民出版社 1966 年版，第 126 頁。

2 鄒韜奮：《全國團結的重要表現》，《韜奮文集》第一卷，生活 · 讀書 · 新知三聯書店 1956 年版，第 211 頁。

3 毛澤東：《國共合作成立後的迫切任務》（1937 年 9 月 29 日），載《毛澤東選集》第二卷，第 364 頁。

4 中共中央黨史研究室：《中國共產黨的九十年》（新民主主義革命時期），中共黨史出版社、黨建讀物出版社 2016 年版，第 187 頁。

支機構遍及東南亞各國，在抗日民族統一戰線的旗幟號召下，在中華民族生死存亡的殊死決戰中，全國各黨各派各界各軍，同仇敵愾，彰顯出國家興亡、匹夫有責的愛國主義精神。

第三節

全國抗戰防禦體系建立
國共兩黨對於抗戰戰略的不同主張

一、建立全國抗戰防禦體系

盧溝橋事變時，日本有17個陸軍師團，現役兵38萬人，預備役和後備兵力160萬人，海軍艦艇約190萬噸，飛機約2700架，擁有亞洲最強大的陸海空軍。當時中國雖擁有陸軍兵力170萬人、後備兵力約150萬人，因派系紛爭、裝備訓練落後等，其力量根本無法與日本相比。敵我雙方實力懸殊的情況下，決定了我方投入抗日戰爭不僅要經過持久艱難曲折的過程，而且不可避免地要從戰略防禦階段開始。

1937年8月，國民政府宣佈全國進入戰時狀態後，根據抗戰形勢的發展，將全國劃分為五個戰區：冀省、魯北為第一戰區，司令長官蔣介石（兼）；晉察綏為第二戰區，司令長官閻錫山；蘇南（長江以南）及浙江為第三戰區，司令長官馮玉祥（10月初改為蔣介石兼）；閩粵為第四戰區，司令長官何應欽；山東、蘇北（長江以北）為第五戰區，司令長官蔣介石（兼，9月由李宗仁調任）。初步確定了作戰方針：「國軍以一部集中華北，重疊配備，多線設防，特注意固守平綏路東段要地，最後確保山西、山東，力求爭取時間，牽制消耗敵人。以主力集中華東，迅速掃蕩浙滬敵海軍根據地，阻止後續敵軍之登陸，或乘機殲滅之。並以最小限兵力守備華南沿海各要地。」[1] 這個計劃是將中國軍隊主力從華北戰場轉移到華東戰場，阻止後續敵人登陸或者尋找機會殲滅之。

---

1 蔣緯國主編：《抗日禦侮》第三卷，（台北）黎明文化事業股份有限公司 1978 年版，第 101 頁。

9月11日，國民政府軍事委員會按照新的統一序列，將八路軍番號改為第十八集團軍，列入第二戰區序列，以朱德、彭德懷為正副總司令。同月，陝甘寧根據地改稱為陝甘寧邊區，仍作為中共中央所在地。接着，在湘、贛、閩、粵、浙、鄂、豫、皖八省的紅軍遊擊隊（瓊崖紅軍遊擊隊除外）改編為國民革命軍陸軍新編第四軍，簡稱新四軍。同年12月，新四軍在漢口組建軍部，並於1938年1月遷至南昌。葉挺、項英任正副軍長，張雲逸、周子昆任正副參謀長，袁國平、鄧子恢任政治部正副主任。新四軍下轄四個支隊，陳毅和傅秋濤、張鼎丞和粟裕、張雲逸和譚震林分別擔任第一、第二、第三支隊正副司令員，高敬亭任第四支隊司令員，全軍共1.03萬人。同時成立中共中央東南分局和中央軍委新四軍分會，項英任東南分局書記兼軍分會書記，陳毅任軍分會副書記。

隨着八路軍和新四軍相繼改編完成，全國抗戰防禦體系基本確立。

二、中國國民黨與中國共產黨分別提出不同抗戰路線

1937年8月7日上午，南京舉行國防會議。晚，國防會議與國防委員會舉行聯席會議，會議決議「在未正式宣戰以前，仍不輕棄和平」[1]。「八一三」抗戰以後，國民政府積極調集軍隊，進行自衛抵抗。8月18日，蔣介石發表《敵人戰略政略的實況和我軍抗戰獲勝的要道》，提出「要發動全國一致的抗戰」，具體闡述了「持久戰消耗戰，打破敵人速戰速決之企圖」的戰略方針和作戰原則。[2] 隨後，國民黨當局在武漢召開的軍事會議上，採納白崇禧的建議，將這一戰術歸納為「以空間換時間」，「積小勝為大勝」[3]。

---

1 戚厚傑：《抗戰爆發後南京國民政府國防聯席會議記錄》，《民國檔案》1996 年第 1 期。

2 蔣介石：《敵人戰略政略的實況和我軍抗戰獲勝的要道》（1937 年 8 月 18 日），載秦孝儀主編《先總統蔣公思想言論總集》第 14 卷，（台北）中國國民黨中央委員會黨史委員會 1984 年版，第 605—606 頁。

3 蘇志榮、范銀飛、胡必林等編輯：《白崇禧回憶錄》，解放軍出版社 1987 年版，第 303 頁。

　　同時，蔣介石還會見美、英、法、德大使，並對各國記者發表談話，呼籲各國政府和國聯對日本進行干涉，謀求恢復到盧溝橋事變前的狀態。1937年八九月間，國民政府向國聯遞交照會和正式申訴書，要求國聯對日本採取必要的行動。接受中國的申訴後，國聯大會除了表示對中國給予精神上的援助，建議召開九國公約國會議外，並沒有採取任何措施。11月，在布魯塞爾召開九國公約國會議，討論中日問題，除建議中日雙方停戰，沒有解決任何問題。同月，國民政府接受由德國駐華大使陶德曼出面調停，日本提出內蒙自治、華北建立非軍事區、擴大上海非軍事區、共同反共等條件，蔣介石沒有接受。

　　1938年3月，國民黨在武昌召開臨時全國代表大會，通過了宣言和《抗戰建國綱領》，對如何奪取抗日戰爭勝利，應當執行政治、經濟、外交政策等，提出了相應主張。大會基調是抵抗日本帝國主義侵略，挽救民族危亡。國民黨臨時全國代表大會的召開及通過的一系列決議案，制定了中國抗日戰爭的基本方略，決定了抗戰時期中國的基本政治格局，具有一定的進步性與合理性。《新華日報》曾以《國民黨臨時代表大會的成就》為題發表社論，指出：「這次國民黨臨時全國代表大會是最近十年來國民黨最有歷史意義的一個會議，因為這次會議表現了國民黨更向前的進步，對於抗戰時期許多重要的國策，更確定基本的方針。」[1] 但是，國民黨的抗戰救國綱領仍然寄希望於國際社會的同情和援助，且對發動和依靠群眾有不少限制，對戰爭的認識也有一定的局限，這與中國共產黨提出的全面抗戰路線存在區別。

　　1937年8月22日至25日，中共中央在陝北洛川召開政治局擴大會議暨洛川會議，討論制定黨在抗日戰爭時期的方針任務，會議確定八路軍的戰略方針是獨立自主的山地遊擊戰。會議通過了《中共中央關於目前形勢與黨的任務的決定》，提出「爭取抗戰勝利的中心關鍵，在使已發

---

[1]　《國民黨臨時代表大會的成就》，《新華日報》1938年4月4日。

動的抗戰發展為全面的全民族的抗戰」，「共產黨員及其所領導的民眾和武裝力量，應該最積極的站在鬥爭的最前線，應該使自己成為全國抗戰的核心，應該用極大力量發展抗日的群眾運動」。[1] 會議還通過《中國共產黨抗日救國十大綱領》和毛澤東起草的宣傳鼓動提綱《為動員一切力量爭取抗戰勝利而鬥爭》。其中，十大綱領的主要內容有：「（1）打倒日本帝國主義；（2）全國軍事的總動員；（3）全國人民的總動員；（4）改革政治機構；（5）抗日的外交政策；（6）戰時的財政經濟政策；（7）改良人民生活；（8）抗日的教育政策；（9）肅清漢奸賣國賊親日派，鞏固後方；（10）抗日的民族團結。」[2] 這一綱領體現了中共的全面抗戰路線。

共產黨的主張是為爭取抗日戰爭的勝利，必須實行全面的全民族的抗戰，必須堅持抗日民族統一戰線。在軍事戰略上，共產黨提出了持久戰的戰略指導方針和實行持久戰的原則。1938年5月，毛澤東發表《論持久戰》，科學地總結了抗戰十個月的經驗，從理論與實際的結合上，全面系統地論述了持久戰的戰略指導思想，駁斥了亡國論和速勝論。毛澤東深刻地分析了敵強我弱、敵小我大，敵退步我進步、敵寡助我多助的特點，預見了持久戰戰略防禦、戰略相持和戰略反攻三個不同的作戰階段和進程。毛澤東指出，「兵民是勝利之本」，堅持持久戰的基礎是發動全民族的武裝自衛戰，實行人民戰爭。在作戰原則上，必須是把正規戰和遊擊戰相結合，以正規戰為主；把陣地戰和運動戰相結合，以運動戰為主；實行戰略防禦中的戰役和戰鬥的進攻，戰略持久戰中的戰役和戰鬥的速決戰，戰略內線中的戰役和戰鬥的外線作戰。毛澤東認為持久

1　《中共中央關於目前形勢與黨的任務的決定》（1937 年 8 月 25 日洛川會議），載《建黨以來重要文獻選編（1921—1949）》第十四冊，第 473—474 頁。

2　《中國共產黨抗日救國十大綱領》（1937 年 8 月 25 日），載《建黨以來重要文獻選編（1921—1949）》第十四冊，第 475—477 頁。

戰是「戰爭史上的奇觀，中華民族的壯舉，驚天動地的偉業」。[1]

　　國民黨與共產黨的認識和主張有基本一致的一面，都堅決主張抵抗日本帝國主義侵略，爭取民族解放；都主張團結國內各種力量；軍事戰略上，都主張持久戰，反對速勝論、亡國論。國共兩黨主張不一致的一面，則是國民黨強調政府抗戰，不敢不願發動人民抗戰。蔣介石在抗戰開始後曾提出，地無分南北，人無分老幼，皆有守土抗戰之責。國民黨正式文件上規定要動員、組織和訓練民眾，但這些只是停留在紙面上的東西，事實上是壓制人民起來抗戰，許多地方與民眾處於對立的地位。對於國內的團結，國民黨拒絕在法律上承認共產黨的合法性，也不承認其他黨派法律上的合法性，對政府機構依然不願作原則上的改變。軍事上的「持久消耗」戰略，把「以空間換時間」作為核心口號，缺乏正確的作戰方針作為基本內容，本質上是一種消極防禦的軍事戰略方針。共產黨的主張核心是堅持抗日民族統一戰線和毛澤東所說的「兵民是勝利之本」，也就是說抗日戰爭既是民族戰爭，又是人民戰爭。國共兩黨對如何奪取抗戰勝利的不同主張，實際上是對於抗日戰爭主體的不同認識，以及民族利益和階級利益各自擺在怎樣地位的不同認識的反映。隨着戰爭發展，兩種主張和認識不一致，越來越明顯地表現為兩種抗戰路線的衝突。

---

1 毛澤東：《論持久戰》（1938 年 5 月），《毛澤東選集》第二卷，第 474 頁。《論持久戰》是中共提出的指導抗日戰爭全過程的綱要性文件。

八路軍出師與
山西抗戰

　　紅軍改編為國民革命軍後，迅速開赴抗日前線，中共中央規定八路軍的戰略任務是在總的戰略方針下，執行獨立自主的遊擊戰爭，充任戰略的遊擊支隊；八路軍以集中使用為原則，不分割使用；八路軍執行側面戰，擔任協助友軍、擾亂與鉗制日軍大部並消滅一部的任務。同時初定八路軍的作戰區域在冀察晉綏四省交界之恒山地區。[1]

　　1937年8月下旬至9月，第115師到晉東北五台、繁峙、靈丘一帶，第120師從陝西富平縣出發，進入寧武、神池一帶，第129師到晉北，分別進入抗日戰場。此時日軍正企圖突破平型關、茹越口的長城防線。9月下旬，為配合友軍作戰，八路軍第115師在平型關東北關溝至東河南村長約13公里的公路兩側高地進行伏擊，日本第5師團輜重部隊和第21旅團主力由靈丘開往平型關，進入第115師伏擊圈，經過激烈戰鬥，共殲滅日軍500餘人，擊毀汽車、馬車各約70輛，繳獲大量軍用物資。[2] 平型關大捷是八路軍出師後的第一個勝仗，也是抗戰以來中國軍隊取得的首次大捷，打破了日軍所謂「不可戰勝」的神話，極大地振奮了全國軍民的抗戰士氣，提高了共產黨和八路軍的威望。遭受日本多年的民族壓迫，積壓在中國人心頭的雪恥怒火一下迸發出來，平型關告捷的消息傳遍了全

---

1 劉大年、白介夫主編：《中國復興樞紐——抗日戰爭的八年》，北京出版社 1997 年版，第 29 頁。

2 劉大年、白介夫主編：《中國復興樞紐——抗日戰爭的八年》，第 31 頁。據楊奎松考證，這裏的數字，根據是內部戰報。一般寫作殲敵 1000 餘人，擊毀汽車 100 餘輛，是當時對外宣傳的數字，有鼓動士氣的作用。

中國。

　　10月1日，日軍統帥部任命板垣為前敵總指揮，率領部隊進攻太原。經周恩來與閻錫山、衛立煌等商定，八路軍三個師配合友軍參加忻口戰役。第115師主力在晉東北襲擊張家口至廣靈、代縣的交通線，並派獨立團和騎兵營向察南、冀西出擊。第120師在雁門關以南伏擊日軍。第129師以一個營的兵力夜襲陽明堡日軍機場，毀壞敵機20餘架次，消滅敵守備隊100餘人，削弱了敵人的空中突擊和運輸力量，有力地打擊了敵人，配合了國民黨軍隊在正面戰場的作戰。

　　八路軍在作戰同時，還注意組織群眾武裝。由薄一波為書記的中共山西省公開工作委員會，以山西犧牲救國同盟會負責人名義，發展抗日武裝力量。先後組建了4個決死隊、1個工人武裝自衛縱隊、3個政治保衛支隊及暫編第1師等部，截止到1939年底，總兵力約5萬餘人，成為一支重要的人民武裝力量，有力地配合了八路軍在山西的作戰。

　　八路軍出師以後，毛澤東曾電示彭德懷：「紅軍在決戰問題上不起任何決定作用」，但在「真正獨立自主的山地遊擊戰」[1]中，一定能起決定作用。因此，「整個華北工作，應以遊擊戰爭為唯一方向。一切工作，例如民運、統一戰線等等，應環繞於遊擊戰爭」[2]。1937年10月下旬，第115師主力一部挺進唐山地區和第120師一起創建了晉察冀根據地。11月，太原失守後，在華北以國民黨為主體的正規戰結束，以共產黨為主體的遊擊戰上升到主要地位，根據洛川會議決定，中共着重向敵後實施戰略展開，發動獨立自主的遊擊戰爭，建立多個抗日根據地。隨後，八路軍和各地黨組織陸續建立了晉綏、晉冀豫、晉西南、冀魯豫、山東等多個抗日根據地。1938年1月10日，成立了晉察冀邊區臨時行政委

---

1 毛澤東：《堅持獨立自主的山地遊擊戰原則》（1937 年 9 月 21 日），載《毛澤東軍事文集》第二卷，軍事科學出版社、中央文獻出版社 1993 年版，第 53 頁。

2 毛澤東：《整個華北工作應以遊擊戰爭為唯一方向》（1937 年 9 月 25 日），載《毛澤東文集》第二卷，第 23 頁。

員會，這是由共產黨領導建立的第一個統一戰線性質的敵後抗日民主政權。1938年5—10月，新四軍各支隊先後創建了蘇南、皖南、皖中和豫東等抗日根據地。到1938年10月8日，八路軍和新四軍同日偽軍作戰1600餘次，斃、傷、俘敵5.4萬人，共產黨領導的抗日武裝發展到近20萬人。

1938年冬，中共中央下令原在山西山區的八路軍三大主力分別向河北和山東的平原地區挺進。11月下旬起，有關部隊陸續出動，第129師進入冀南，第120師主力進入冀中，第115師師部率第343旅進入冀魯豫邊區和山東，在這些地區開闢抗日根據地，這些行動大大加強了平原地區的抗日遊擊戰爭。由此，中國抗日戰爭逐漸形成戰略上互相配合的兩個戰場，一個主要是由國民黨軍隊擔負的正面戰場，一個是由共產黨領導的敵後戰場。在深入敵人後方以後，中共領導的軍隊確定了「基本的遊擊戰，但不放鬆有利條件下的運動戰」的方針，開展敵後抗日遊擊戰，動員和組織廣大群眾，建立和發展抗日根據地，給日偽軍以沉重打擊，積極地配合了全國的抗戰。

全面抗戰開始後，國共兩黨因為存在不同的戰略主張，中共如何處理抗日民族統一戰線中的統一和獨立、團結和鬥爭的關係，成為黨內討論和思考的問題。中共中央提出要在統一戰線中堅持獨立自主的原則，對國民黨採取又聯合又鬥爭的方針；保持共產黨在思想上、政治上和組織上的獨立性，實行自己的政治路線；堅持共產黨對八路軍、新四軍和其他人民軍隊的絕對領導，衝破國民黨的限制和束縛，努力發展人民武裝力量。但此時，黨內出現了右傾主張，一部分人出現遷就國民黨的無原則傾向。

1937年11月底，中共駐共產國際代表、共產國際執委、主席團委員和候補書記王明偕同陳雲、康生等人從蘇聯回到延安，他在12月召開的政治局會議上，作了題為「如何繼續全國抗戰與爭取抗戰勝利呢？」的報告，報告中提到要堅持抗戰、鞏固和擴大抗日民族統一戰線等意見，但是在怎樣鞏固和擴大抗日民族統一戰線及國共合作、怎樣繼續全國抗

戰和爭取抗戰勝利等問題上，提出「我們要擁護統一指揮，八路軍也要統一受蔣指揮」、「一切經過抗日民族統一戰線，一切服從抗日」[1]等主張，抹殺中共的全面抗戰路線同國民黨抗戰路線的分歧，否認中共在抗戰中爭取領導權和抗日民族統一戰線中的獨立自主原則。中共中央對王明的右傾錯誤進行了批評和抵制，根據中國革命的實際情況，創造性地提出在統一戰線中堅持獨立自主的原則，並要掌握統一戰線的領導權。

1938年9月29日至11月6日，中共中央在延安召開擴大的六屆六中全會。毛澤東在會上作了《論新階段》的政治報告和會議總結，他指出：「中國抗日戰爭將進入一個新階段，抗日戰爭發展的新階段同時即是抗日民族統一戰線發展的新階段。」他在報告中闡明了共產黨領導抗日戰爭的重大歷史責任，批評了王明「一切經過統一戰線」的口號是「自己把自己的手腳束縛起來」，是「完全不應該的」。從理論上闡述了民族鬥爭和階級鬥爭的一致性，強調「我們的方針是統一戰線中的獨立自主，既統一，又獨立」。強調共產黨員應是實事求是的模範，因為只有實事求是，才能完成確定的任務。此外，還要學習馬克思主義理論，研究歷史與當前運動的情況和趨勢，使馬克思主義中國化，「使之在其每一個表現中帶着中國的特性，按照中國的特點去應用它」[2]。

全會確定敵後抗戰總的戰略部署是「鞏固華北，發展華中華南」。毛澤東具體指出：「敵後遊擊戰爭大體分為兩種地區。一種是遊擊戰爭充分發展了的地區如華北，主要方針是鞏固已經建立了的基礎，以準備新階段中能夠戰勝敵之殘酷進攻，堅持根據地。又一種是遊擊戰爭尚未充分發展，或正開始發展的地區，如華中一帶，主要方針是迅速的發展

---

1 周德全、郭德宏：《王明傳》，人民出版社 2014 年版，第 274 頁。
2 毛澤東：《論新階段 —— 抗日民族戰爭與抗日民族統一戰線發展的新階段》（1938 年 10 月 12—14 日），載《建黨以來重要文獻選編（1921—1949）》第十五冊，第 651 頁。

遊擊戰爭，以免敵人回師時遊擊戰爭發展的困難。」[1] 為此，全會決定撤銷長江局，設立南方局，周恩來擔任書記；設立中原局，劉少奇擔任書記；東南分局改為東南局，項英仍擔任書記；同時充實北方局，由朱德、彭德懷、楊尚昆組成常務委員會，楊尚昆擔任書記。

這次會議正確分析了抗日戰爭的形勢，規定了黨在抗戰新階段的任務，基本上糾正了王明的右傾錯誤，統一了全黨的思想和目標，推動了抗戰工作的迅速發展。

---

1 毛澤東：《論新階段 —— 抗日民族戰爭與抗日民族統一戰線發展的新階段》（1938年 10 月 12—14 日），載《建黨以來重要文獻選編（1921—1949）》第十五冊，第 601—602 頁。

淞滬會戰與上海、南京的陷落
日軍在南京製造大屠殺暴行

一、淞滬會戰 上海陷落

淞滬會戰前，日本加緊調集兵力，準備陸海軍協同作戰，向上海發動大規模進攻。為爭取戰略上的主動，軍事委員會於13日晚做出指示，令第9集團軍於次日開始攻擊虹口附近的敵人，令空軍於次日出動，以協調陸軍作戰，令海軍封鎖江陰江面。8月14—22日，中國的空軍、陸軍對楊樹浦以西至虹口敵司令部之間的日軍發動進攻，一度攻入虹口的日本海軍俱樂部及匯山碼頭，但未能殲滅敵人。23日凌晨，增援的日軍兩個師團分別在長江岸邊川沙河口和黃浦江邊的張華浜、蘊藻浜等處登陸，戰事中心開始轉移到羅店至月浦一線。此時，中國軍隊在以馮玉祥為司令長官、顧祝同為副司令長官的第三戰區統一指揮下分三個方面抵擋日軍的進攻，浦東方面由張發奎指揮，淞滬近郊由張治中指揮，江防由陳誠指揮。31日，日軍猛攻吳淞後登陸，分兵進攻寶山和閘北，第18軍53團3營營長姚子青率部奮勇抵抗，最終全部壯烈犧牲。

9月6日，日本決定向上海再增派3個師團的兵力。從12日起，淞滬前線部隊轉入守勢作戰，在北站、劉行、羅店、瀏河鎮一線抗擊日軍，經與日軍反覆激戰，傷亡增多。10月1日起，各部分別轉移至蘊藻浜右岸陳家行、廣福、施相公廟、北新涇鎮、瀏河一線。10月初，日軍強渡蘊藻浜，25日攻陷大場，向蘇州河推進，中國軍隊各部隨之向蘇州河南岸轉移。11月5日，日軍3個師團從杭州灣北岸的全公亭、金山嘴登陸，完成對中國軍隊的戰略包圍，中國軍隊在腹背受敵的情況下，被迫撤出上海。至此，歷時3個月的淞滬會戰結束。

　　淞滬會戰是全面抗戰初始階段中日兩國進行的一場戰役。國民政府宣言指出「淞滬一隅，抗戰亙於三月，各地將士，聞義赴難，朝命夕至，其在前線，以血肉之軀，築成壕塹，有死無退。暴日傾其海陸空軍之力，連環攻擊，陣地雖化煨燼，軍心仍堅如金石，臨陣之勇，死事之烈，實足昭示民族獨立之精神，而奠定中華復興之基礎」[1]。

　　從1937年8月中旬到11月中國軍隊撤出上海，日本投入兵力達到30餘萬人，中國軍隊調集70多個師70餘萬人，在日軍火力猛攻下，中國軍隊堅持3個月之久，殲滅了大量日軍，粉碎了日軍「三個月滅亡中國」的叫囂，展現出中國軍民抵抗侵略、保家衛國的百折不撓的精神，贏得了國際社會的同情和尊敬。

二、國民政府西遷重慶 南京陷落

　　全面抗戰爆發前，國民政府為準備持久抗戰，選定四川作為抗日戰爭的後方基地。淞滬會戰爆發後，政府西遷迫在眉睫。11月20日，國民政府正式發表遷都重慶宣言：「國民政府茲為適應戰況，統籌全局，長期抗戰起見，本日移駐重慶。此後將以最廣大之規模，從事更持久之戰鬥；以中華人民之眾，土地之廣，人人抱必死之決心……外得國際之同情，內有民眾之團結，繼續抗戰，必能達到維護國家民族生存獨立之目的。」[2] 26日，國民政府主席林森率機關人員抵達重慶，部分中央機關和軍政主要領導暫時先遷至武漢，各國駐南京大使館相關人員也隨着國民政府遷往漢口。12月7日，蔣介石則在日軍兵臨南京城外時前往廬山，14日到達武漢。

　　日軍佔領上海後，侵華戰爭進一步擴大。11月24日，日本確定在華

---

1 《國民政府遷移重慶宣言》（1937 年 11 月 20 日），載中國第二歷史檔案館、南京市檔案館編《侵華日軍南京大屠殺檔案》，江蘇古籍出版社 1997 年版，第 42 頁。

2 秦孝儀主編：《中華民國重要史料初編——對於抗戰時期‧作戰經過》（二），（台北）中國國民黨中央委員會黨史委員會，1981 年，第 212—213 頁。

北、華中、華南全面作戰的計劃，準備長期戰爭。27日，日本軍部決定
進攻南京。從12月3日起，沿京滬線分三路向南京推進。太湖南岸的日軍
則向寧國—蕪湖—太平（當塗）方向包抄。6日，日軍到達宣城、何家
鋪、秣陵關、淳化鎮、湯山鎮和龍潭以東一線。7日，日軍開始對南京城
外圍板橋、淳化、湯水、龍潭等發起進攻，中國守軍傷亡很重。12日，
雨花台失守，中華門遭到炮毀。下午，日軍開始炮轟紫荊山，南京城外
交通線及要塞也多被日軍佔領或炸毀，日軍從中華門、雨花台、通濟
門、光華門、中山門、太平門等處湧入南京城內，並且攻佔下關，封鎖
了長江。13日，南京陷落。蔣介石當日發表通電：「國軍退出南京，絕
不影響我政府始終一貫抵抗日本侵略原則之國策。」[1]

　　日軍攻佔南京後，在其「華中方面軍」司令官松井石根訓令「發揚
日本的威武，而使中國畏服」的原則指導下，對城內外進行「掃蕩」、
「肅正」。無論是對平民還是解除了武裝的軍人，進行了長達6週的大規
模屠殺焚掠。戰後對南京大屠殺主犯谷壽夫的判決書中記載：12月12—
21日，計於中華門外花神廟、寶塔橋、石觀音、下關草鞋峽等處，被俘
軍民遭日軍用機關槍集體射殺並焚屍滅跡者，有單耀亭等19萬餘人；此
外，零星屠殺，其屍體經慈善機關收埋者15萬餘具，被害總數在30萬人
以上。[2] 此外，日軍還滅絕人性地肆意強姦、輪姦中國婦女，強迫婦女充
當「慰安婦」，許多婦女在強姦後又被殺害，還將她們的軀體斬斷。遠
東國際軍事法庭裁判書公佈的數據，僅在日軍佔領南京後的6週內，就發
生了2萬起的強姦、輪姦事件，連老嫗、幼童都未能倖免。同時南京市三
分之一的房屋被燒毀，幾乎所有的商店被搶劫一空，搶劫完商店和倉庫
後，往往是放一把火燒掉。

---

1 秦孝儀主編：《先總統蔣公思想言論總集》卷 27，（台北）中國國民黨中央委員會黨史
委員會，1984 年，第 165 頁。

2 中國抗日戰爭史學會等編，孫宅巍主編：《南京大屠殺》，北京出版社1997年版，第
435頁。

　　日軍還在佔領區建立多個細菌戰部隊的祕密基地，研制霍亂、傷寒、鼠疫等病毒，對中國居民實行「活體解剖」。還製造配備相當數量的化學武器，實行細菌戰、毒氣戰。日軍731部隊將帶有病毒的投擲器投放到中國許多地區，造成大量中國居民死亡。

　　南京大屠殺因涉及範圍廣、延續時間長，屠殺現場又完全被日軍所控制，在事隔多年之後要做出精確統計是不可能的，但從殺人現場留下的大量罪證，眾多被害者與中外目擊者的證詞足以證實南京大屠殺這一罪行的客觀存在。戰後《拉貝日記》《貝德士文獻》《東史郎日記》、中國第二歷史檔案館《南京大屠殺檔案》以及《南京大屠殺史料集》等揭露日軍暴行的資料陸續公佈，更提供了有力的佐證。

　　日軍在南京城的屠殺、縱火、姦淫、搶掠充分暴露了日本軍國主義者完全喪失人性的瘋狂與野蠻。南京大屠殺給中國人民帶來的災難和感情上的傷痛是永遠抹不掉的。日軍這一亙古罕見的暴行，是日本民族的恥辱，是對人類性靈的褻瀆。但是，南京大屠殺並沒有嚇倒中國軍民，相反更激發起中國軍民對日本的侵略者無比的憤怒和堅決的抵抗。

台兒莊大捷
與武漢、廣州淪陷

南京淪陷後，日本侵華戰爭規模進一步擴大。1938年2月中旬，日軍為攻佔徐州，進攻台兒莊，台兒莊大戰拉開帷幕。第五戰區司令長官李宗仁指揮中國軍隊在台兒莊作戰，命令台兒莊守軍第2集團軍總司令孫連仲部、第20軍團湯恩伯部在外圍策應出擊。日軍先以瀨谷旅團為進攻主力，後阪本旅團繞過臨沂前來增援。從3月下旬至4月初，台兒莊守軍與裝備佔優勢的日軍機械化部隊反覆搏殺，並與其展開肉搏巷戰，戰況異常慘烈，有效地阻擋了日軍進攻。4月上旬，中國軍隊發起全線進攻，擊潰日軍，取得台兒莊戰役的勝利。戰役中，中國參戰部隊達4.6萬人，傷亡7500人，殲滅日軍近萬人，打敗了日軍第5、第10師團主力。

台兒莊大捷是全面抗戰初期中國軍隊在正面戰場上取得的重大勝利，有力打擊了日軍囂張氣焰，極大地鼓舞了全國人民抗戰必勝的信心。

台兒莊戰役後，日軍大本營陸軍部發佈以華北方面軍為主、華中派遣軍配合，擊破徐州附近中國軍隊的作戰方案。中國方面，由於受台兒莊大捷的鼓舞，決定乘勝追擊，4月中旬調集60餘萬軍隊向徐州附近集結，與日軍苦戰。日軍於5月中旬形成對中國軍隊的合圍，蔣介石決定放棄徐州。

徐州會戰結束後，日軍開始向武漢方向進攻。先是向西突入河南，連續攻陷蘭封、開封、中牟、太康等地。在河南戰局持續惡化的形勢下，蔣介石下令轟炸花園口黃河大堤，雖暫時遏制了日軍的進攻，並且阻滯了日軍沿淮河西進和沿平漢鐵路進攻武漢的計劃，但給當地的百姓造成了巨大的生命財產損失。

　　1938年6月中旬，日本大本營下達漢口作戰命令，國民政府提出了「保衛大武漢」的口號，集結120多個師的兵力，確立了「戰於武漢之遠方，守武漢而不戰於武漢」的作戰方略，在武漢外圍抵抗和消耗日軍，武漢會戰隨之開始。因黃河決口，日軍主力溯長江西進，發起全面攻勢，連續攻佔馬頭鎮、武穴、富池口，並於9月底佔領田家鎮。

　　另一路日軍在贛北展開攻勢。8月1日，軍事委員會令贛北方面的作戰由薛岳統一指揮。守軍與日軍展開激戰，在萬家嶺地區，殲滅日軍第27、第101、第106等師團數千人，獲得「萬家嶺大捷」。

　　為策應長江沿岸部隊西進，8月27日，日軍開始沿大別山北麓猛攻，中國守軍於富金山設防，經過激烈戰鬥，於9月中旬失守。另一路日軍於9月6日攻陷固始，西進逼近潢川，18日，潢川失陷。此外，從南路進攻信陽之日軍於10月6日攻陷信陽南的柳林車站，切斷平漢路交通。從此，日軍南北兩線基本形成對武漢等包圍態勢。

　　10月中旬，日軍已進入武漢附近地區，同時日本軍艦突破長江封鎖線向武漢前進。長江北岸，日軍向團風進攻。24日突破黃陂守軍陣地，向漢口攻擊。此時，長江南岸等日軍主力攻陷大冶、陽新後，分兩路西進：一路突破金牛鋪、辛潭鋪，26日在咸寧附近切斷粵漢鐵路；另一路沿大冶、鄂城會合沿江部隊攻擊武昌；又以一股兵力經金牛山向賀勝橋方向行進，切斷武漢守軍的退路。

　　自10月中旬起，國民政府各級機關開始逐步從武漢撤退，至10月25日已全部撤出武漢。同日，第9戰區司令長官薛岳鑒於局勢無法扭轉，下令各部轉移，棄守武漢。26日，日軍佔領漢口、武昌。27日，漢陽陷落。28日，蔣介石發表《告全國國民書》：「抗戰軍事之勝負關鍵，不在武漢一地之得失，而在我繼續抗戰持久之動員。」[1]

　　武漢會戰歷時4個半月，中國軍隊投入120多個師的兵力，斃傷日軍

1　《中華民國重要史料初編——對日抗戰時期　·作戰經過》（二），（台北）中國國民黨中央委員會黨史委員會，1985年，第352頁。

台兒莊戰役

近4萬人，是抗日戰爭戰略防禦階段最大的一次戰役。在這期間，中國軍民得以把沿江地區等重要工業設施遷往四川和西南各地，為長期抗戰奠定了物質基礎。[1]

　　淞滬會戰期間，日本封鎖了從秦皇島到北海的海岸線，企圖切斷中國抗戰的國際補給線。1937年9月上旬，日本海軍航空隊轟炸汕頭、潮州、廣九鐵路及粵漢鐵路沿線要地。1938年5月10日，日軍派遣軍艦多艘，運載陸戰隊3000餘名在廈門登陸，中國守軍第75師與之激戰，12日，廈門淪陷。除佔領金門、廈門外，日本海軍還佔領了福州外海的馬

---

2 根據資源委員會檔案，截至 1938 年 12 月，內遷工廠 341 家，計 63411 噸，涉及機器五金、無線電電器、陶瓷玻璃、化學、飲食品、印刷文具、紡織、礦業等行業。根據 1941 年 3 月經濟部報告，沿海沿江各地工廠相繼西遷 450 家，內遷機料 12 萬噸，內遷技工 1.2 萬人。見中國第二歷史檔案館編《國民政府抗戰時期廠企內遷檔案選輯》（下），重慶出版社 2016 年版，第 1058—1059 頁。

祖、閩粵交界處的南澳島以及東沙群島等島嶼。

1938年8月下旬，日本決定在武漢會戰期間同時進攻廣州，目的在於「一面切斷蔣政權的主要補給線，一面使第三國，特別是英國的援蔣意圖受到挫折」，採用的策略是「急襲方式，果敢迅速地攻陷廣州」[1]。9月19日，日本大本營正式下令，由原第5軍司令官古莊幹郎擔任第21軍司令（參戰軍隊改編），進攻廣州。10月12日凌晨2時，日軍突入南海大亞灣澳頭，在其第5艦隊數十艘軍艦和百餘架飛機掩護下強行登陸。13日，國民政府發表《告廣東全省軍民書》，號召團結一致，抗擊日軍，保衛廣東。軍事委員會為確保廣東、掩護海上通道，從武漢緊急抽調第9戰區第64、第66兩個軍共5個師，緊急南下支援廣東，但廣東守軍在援軍到達以前已全線崩潰。

廣州淪陷後，中國海上運輸線完全被切斷，給中國的抗戰增添了新的困難。此後，中國抗日戰爭進入艱苦的戰略相持階段。

日本帝國主義全面侵華，使得近代中國的「上升」時期變得困難起來。中國北方古都北平和海港城市天津被佔領，首都南京被佔領，而且敵人在南京製造了慘絕人寰的大屠殺，中部大城市武漢和南方大城市廣州同時被佔領。日本加諸中國的損失遠遠大於八國聯軍和英法聯軍。但是中國沒有倒下來。這就是因為中國正處在「上升」時期。這個時期中國有了新的政黨，有了新的階級力量，有了全民族的覺醒。正是因為有了這些，在面臨強敵時，國共兩黨會放棄夙怨，在抗日民族統一戰線的大旗下團結起來，動員全國人民共同禦敵。

在抗日戰爭的戰略防禦階段，由於敵人強大，中國勝少敗多，但是中國畢竟打破了日本「三個月滅亡中國」的叫囂，中國頂住了強敵日本的進攻。中國雖然還要面臨許多困難，中國還將要在困難中不斷前進！這反映了近代中國的「上升」趨勢是不可阻擋的這一時代力量。

---

[1] 日本防衛廳防衛研究所戰史室：《中國事變陸軍作戰史》第二卷第一分冊，中華書局1979年版，第107—108頁。

第十一章

抗日戰爭中的兩個戰場
與抗戰勝利

國民黨正面戰場
和共產黨敵後戰場的戰略配合

一、戰略相持階段的正面戰場作戰

武漢會戰後，為總結前一階段作戰經驗教訓，部署新階段的抗日作戰方針，國民政府軍事委員會對抗日軍事行動做出調整。1938年11—12月間，軍事委員會先後在湖南南嶽衡山和陝西武功召開軍事會議，中共中央代表周恩來、葉劍英應邀與會。會後頒佈了《國軍第二期作戰指導方案》，確定作戰方針為：「國軍應以一部增強被敵佔領地區內力量，積極展開廣大遊擊戰，以牽制、消耗敵人。主力應配置於浙贛、湘贛、湘西、粵漢、平漢、隴海、豫西、鄂西各要線，極力保持現在態勢。不得已時，亦應在現地線附近，儘量牽制敵人，獲取時間之餘裕，俟新戰力培養完成，再行策動大規模攻勢。」[1]同時還要求「連續發動有限度之攻勢與反擊，以牽制消耗敵人，策應敵後之遊擊戰，加強敵後方之控制與襲擾，化敵後方為前方，迫敵局促於前線，阻止其全面統制與物資掠奪，粉碎其以華制華，以戰養戰之企圖」[2]。

為適應新的作戰需要，軍事委員會重新劃分了戰區，增設蘇魯、冀察戰區，以加強敵後遊擊戰，取消了軍事委員會委員長駐廣州、西安、重慶各行營，改設桂林、天水行營，分別由白崇禧、程潛擔任主任。

武漢會戰後，日軍停止對正面戰場國民黨軍大規模進攻，轉向長期

---

1 中國第二歷史檔案館編：《中華民國史檔案資料彙編》第五輯第二編「軍事」，第 659 頁。
2 《中華民國重要史料初編——對日抗戰時期 · 作戰經過》（一），（台北）中國國民黨中央委員會黨史委員會，1985 年，第 568 頁。

持久態勢，不再擴大新的佔領區，並對國民政府開始公開誘降。從1939年初至1941年底太平洋戰爭爆發，正面戰場歷經南昌戰役、隨棗戰役、棗宜戰役、第一次長沙戰役、桂南戰役、豫南戰役、中條山戰役、鄂北戰役及第二次長沙戰役等。

1.南昌戰役。南昌地處南潯、浙贛兩條鐵路的交會處，毗鄰鄱陽湖，與長江相通，戰略位置十分重要，武漢會戰後南昌成為日軍的進攻目標。日軍以第101、第106兩個師團擔任正面進攻，第6師團在箬溪、武寧一帶助攻。1939年3月，日軍發動攻擊，僅用十餘天就攻佔了南昌，4月中旬軍事委員會命令各戰區發動春季攻勢，並令羅卓英指揮第3戰區、第9戰區約10個師反攻南昌。羅下令第3戰區第32集團軍總司令上官雲相擔任指揮，曾一度攻佔南昌機場及車站，然因部隊傷亡嚴重，加上日軍第116師團協同反攻，中國軍隊於5月上旬停止攻擊，轉而恢復原有態勢，與日軍在南昌周邊地區對峙。

2.隨棗戰役。武漢會戰後，第5戰區扼守襄渝入川要道，掩護長江三峽，湯恩伯第31集團軍由湘北移至棗陽，增強第5戰區實力。日軍第11軍為解除西北方面對武漢的威脅，於5月發動隨棗戰役。在隨後的三週內，日軍調集第3、第13、第16三個師團分別向應山、安陸、鍾祥等地集結，企圖將第5戰區主力一舉圍殲。5月7日，日軍攻佔棗陽，12日攻佔唐河，在桐柏山及其南北兩側受到阻擊，未能與第3師會合。5月中旬，第5戰區令第31集團軍會同第2集團軍發動全面反攻。13日起，日軍全線撤退，到20日，除隨縣外，其他都恢復原有態勢，戰役結束。

3.第一次長沙戰役。隨棗戰役結束後，日軍決定在湖北、贛北給第9戰區以打擊，重點是粵漢鐵路沿線的中央軍主力。8月，日軍第11軍制訂「江南作戰」計劃。9月14日，戰役首先在贛北打響。18日，日軍主力在湘北發起進攻，但受阻於新牆河一線。25日，日軍渡過汨羅江，隨後日軍佔領長沙西的永安市，後遭到中國軍隊伏擊，日軍損失慘重，全線撤回原陣地，第一次長沙戰役結束。

4.桂南戰役。廣州失陷後，1939年2月，日軍攻佔海南島，6月攻佔潮汕地區，8月佔領深圳、沙頭角，完成對中國東南沿海交通線的封鎖。接着為切斷印度支那通往南寧的交通線，發動了桂南戰役。1939年11月中旬，日軍登陸欽州灣，在佔領防城、欽縣後，分路進攻南寧，11月下旬攻佔南寧，據守高峰隘和崑崙關。軍長杜聿明率第5軍與第66軍等協同苦戰，傷亡1.4萬餘人，於12月31日收復崑崙關，史稱「崑崙關大捷」，這是抗戰以來正面戰場軍隊以空、炮、坦、步等軍兵種協同配合、攻堅作戰之首次勝利。1940年6月，日本調整西南作戰方向，主力進攻越南，開始從桂南撤軍，中國軍隊轉入反攻，10月28日收復龍州，30日收復南寧，11月底日軍全部撤出桂南。長達一年之久的桂南戰役結束。

5.棗宜、豫南戰役。1939年10月，軍事委員會制定《國軍冬季攻勢作戰計劃》，以第2、第3、第5、第9四個戰區為主攻戰區，第1、第4、第8、魯蘇、冀察戰區為助攻戰區。這是進入戰略相持階段後，正面戰場的中國軍隊發起的一次大規模行動，消耗了敵軍的大量兵力，但沒有扭轉正面戰場的局勢，自身也遭受較大損失。冬季攻勢結束後，日軍認識到對國民政府施加軍事壓力的重要性，決定攻佔棗陽、宜昌，進而威脅重慶。1940年4月中旬，日軍贛東北、湘北兵力各一部會同湖北境內部隊，於5月初發動對棗陽、宜昌的攻勢。5月中旬開始，雙方在各條戰線展開爭奪，第33集團軍總司令張自忠犧牲。6月初，日軍佔領襄陽、宜城。6月12日，日軍攻佔宜昌，並按原計劃在一週後撤出，此後雙方重回對峙狀態。棗宜會戰結束後，日軍深感周邊中國軍隊對宜昌、信陽及平漢線的威脅，於1941年1月27日至2月7日發動豫南戰役，試圖通過圍殲豫南附近第5戰區主力，作戰持續十餘日，各路日軍撤退。

6.中條山戰役。中條山位於晉南豫北交界處，佇立在黃河北岸。第1戰區司令長官衛立煌在此集結約18萬軍隊，日軍決定在中條山區域重點打擊衛立煌部。1941年5月，由東、北、西三個方向發起進攻，中國守軍消極防禦，損失慘重。5月下旬戰役結束，中國軍隊傷亡4.2萬餘人，被俘

3.5萬餘人，成為抗日戰爭中正面戰場損失慘重、極為失敗的一次戰例。

7.第二次長沙會戰。1941年9月，日軍以12萬兵力進攻長沙，中國軍隊先後參戰約30萬人。20日，日軍突破汨羅江防線。9月下旬，日軍一度攻入長沙城。10月初，日軍開始撤退，第9戰區下令全線追擊。8日，日軍退回新牆河，雙方恢復原有對峙態勢，會戰結束。

二、敵後戰場的遊擊戰

抗戰進入戰略相持階段後，日軍由於戰線過長、兵力匱乏，加上佔領區內軍民的反抗，為鞏固其佔領地，逐漸將主要兵力用於打擊敵後戰場。根據「鞏固華北、發展華中華南」的戰略方針，中共在抗日根據地廣泛開展敵後遊擊戰爭。

華北是八路軍主力活動的地區，因此日軍對根據地「掃蕩」、「蠶食」的重點是華北。1939年春，日本華北方面軍制訂「治安肅正計劃」，實行軍事、經濟文化特務一體的「總力戰」。在1939年和1940年，僅華北地區日軍出動千人以上的大規模「掃蕩」就有109次，使用兵力總計在50萬人以上。[1] 晉察冀、晉冀豫、晉綏、山東和冀魯豫等抗日根據地軍民在粉碎日軍多次圍攻和「掃蕩」的同時還努力推進抗日民主政權建設，使根據地得到進一步鞏固和發展，給日偽軍以沉重打擊，減輕了正面戰場作戰的壓力。

為了貫徹「發展華中」的戰略方針，1939年3月周恩來受中共中央委託，到皖南同新四軍領導人商定了新四軍發展三個原則：「（1）那個地方空虛，我們就向那個地方發展。（2）那個地方危險，我們就到那個地方去創造新的活動地區。（3）那個地方只有敵人偽軍，友黨友軍較不注

---

1 中共中央黨史研究室：《中國共產黨的九十年》（新民主主義革命時期），第 207 頁。

意沒有去活動，我們就向那裏發展。」[1]1939—1940年，新四軍同日偽軍作戰計2400餘次，消滅日偽軍5萬餘人，開闢了蘇北、鄂豫蘇邊、皖東等抗日根據地和抗日民主政權，新四軍也從原來的2.5萬人發展至10萬人。

在華南，廣州失陷後，中共廣東地區黨組織積極領導開展遊擊戰爭，創建了東江抗日遊擊根據地和東江縱隊，曾生任司令員，尹林平任政治委員。在海南島的紅軍遊擊隊開展抗日遊擊戰，後來發展為瓊崖縱隊，馮白駒任縱隊司令員兼政治委員。

東北抗日聯軍自「九一八」事變發生後堅持抗日戰爭和遊擊戰爭，反抗日偽軍在東北的奴化政策和殖民政策。1940年1—3月，周保中、馮仲雲、趙尚志等召開中共吉東、北滿黨代表會議，總結東北抗日遊擊戰爭經驗教訓，制定了《關於東北抗日救國運動的新提綱草案》，決定東北抗日聯軍各路軍先後撤銷方面軍和軍的番號，改編成支隊建制，繼續開展遊擊戰爭。在長達14年的抗日鬥爭中，抗聯共殲滅日偽軍17萬餘人，犧牲3萬餘人，有力地配合了全國的抗日戰爭。

敵後戰場的作戰，也使中共領導的武裝部隊不斷發展壯大，到1940年底，除東北抗日聯軍外，共產黨領導的武裝部隊發展到50萬人，還有大量的地方武裝和民兵，在華北、華中、華南創建了16塊抗日根據地，形成了一個地域分割、領導指揮統一的從長城內外到海南島的敵後戰場，在抗日戰爭中發揮着日益重要的作用。

為打破日軍「治安肅正」計劃，粉碎日軍以「囚籠政策」封鎖、分割各抗日根據地的圖謀，1940年夏秋之際，八路軍決定以晉察冀軍區、第120師、第129師主動出擊，對日軍佔據的華北交通沿線和大小據點進行一次摧毀性的打擊。作戰開始後，八路軍參戰兵力迅速增加至105個團，此外尚有許多地方遊擊隊、民兵參戰，史稱「百團大戰」。

---

[1] 周恩來：《目前形勢和新四軍的任務》（1939年3月），載《周恩來選集》上卷，人民出版社1980年版，第105頁。

百團大戰分為三個階段。第一階段從8月20日至9月10日，重點是攻擊正太鐵路。第二階段從9月22日至10月上旬，中心任務是擴大第一階段戰果，重點是殲滅交通線兩側和深入根據地的日軍據點。第三階段從10月上旬至1941年1月24日，針對日軍先後對晉東南、晉察冀、太岳和晉西北等根據地進行報復性「掃蕩」，展開反「掃蕩」作戰。

百團大戰是全國抗戰以來八路軍在華北發動的規模最大、持續時間最長的一次戰役，具有戰略進攻性質。至1940年12月初，敵後軍民共作戰1824次，斃傷日偽軍2.5萬餘人，俘虜日軍281人、偽軍1.8萬餘人，破壞鐵路470餘公里、公路1500餘公里，摧毀大量敵人碉堡和據點，繳獲大批槍炮和軍用物資，八路軍也付出傷亡1.7萬餘人的代價。[1] 這次戰役給日軍的「囚籠」政策，以沉重打擊，牽制了日軍大量兵力，提高了共產黨和八路軍的威望，振奮了人心。

百團大戰使日軍大為震驚，1941年7月—1942年7月，日軍對華北各根據地進行大規模「掃蕩」、「蠶食」，實行殘酷的燒光、殺光、搶光的「三光」政策，並對根據地軍民進行慘無人道的報復，製造了多起慘案，但是，根據地軍民在中共的領導下，堅持抗爭，為抗戰勝利奠定了基礎。

---

1 中共中央黨史研究室：《中國共產黨的九十年》（新民主主義革命時期），第 212 頁。

抗戰大局下
國共兩黨聯合中的鬥爭
與皖南事變

一、抗戰大局下國共兩黨合作中的鬥爭 皖南事變之善後

全面抗戰爆發後，在國共合作的基礎上建立了抗日民族統一戰線，國民黨並沒有從根本上放棄反共立場，隨着中共全面抗戰方針的提出，在國際國內的影響力不斷擴大，國民黨認為對它的統治地位構成了威脅，反共的急切性進一步增強。1939年1月，國民黨五屆五中全會決定設立國防最高委員會，以統一黨政軍的指揮，委員長由國民黨總裁擔任，這次會議還成立了「防共委員會」，確定了「溶共」、「防共」、「限共」的方針，預示着國民黨政府的政策重點開始從對外轉向對內。為了消除「心腹之患」，國民黨此後採取實際措施，嘗試用軍事方法清除要害地區共產黨武裝力量。1940年，國民黨在一份題為「第八路軍在華北陝北之自由行動應如何處置」的文件中表示擔心：「國民黨失地日本與共產黨分地」，「本黨統治之土地，將一失而不易復得」[1]，「共黨一年來由三萬擴大到五十萬，再一兩年定不止一百萬，那時還有國民黨活路？」[2]

1939年冬至1940年春，日本帝國主義停止了正面戰場的戰略性進攻，並把對國民黨政府以軍事進攻為主、政治誘降為輔的方針，轉變為

---

[1] 參見中國人民解放軍政治學院中共黨史教研室編《中共黨史參考資料》第八冊，第325頁。

[2] 參見《周恩來致毛主席並中央書記處電》（1940年11月13日）。正是基於堅持國民黨一黨專政的理念，一個削弱、限制共產黨武裝力量的計劃就在醞釀制訂之中。

以政治誘降為主、以軍事打擊為輔的方針。在這種背景下，國民黨內頑固派掀起第一次反共高潮。

1939年11月，國民黨五屆六中全會進一步確定以「軍事限共為主、政治限共為輔」的方針。12月，國民黨軍隊進攻陝甘寧邊區，先後侵佔五座縣城。在山西，閻錫山發動「十二月事變」，以重兵進攻山西新軍。1940年2月、3月間，國民黨軍隊進攻晉東南和濟南的抗日根據地，矛頭直指八路軍總部。在壓住頑固派的反共氣焰後，中共中央立刻派朱德、蕭勁光、王若飛分別到洛陽和宜川秋林鎮同衞立煌、閻錫山進行談判，同他們達成停止武裝衝突，劃定駐地、分區抗戰的協定。

1940年7月，為進一步限制中共和中共領導下的武裝力量的發展，軍事委員會制定了《中央提示案》，決定將八路軍和新四軍50萬人縮編為10萬人，全部調往華北指定區域。10月19日，參謀總長何應欽及副總長白崇禧聯名發出皓電，要求黃河以南的八路軍和新四軍全部按「中央提示案」規定，開赴黃河以北。11月9日，八路軍總司令朱德等發出佳電，只同意長江以南之新四軍部隊移至江北。[1] 蔣介石於12月7日批准了軍令部一再呈報的《剿滅黃河以南匪軍作戰計劃》，並於1941年1月6日以「朱葉各部尚未恪遵命令向黃河以北移動」為由，命令黃河以南各國民黨部隊以武力「強制執行」，「迫其就範」[2]。中共中央於12月下旬下令皖南新四軍轉移，在轉移路線上，國民黨禁止新四軍從鎮江北渡，命令其由銅陵、繁昌間渡江。在複雜的局勢之下，中共中央電令新四軍經蘇南北移。1941年1月4日夜，新四軍軍部及所屬皖南部隊9000餘人，由安

---

1 《何應欽、白崇禧致朱彭總副司令葉挺軍長皓電》，《朱彭葉項覆何應欽、白崇禧佳電》，載中央檔案館編《皖南事變（資料選輯）》（以下簡稱《皖南事變》），中共中央黨校出版社 1982 年版，第 83 — 89 頁。所謂「中央提示案」，是國民黨於 1940 年 7 月提出的，它對陝甘寧邊區轄境、十八集團軍和新四軍作戰區域和編製作了嚴格限制。詳情參見《中華民國重要史料初編》第五編《對日抗戰時期》（四），第 227 — 230 頁。
2 《蔣中正致李長官電》（1941 年 1 月 6 日），引自中國科學院近代史研究所南京史料整理處《中國現代政治史資料彙編》第三輯第十一冊，第 125 頁。

徽涇縣分三路向南移動。6日，遭到第3戰區國民黨軍上官雲相部截擊，第3戰區約8萬人將新四軍皖南部隊團團包圍，經激烈作戰，新四軍皖南部隊除2000餘人突圍外，其餘或犧牲或被俘，新四軍軍長葉挺被扣押，副軍長項英遇害，政治部主任袁國平在突圍中犧牲，這就是震驚中外的「皖南事變」。

皖南事變發生後，蔣介石立即宣佈新四軍「叛變」，撤銷新四軍番號，將葉挺革職並交付軍法審判。1941年1月17日晚，國民政府軍事委員會通令和國民政府軍事委員會負責人談話發表，把皖南事變引發的國共兩黨間的緊張關係，推向了又一個高峰。國民政府軍委會通令和談話的發表確定了皖南事變的性質並把對新四軍的處理通令全國，這就把皖南的軍事衝突一下提升為抗戰期間國共兩黨的關係問題，成為全國政治的關注焦點，成為蘇、美、日輿論和政治關注的中心。中共對此不能不做出更為強烈的反應。

中共中央抓住蔣介石1月17日命令，表示要「緊緊捉住，跟蹤追擊，絕不游移，絕不妥協」。「如蔣業已準備全面破裂，我們便是以破裂對付破裂；如蔣並未準備全面破裂，我們便是以尖銳對立求得暫時緩和」[1]，「否則不但不能團結全國人民，不能團結我黨我軍，而且會正中蔣之詭計」[2]。只有採取這種尖銳的對抗政策，「才能經過一個嚴重的鬥爭過程之後，克服蔣介石的反動，達到爭取新形勢下的時局好轉（新的時局好轉）之目的」[3]。1941年1月20日，中共中央軍委發佈，重新建立

---

1 《毛澤東關於對蔣介石的鬥爭策略給彭德懷等的電報》（1941年1月25日），載中共中央文獻研究室、中央檔案館編《建黨以來重要文獻選編（1921—1949）》第十八冊，第45頁。

2 《中共中央書記處關於政治上取攻勢軍事上取守勢給周恩來等指示》(1941年1月25日)，載中共中央文獻研究室、中央檔案館編《建黨以來重要文獻選編（1921—1949）》第十八冊，第43頁。

3 《中央關於目前時局的決定》（1941年1月29日中央政治局通過），載《中共中央文件選集》第十三冊，中共中央黨校出版社1991年版，第27頁。

新四軍軍部，命令陳毅任代軍長，劉少奇任政治委員，同時公佈大量事實，揭露國民黨破壞抗日民族統一戰線的陰謀，並提出取消1月17日的反動命令、懲辦皖南事變禍首、恢復葉挺自由並繼續充當新四軍軍長、廢止一黨專政、逮捕親日派首領等12條解決皖南事變的辦法。周恩來則在重慶向國民黨當局提出嚴正抗議。《新華日報》還刊登周恩來的兩條親筆題詞，「為江南死國難者志哀」和「千古奇冤，江南一葉；同室操戈，相煎何急？！」

中共以抗戰大局為重，以民族第一、抗戰第一相號召，不放棄抗日民族統一戰線的原則，「在堅持抗日反對內戰口號下動員群眾」[1]，要求「停止剿共戰爭」，「肅清親日分子」，「反對一切破壞抗戰、破壞團結之陰謀計劃」，「堅持抗日到底」[2]，「反對內戰，中國人不打中國人，前線國軍同八路軍新四軍團結起來，槍口一致對日！」[3]中共的做法得到人民群眾、中間階級、國民黨內正義人士及國際輿論的普遍同情。宋慶齡、何香凝等在香港發起抗議國民黨運動；黃炎培、馮玉祥等分別發表談話，譴責國民黨當局；甚至孫科也表示憂慮；全國數百位文化界人士發表宣言，反對國民黨槍口對內；華僑領袖陳嘉庚致電國民參政會，反對蔣介石倒行逆施；蘇、美、英等國也表示對國民黨的不滿。

蔣介石1月17日令，是導致國共走向對抗和破裂的關鍵所在。要共產黨承認17日令所宣佈之罪狀，當然不可能；要蔣介石國民黨取消自己發佈的命令，懲辦何應欽等，同樣也是不可能的。因此，對於共產黨來說，採取政治上全面對抗態度，是情非得已；對於國民黨來說，政治上

---

1 《毛澤東、朱德、王稼祥關於政治、軍事、組織上應採取的步驟致彭德懷、劉少奇》（1941年1月19日），載《皖南事變》，第180頁。

2 《中共中央發言人對皖南事變發表談話》（1941年1月18日），載《中共中央文件選集》第十三冊，第14—15頁。

3 《中央關於皖南事變的指示》（1941年1月18日），載《中共中央文件選集》第十三冊，第9頁。

予以讓步也是不得已被迫做出的選擇。結果,共產黨在軍事上受挫,但在政治上提高了威信,得分不少;國民黨軍事上佔了便宜,政治上喪失人心,失分甚多。[1]

1941年1月,日軍突然對國民黨正面守軍發起大規模進攻,使得兩黨僵持的對抗局面開始或多或少地發生變化。皖南事變後出現的國共對立,不是十年內戰時期的國共對立,而是在抗戰大背景下的國共對立。與國共兩黨有關的國際勢力,也都從中國抗戰能否繼續的角度觀察國共衝突。日本帝國主義雖在反共一點上與國民黨有相似的一面,但在滅亡中國一點上卻與國民黨尖銳對立。日本於1月底開始的豫南作戰,只能服從日本帝國主義的整個戰略目標,並不因國共衝突而推遲。這就決定了國共對立不能以尖銳的形式繼續下去,決定了國共兩黨在處理皖南事變善後時,不能離開民族第一、抗戰第一的大前提。因此,國共兩黨尖銳對立的形勢,客觀上存在着疏解的可能。其標誌是:國民黨通過皖南事變形成的軍事攻勢已經停止,通過對八路軍、新四軍的包圍形成的剿共計劃已經破產;共產黨發動的政治攻勢挫敗了「1·17」命令給共產黨帶來的衝擊,使共產黨贏得了國內國外輿論的支持和同情。「1·17」命令是國民黨繼皖南事變軍事勝利之後對共產黨發動的一次政治攻勢,但這一政治攻勢卻失敗了。其標誌是:蔣介石經過政治上的打擊後,主動表示對共產黨「政治上從寬」,又在日寇進攻下主動向共產黨尋求妥協。1941年3月,蔣介石在國民參政會第二屆會議上發表演說,「保證」絕不再有「剿共」的軍事行動;約請周恩來面談;答應解決國共之間的若干問題。[2]共產黨對國民黨展開的政治攻勢的第一個高潮,以共產黨的勝利而結束。

---

1 參見張海鵬《皖南事變之善後》,《近代史研究》1995 年第 5 期,又見《追求集》,第 330—358 頁。

2 孟廣涵主編:《國民參政會紀實》(下),重慶出版社 1985 年版,第 886—887 頁。

二、民主憲政運動和民主政團同盟的建立

民主憲政運動和民主政團同盟的建立，是抗戰期間民族覺醒的標誌之一。抗戰期間大後方掀起了民主政治建設，國共兩黨之外的第三方政治力量開始崛起。其中，1939年至1940年前後的民主憲政運動對抗戰乃至戰後政治格局影響深遠。

1938年7月，具有黨派合作和政治協商性質的第一屆國民參政會召開，包括國民黨、共產黨、救國會、國社黨、青年黨、第三黨、職教社和無黨派人士200多人參加會議。1939年2月，國民參政會一屆三次會議召開，會議通過了董必武等提出的《加強民權主義的實施 發揚民氣以利抗戰案》，提案中指出：「抗戰以來，我國政治上的進步趕不及軍事上的進步，更遠遠地落後於抗戰的需要。民眾是我國能夠戰勝日寇的基本條件之一，卻沒有全部動員起來，政治和民眾息息相關，民眾是否發動起來，一依政治的良窳以為斷」，認為「各黨派之團結，既已承認其存在，但還沒有予以法律上之保障，以至摩擦時生莫由解決」。由此建議「政府應給各黨派以法律上之保障」[1]。9月，國民參政會一屆四次會議在重慶召開，這次會議可以看作是戰時國統區民主憲政運動的起點。會議通過《請政府明令定期召開國民大會制定憲法實施憲政案》，包括三點內容：「（1）國民大會會期為1940年11月12日；（2）大會代表制選舉尚未辦竣者，應即由選舉總事務所督飭趕辦，限於1940年6月底以前結束一切選舉手續，確定全部代表名單；（3）其因地方情勢變遷，或事實上之窒礙致選舉發生困難者，由中央常務委員會妥籌補救辦法。」[2]會後掀起了民主憲政運動，最終迫使國民黨五屆六中全會通過《定期召集國民大會並限期辦竣選舉案》，決定1940年11月召開國民大會。蔣介石還指定黃炎培、張君勱25人組成國民參政會憲政期成會，協助修改憲法、

---

1 孟廣涵主編：《國民參政會紀實》（上），第 467—469 頁。
2 榮孟源、孫彩霞：《中國國民黨歷次代表大會及中央全會資料》（下），第 609—610 頁。

促進憲政。

為進一步促進憲政的實施，1939年10月1日，由救國會、第三黨、青年黨、國社黨、職教社、及無黨派參政員張瀾、褚輔成、沈鈞儒、莫德惠、張申府、王造時、章伯鈞、李璜、左舜生、胡石青、江恒源、張君勱12人發起憲政座談會。從1939年10月到1940年3月，該座談會一共集會8次，主要討論憲政運動與民眾運動的關係、實施憲政與抗戰建國的關係、實施憲政的條件及憲政與憲法的問題。與此同時，在各民主黨派及無黨派人士的推動下，重慶及其他地區憲政團體紛紛成立，各成員紛紛通過演講報告、發表文章等方式進行宣傳活動。

面對日趨高漲的憲政運動，國民黨內頑固派開始擔憂，他們通過各種途徑對憲政運動進行打壓和抵制。1940年12月，國民政府公佈第二屆國民參政員名單，雖然總人數有所增加，但入選者基本都有國民黨背景，中共和中間勢力的人數未見增加，讓中間勢力深感失望和不滿。皖南事變爆發後，中共拒絕參加第二屆國民參政會，中間勢力在兩黨之間積極斡旋，政治地位有所上升。同時皖南事變也使中間勢力感覺到自身生存與發展的危機，決定建立起自己的政治組織，以便拓展生存空間和擴大社會影響。

1941年3月19日，中國民主政團同盟（簡稱「民盟」）在重慶上清寺特園祕密召開成立大會，出席大會的有中國青年黨、國家社會黨、第三黨、中華職業教育社、鄉村建設派的領導人黃炎培、張瀾、梁漱溟、羅隆基、章伯鈞等13人，會議通過《中國民主政團同盟政綱》和《中國民主政團同盟簡章》等，選舉黃炎培、張瀾、左舜生、張君勱、梁漱溟等13人為中央執行委員，其中黃炎培、左舜生、張君勱、梁漱溟、章伯鈞等為中央常務委員，推舉黃炎培為中央常務委員會主席，左舜生為總書記，章伯鈞為組織部長，羅隆基為宣傳部長。後救國會也加入進來，形成「三黨三派」，即青年黨、國社黨和第三黨等以及職業教育社、鄉村建設派和救國會等，無黨派人士也可加入同盟。

民盟是「第三方面的政治代表、政治實體」[1]，具有政黨性質。由於國民黨反對成立新政黨，民盟屬於祕密成立。為實現由祕密組織向公開組織的轉變，民盟採取了以下方式。一是在香港創刊機關報《光明報》，公開自己的組織、綱領以及主張。1941年9月18日，《光明報》在香港正式出版。10月10日，刊登《中國民主政團同盟成立宣言》和《中國民主政團同盟對時局主張綱領》，宣言指出：「中國民主政團同盟今次成立，為國內在政治上一向抱民主思想各黨派一初步結合」[2]，在綱領中提出10項主張，包括實踐民主政治、加強國內團結、結束黨治厲行法治、保障人民生命財產自由、軍隊國家化等。二是召開中外記者招待會，對外宣傳自身的組織和活動。三是召開茶話會正式公開組織，並向國民參政會提交議案。1941年11月17日，國民參政會召開二屆二次會議，民盟參政員張瀾、張君勱、左舜生、羅隆基等向會議提交了《實現民主加強抗戰力量樹立建國基礎案》，要求國民黨結束訓政、成立戰時民意機構、取消特務機構等。雖然國民黨沒有採納提案，但該提案給民盟增加了社會影響。

中共對民盟的成立表示讚賞和支持。1941年10月28日，《解放日報》針對中國民主政團同盟的成立發表社論：「這是抗戰期間我國民主運動中的一個新的推動，民主運動得此推動，將有更大的發展，開闢更好的前途。」[3]

中國民主政團同盟的成立是中間勢力發展壯大的標誌，從此在中國的政治舞台上出現了一個介乎於國共兩黨之間，影響和力量超過以往任何中間政黨的新政黨，並且在後續的民主憲政運動中，發揮了一定的作用。

---

1 鄧野：《聯合政府與一黨訓政：1944—1946年間的國共政爭》，社會科學文獻出版社2011年版，第37頁。

2 中國民主同盟中央文化委員會編：《中國民主同盟歷史文獻》，文史資料出版社1983年版，第4—6頁。

3 中國民主同盟中央文化委員會編：《中國民主同盟歷史文獻》，文史資料出版社1983年版，第12頁。

珍珠港事件和國際反法西斯統一戰線的形成中國外交出現新格局

　　1941年12月7日凌晨（北京時間12月8日），日本海軍聯合艦隊在司令長官山本五十六指揮下，偷襲美國夏威夷的珍珠港軍事基地，美國太平洋艦隊猝不及防，遭受毀滅性的損失，日本天皇發佈了向美國、英國宣戰的「詔書」。當天，日本還對美國、英國、荷蘭在太平洋地區的其他軍事基地發起猛烈攻擊。美國、英國等隨即向日本宣戰，太平洋戰爭爆發。

　　12月9日，蔣介石在重慶召集會議，認為美國捲入戰爭，「實為中國」，因此決定立即對日本、德國、意大利宣戰。下午7點，國民政府以主席林森的名義發表宣戰文告：「……茲特正式對日宣戰，昭告中外，所有一切條約、協定、合同，有涉及中日之間關係者一律廢止，特此公告。」同時，國民政府還對德、意宣戰。[1]

　　日本全面侵華，早已成為第二次世界大戰東方戰場的起點。中國全面抗戰是世界反法西斯戰爭組成部分。現在中國政府對日宣戰，中國的抗日戰爭與世界反法西斯戰爭更加緊密地連成一體，成為第二次世界大戰暨世界反法西斯戰爭不可分割的重要組成部分。中國政府趁此有利時機，把促成中、美、英、蘇等國軍事同盟作為首要目標。

　　蔣介石分別照會美國總統羅斯福、英國首相丘吉爾、蘇聯國防委員會委員長斯大林，建議由中、美、英、蘇、荷5國訂立聯盟作戰計劃，由

---

1 復旦大學歷史系中國近代史教研組：《中國近代對外關係史資料選編》下卷第二分冊，上海人民出版社 1997 年版，第 162—163 頁。

美國領導執行。除蘇聯因為抗德戰爭不能分力於遠東，不能立即對日宣戰，美英均表贊同。羅斯福致電蔣介石建議12月17日前在重慶召開五國軍事會議。17日，中、美、英重慶軍事會議正式舉行，出席者中國方面有蔣介石夫婦、何應欽、徐永昌、商震等，美國方面有勃蘭特、麥格魯等，英國方面有魏菲爾、戴尼斯等，澳大利亞駐華公使愛格斯登應邀出席。會議討論了遠東聯合軍事行動初步計劃。重慶軍事會議雖未就遠東戰略達成協議，但實際上推動了遠東反法西斯統一戰線的最終形成。

1942年元旦，羅斯福、丘吉爾、蘇聯駐美大使李維諾夫和宋子文在白宮簽署了《聯合國家宣言》。次日，其他22個國家在美國國務院逐次簽字。《聯合國家宣言》的簽署，標誌着世界反法西斯同盟的正式形成。中國同世界反法西斯國家結盟，改變了此前一國孤立抗擊日本帝國主義侵略的處境，從此與盟國共同作戰，增強了抗戰必勝的信心。國際反法西斯統一戰線的建立，對盟國協同抗擊軸心國作戰並取得最後的勝利，具有重大意義。中國在簽字國中與美、英、蘇並列，因此成為「四強」之一，標誌着中國的堅持抗戰贏得了世界大國的地位。自鴉片戰爭以來，這是第一次獲得這樣的地位。

1941年12月22日至1942年1月14日，美英兩國首腦在華盛頓舉行阿卡迪亞會議，商討反法西斯戰爭的戰略問題，會議提議設立中國戰區。12月31日，羅斯福致電蔣介石，提議組織中國戰區，包括安南和泰國國境，中國戰區由蔣介石擔任最高統帥。1942年1月2日，蔣介石覆電，表示接受提議。中國戰區設立聯合作戰參謀部，美國政府派史迪威出任美國駐華軍事代表和中國戰區參謀長，3月8日蔣介石正式委任史迪威為中國戰區參謀長。

廢除不平等條約一直是中國人民長久以來所奮鬥的目標，但是它在各個時期都遭到列強強烈抵制。中國在抗日戰爭中奮勇抗戰，充分展示了中國人民反抗侵略、爭取民族解放的決心和意志。中國在新的國際關係中的重要地位，使得不平等條約的繼續存在成為一種荒謬的現象。中

國已成為美、英對日作戰的主要盟國，舊約的存在則在法律上把中國在盟國中置於不平等的地位，這是與中國目前的作用和地位不相稱的。[1] 這為不平等條約的廢除創造了一個歷史性的契機。

抗日戰爭前期，中國逐漸被英、美作為一個潛在的盟友而被考慮，英、美希望中國能在與日本的對抗中繼續發揮重大作用。為了鼓舞中國軍民的士氣，英、美政府多次表示願在戰後廢除不平等條約的意向。珍珠港事件發生後不到兩週，中國政府開始考慮與盟國訂立新條約的方式，解決遺留的廢除不平等條約的問題。1941年4月，新任外交部長郭泰祺，在歸國途中赴美交涉，討論訂立中美平等新約事。5月底，美國政府承諾一旦中國境內和平恢復，美國願與中國政府商談，取消美國在華特權。[2] 7月初，英國政府也照會中國，表達類似意願。

《聯合國家宣言》簽署後，中國戰場在世界反法西斯戰爭中的戰略地位不斷上升，以及中國朝野為廢除不平等條約所做出的外交努力，迫使美、英等國政府將應否同意立即取消與中國的不平等條約提上議事日程。美、英等國政府內部普遍存在兩種對立的觀點，一種是反對立即取消與中國的不平等條約，另一種則是主張立即廢除兩國間的不平等條約。1942年4月起，美英兩國就與中國改訂新約事宜進行頻繁磋商。6月，中途島海戰之後，美軍在太平洋上轉守為攻，中國戰場的軍事形勢因緬甸戰役的失敗，對外聯繫全部中斷而更加嚴峻，美國政府由此認為已經到了主動採取廢約行動的時機。英國外交部也指示其駐華大使薛穆要在廢約問題上採取主動姿態。經過一個多月的磋商，美英兩國決定分別與國民政府談判廢約。

1942年7—10月，美國政府先後派出特使居里和威爾基來華訪問，

---

1 參見王建朗《中國廢除不平等條約的歷程》，江西人民出版社 2000 年版，第 307 頁。
2 陳志奇主編：《中華民國外交史資料彙編》第十卷，（台北）渤海堂文化公司 1996 年版，第 4743 頁。

中國政府向他們再三表明對平等待遇的期盼和收復失地的決心。10月10日，美、英兩國宣佈自動廢除不平等條約，並願與中國商訂新約。

中、美兩國的談判從1942年10月下旬開始，雙方在談判中主要圍繞經營商業之國民待遇問題、限制不動產權利之行使問題、設置領事館問題、內河航行及沿海貿易問題、通商口岸制度之廢止與海外商業問題等進行討論。尤其是在內河航行權、沿海貿易權和軍艦游弋權等特權問題上，美國無意放棄，在中國一再堅持下，最終美方同意放棄。1943年1月11日，中國駐美大使魏道明和美國國務卿赫爾代表兩國政府在華盛頓簽署《關於取消美國在華治外法權及處理有關問題條約》，簡稱「中美新約」。羅斯福隨後向美國國會提出中美新約，參議院經過討論後批准該條約。中美新約的簽訂從法理上結束了百年來美國在中國享有的領事裁判權等特權，但尚未完全解決美國在經濟、文化領域享有的一些特權。

中英新約的談判並不順利，與中、美間的談判相比更加複雜和艱難，雙方在談判中幾近破裂。雙方主要就九龍租借地（新界）問題、經營商業的國民待遇問題、內河航行及沿海貿易問題、購置不動產權問題等發生分歧。其中，香港問題是雙方存在的分歧焦點。太平洋戰爭爆發後，香港已被日本佔領。在談判中，國民政府要求交還九龍租借地，並藉此收回整個香港。但是英國的態度非常堅決，既不把香港島和九龍半島歸還中國，而且從經濟上、戰略上長期佔領香港的需要，也不把新界歸還給中國。宋子文、顧維鈞等擔憂因為香港問題英方拒絕簽約，導致中英關係惡化，使中國在外交上陷於被動，最終妥協退讓，在簽約時照會英國方面，對九龍租借地問題保留日後討論之權。1943年1月11日，國民政府外交部長宋子文和英國駐華大使在重慶簽署《關於取消英國在華治外法權及處理有關問題之條約》，簡稱「中英新約」，其中並沒有提到香港問題，九龍租借地問題也懸而未決。

新約規定：過去條約中有關由英、美方面管轄其在華人員及公司的一切條款，一概撤銷作廢；《辛丑條約》應行取消，該條約及其附件給

予英、美的一切權利，應予終止，北平使館界之行政管理，連同使館界之一切官有資產與官有義務，移交於中華民國政府；英、美在華租界及公共租界的行政管理，歸還中國政府，上述租界給予英、美的權利，應予終止，上述租界的一切官有資產與官有義務將移交中國政府，等等。

中美、中英新約的簽署，標誌着中美、中英之間建立了國際法意義上的平等互惠關係。中國各界對此都予以高度的評價。中國共產黨人對此也給予恰如其分的評價。延安各界2萬人舉行了隆重的慶祝廢約大會，毛澤東、朱德等中共黨政軍最高領導人組成大會主席團。朱德在大會上發表了《慶祝中美中英新平等條約》的講話，指出「新約的簽訂，確立了中國與英、美友邦的平等地位⋯⋯這必將大有助於中、美、英的團結，鼓舞中國軍民的抗戰意志，使世界反法西斯陣線更形強固有力」[1]。

必須指出，廢約並不是美、英等國的恩賜，而是無數中國抗日軍民用生命和鮮血換來的，是全體中國人民共同奮鬥的結果。[2] 當然，不平等條約的廢除並不標誌着中國在實際上已經取得了與英美完全平等的地位。此後中國在與英美的交往中仍處於從屬的被動的地位。但決定這一狀況的主要因素是現時的國力差距及歷史的遺留影響，並非基於條約的規定。

1942年秋和1943年春，盟國在對德、意作戰中取得了北非戰役和斯大林格勒戰役的重大勝利。盟國已經可以預計第二次世界大戰的勝利結果。美國總統羅斯福提議召開四大國的首腦會議，決定戰爭的最後進程以及戰後的安排。由於蘇聯沒有對日作戰，不便於出席對日作戰的會議，於是會議分成兩個階段，先是美、英、中三國首腦在開羅討論遠東問題，然後是美、英、蘇三國首腦在德黑蘭會商歐洲問題。開羅會議討論了軍事問題和政治問題。軍事問題是最急迫的話題。政治問題主要是

1　朱德：《慶祝中美中英新平等條約》，《解放日報》1943年2月5日。
2　王建朗：《中國廢除不平等條約的歷程》，第325頁。

1943年11月開羅會議期間，蔣介石夫婦與羅斯福、丘吉爾合影

在美國總統與中國軍事委員會委員長蔣介石之間展開。中國方面提出了
處置日本投降和收回日本竊據的中國東北、台灣和澎湖列島等多項問
題。開羅會議的宣言由美國起草，草稿先交由中國方面看過，然後提交
美、英、中三國首腦討論。討論中，英國曾提出可將東北、台灣、澎湖
列島「歸還中國」改為「由日本放棄」，中國反對這個建議，美國支持
中國意見，英國建議沒有被採納。11月26日開羅會議結束。羅斯福和丘
吉爾會後到德黑蘭與斯大林會晤。斯大林看過《開羅宣言》後表示同
意，於是在12月1日公佈於世。

　　開羅會議對中國的意義非比尋常。第一，中國以第二次世界大戰東
方主戰場的資格，獲得了出席開羅三國首腦會議的權利，說明了中國國
際地位的提高。在第二次世界大戰期間，蔣介石作為中國首腦第一次出
席三大國首腦的國際會議。這是近代中國第一次由首腦出面參與重大國

際問題的討論和處理。第二，《開羅宣言》指出：「我三大盟國此次進行戰爭之目的，在於制止及懲罰日本侵略」，「將堅持進行為獲得日本無條件投降所必要之重大的長期作戰」。這是對中國抗日戰爭的重大支持。中國人民正陷於日本侵略者的全面蹂躪之下，非常希望得到這樣的國際支持。第三，《開羅宣言》明確指出：「三國之宗旨在剝奪日本自1914年第一次世界大戰開始以後在太平洋所奪得或佔領之一切島嶼，在使日本所竊取於中國之領土，例如滿洲、台灣、澎湖群島等，歸還中華民國。」收回東北，是1931年以來全國人民的心願；收回台灣、澎湖群島，是1895年以來全國人民的心願。三大國首腦關於滿洲、台灣、澎湖群島回歸中國的決定，正式確定了中國領土主權完整不可分割的國際法原則。

中國與美國、英國簽訂廢除不平等條約的協定，中國首腦出席三大國首腦的開羅會議並發表開羅宣言，表明中國堅持抗戰，造成了戰時中國外交新格局，這是近代中國「上升」趨勢的重要表徵。

正面戰場潰敗
與敵後戰場攻勢作戰

太平洋戰爭爆發後，日軍向英軍發起進攻，先後侵佔菲律賓、泰國、馬來亞、香港、印度尼西亞等地。1941年12月，日軍進攻緬甸，對英國來說，若再失去緬甸，勢必影響印度安全，進而動搖其在亞洲的地位；對中國而言，涉及到西南國際交通線——滇緬公路的安全。23日，中英雙方在重慶簽署《中英共同防禦滇緬路協定》，宣告中英軍事同盟成立。1942年2月3日，英方因作戰不力，請求中國軍隊入緬協同作戰。3月，中國政府以第5軍、第6軍、第66軍約10萬餘人組成中國遠征軍，成立中國遠征軍第一路司令長官部，以衛立煌為司令長官（未到任，4月2日改派羅卓英）、杜聿明為副司令長官，由中國戰區參謀長史迪威兼任總指揮。3月至5月，在緬甸作戰中痛擊日軍，收復仁安羌，解救英軍7000餘人。後因緬甸戰局惡化，遠征軍陸續向雲南和印度撤退。

緬甸戰役失利後，日軍進入中國境內雲南省西部。1942年4月29日，臘戌失陷，日軍主力緊隨中國遠征軍第66軍之後向雲南省進逼，沿滇緬公路北進，5月1日攻陷新維，2日攻陷貴街，3日攻陷雲南邊境畹町鎮。10日，日軍佔領怒江西岸重鎮騰衝。至1943年初，日軍向北攻佔瀘水地區，向南到達孟定地區。

1941年12月至1944年1月，國民黨軍隊在正面戰場先後有第三次長沙會戰、浙贛會戰、鄂西會戰和常德會戰。

1.第三次長沙會戰。1941年12月至1942年1月，日軍第11軍發動第三次長沙戰役。12月下旬，日軍第6、第40師團相繼突破中國守軍陣地，渡過新牆河，攻打到汨羅江南岸。第3師團也渡河攻擊前進。27日，日軍強

渡汨羅江。31日，日軍欲攻佔長沙，中國軍隊第9戰區司令長官薛岳下令死守，從南、東、北三面圍攻進攻長沙的日軍。1942年1月中旬，日軍退回新牆河以北陣地，長沙會戰結束。本次戰役是太平洋戰爭爆發後，盟軍在太平洋和東南亞地區受挫的情況下，取得對日作戰的勝利，在國內外引起熱烈反響。

2.浙贛會戰。1942年4月8日，美國B-25轟炸機機群（16架）在詹姆士·杜立特中校率領下，轟炸東京、橫濱、名古屋和神戶等地，然後在浙江的空軍基地降落。日本大本營為摧毀浙江的主要空軍基地，解除對日本本土空襲的威脅，發動了浙贛戰役。5月15日起，日軍主力沿浙贛線西進，第3戰區守軍在該線兩側伏擊，5月下旬，日軍攻陷浦江、東陽、義烏、永康等地，於6月中下旬先後佔領了金華、蘭溪、衢州、玉山、上饒和麗水等地。7月1日，在橫峰與由浙江西進的軍隊會合，打通了浙贛鐵路。7月11日，攻陷溫州。佔領上述地區後，日軍破壞了衢州等處機場和浙贛鐵路，掠奪各種物資，於8月中旬開始撤退。9月上旬，除一部分佔據金華、諸暨一帶外，其餘大部撤回原駐地。

3.鄂西會戰。為打擊第6戰區部隊，打通長江航運，進而威脅四川，1943年2—4月，日軍先後發動所謂「江北殲滅戰」和「江南殲滅戰」，然後發動鄂西會戰。4月間，日軍出動總兵力約10萬人，分別集結於宜昌、枝江、彌陀寺、藕池口、華容一帶，同時在漢口、當陽等地出動百餘架次飛機，對中國軍隊發起進攻。5月5日，日軍由藕池口、華容向洞庭湖北岸進攻，8日、9日，安鄉、南縣相繼陷落。在戰事吃緊的情況下，第6戰區司令長官陳誠於5月19日回到恩施指揮作戰。5月下旬，日軍在宜昌周邊遭遇中國軍隊伏擊。在空軍的配合下，第6戰區各部進行全線反擊，日軍開始後撤。6月中旬，中國軍隊恢復戰前態勢。這次會戰擊退

了日軍對長江要塞的進犯，殲滅日軍甚眾。[1]

4.常德會戰。1943年8月，日本在太平洋戰場處境極為不利，為策應太平洋戰場和牽制中國軍隊向緬甸戰場增援兵力，11月，日軍調集約10萬兵力，由第11軍司令橫山勇指揮，發動了湘西常德戰役。11月初開始，日軍從華容、石首等地渡河西犯，相繼佔領石門、澧縣、津市、慈利、桃源等地。22日，日軍分5路向常德合圍，12月初，攻佔常德。常德陷落後，第6、第9戰區外線部隊反擊，旋收復常德。12月下旬，收復南縣、安鄉、津市等地，繼又收復湖北松滋、公安兩地。1944年1月初，雙方恢復戰前態勢。

1943年是第二次世界大戰進程中具有轉折意義的一年。這年2月，經過7個多月苦戰，蘇軍在斯大林格勒戰勝德軍，取得歐洲東線戰場決定性勝利。7月，美、英軍隊在意大利的西西里島登陸。意大利墨索里尼垮台，意大利宣佈投降，法西斯軸心國開始瓦解。在國際反法西斯戰爭走向勝利的時刻，中國戰場卻出現了豫湘桂戰役的潰敗，對中國戰區和太平洋戰區的戰局產生了重要影響。

1942年6月，美軍在中途島戰役中擊敗日本，封鎖了日本的海上通道，戰線接近日本本土。日本在太平洋戰場的形勢不容樂觀。1943年11月底，日本參謀本部開始醞釀在中國戰場的「一號作戰」，即「打通大陸交通線」，打通粵漢、湘桂以及京漢鐵路南部，實現中國大陸南北貫通，以阻止美軍空襲日本本土。1944年1月，日本天皇批准了一號作戰計劃。該作戰計劃，明確日軍攻佔湘桂、粵漢及平漢鐵路南部沿線，以消滅中國西南空軍主要基地為目標。3月，日本中國派遣軍動員兵力50餘萬人、汽車1.2萬輛、馬6.27萬匹，豫湘桂戰役成為日本侵華史上規模最大

---

1 據國民政府記載，本次會戰日軍傷亡 16075 人，被俘 12 人，中國軍隊傷亡 41863 人，失蹤 7270 人。但日方記載日軍戰死 771 人，負傷 2746 人，中國方面死亡 30766 人，被俘 4279 人。參見李新主編《中華民國史》第十卷（1941—1945），中華書局 2011 年版，第 119 頁。

的作戰，該戰役由豫中、長衡、桂柳三階段組成。

豫中會戰為第一階段。4月17日夜，擔任河防的是中國軍隊暫編第27師，在日軍第37師團先頭部隊到達後進行阻擊，豫中會戰隨即打響。19日，日軍佔領鄭州，攻陷尉氏、新鄭等地。隨後，日軍擊潰第一戰區副司令長官兼第19集團軍總司令湯恩伯部主力，攻佔洛陽。5月上旬，南下與北上的兩支日軍會師河南確山，打通了平漢線。

長衡會戰為第二階段。5月27日，日軍第一線5個師團在東起崇陽西至洞庭湖以西公安、南縣一帶，以攻佔湘桂鐵路為目標，向長沙衡陽地區進攻，長衡會戰由此打響。中國守軍雖頑強抵抗，通城、麥市還是於30日失守，6月1日平江失守。同日，日軍控制汨羅江一線，向瀏陽發起進攻。14日，瀏陽失守。16日，日軍在飛機、重炮掩護下，向長沙城南和嶽麓山、虎形山、桃花山等地猛攻。18日，長沙陷落。下旬，日軍包圍衡陽城，因衡陽是湘粵兩省交通樞紐也是西南四省門戶，戰略地位十分重要，因此成為中日雙方爭奪焦點。第10軍軍長方先覺奉命死守衡陽，與日軍激戰，損失慘重，但因缺少後方支援，衡陽守軍陷入孤境。8月8日，方先覺下令投降，衡陽陷落。

桂柳會戰為第三階段。日軍攻佔衡陽後準備進攻桂林、柳州。10月下旬，日軍命令前線部隊發起攻勢，11月，佔領桂林、柳州後，日軍完成一號作戰的主要目標——摧毀美軍在西南的兩大空軍基地，桂柳會戰大局已定。12月3日，日軍攻佔貴州獨山，並向都勻進軍。[1] 日軍迅速攻入貴州境地，威脅到西南大後方，重慶陷入一片恐慌之中。日軍因戰線拉長，供給困難，兵力損失嚴重，於4日開始沿黔桂鐵路沿線後撤。日軍一號作戰雖取得了重大勝利，但打通大陸交通線的戰略目的並未達到。

---

1 國民黨軍方的《掃蕩報》報道獨山失敗的情況說：「獨山的失敗，也表現軍方之無能。守軍不戰而退，大炮輜重完全拋棄。敵人尚在數十里之外，我軍即已愴惶逃走，對難民毫不關心。」引自［日］防衛廳研究所戰史室《一號作戰之三 · 廣西會戰》（下），中華書局 1985 年版，第 199 頁。

豫湘桂會戰歷時8個月，以中國軍隊的慘敗而告終，損失近60萬人，丟失豫、湘、桂、粵、閩等省20餘萬平方公里的國土，146個城市、衡陽等7個空軍基地和36個機場遭到破壞，數千萬百姓遭受到生命財產威脅與損失。這與國民政府腐朽無能、消極作戰有密切關係。[1]

豫湘桂會戰的潰敗，發生在反法西斯戰爭節節勝利的時刻，不能不刺激國人痛苦地思考。軍事方面不應有的嚴重潰敗，使人們普遍感到難以忍受。大後方民眾對國民黨當局的看法發生巨大變化。國民黨政府種種腐敗現象，在會議上和報紙上不斷被揭露出來。誰都看得出來，這次大潰敗是國民黨當局政治、經濟、軍事各方面缺陷的集中大暴露。[2] 學者評論說：「抗日戰爭時期大後方的人心變動發生在1944年豫湘桂大潰退後。它造成的強大衝擊波，不僅影響抗戰最後階段的國內政治局勢，而且延伸到戰後，在相當程度上埋下了國民黨政府失敗的種子。」[3] 大後方抗日民主運動不斷高漲，社會各階層對國民黨獨裁統治日益不滿，國民黨地方實力派的反蔣活動也重新活躍起來，並與當時的民主憲政運動結合在一起，廣西的李濟深、雲南的龍雲、四川的潘文華、劉文輝等都以不同的形式對蔣介石提出責難。美國外交官謝偉思在給史迪威的備忘錄中寫道：「隨着國民黨失敗越來越明顯地暴露，中國國內的不滿在迅速發展。（國民）黨的威信空前低落，蔣越來越失去作為領袖曾一度享有

---

1 當時人評論豫湘桂戰役的失敗說：「軍隊不能與人民合作，軍隊與軍隊又不能合作，後方不能與前方合作，政府尤其不能與人民合作」，於是，「一連串的軍事潰敗，和陪伴着軍事潰敗的物資損失，和人民流離失所或死亡」，「這種八年來內部腐爛的後果，真正是『中華民族有史以來空前的危機』」。見《雲南各界護國起義紀念大會宣言》，手稿原件，轉引自聞黎明《第三種力量與抗戰時期的中國政治》，上海書店出版社 2004 年版，第 268 頁。
2 參見金沖及《二十世紀中國史綱》（第 2 卷），社會科學文獻出版社 2009 年版，第 530—531 頁。
3 金沖及：《抗戰後期中國政局的重要動向——論 1944 年大後方的人心巨變和「聯合政府」主張的提出》，《抗日戰爭研究》1995 年增刊。

的尊敬。」[1]

與正面戰場的失利相反，1943年秋開始，敵後戰場出現了轉折，一方面日軍在華北推行「治安強化運動」和在華中推行「清鄉」遭遇挫敗；另一方面，根據地渡過了困難期，經濟、政治、軍事等各方面力量得到恢復。於是，根據地軍民在中共領導下開始攻勢作戰。

華北方面，1943年7月，太行軍區和冀魯豫軍區發動衛南、林南作戰，是華北抗日根據地攻勢作戰的開始。據統計，僅1943年，華北抗日根據地軍民同日軍作戰24800餘次，殲滅日偽軍18.1萬餘人，攻克據點740多處。1944年初開始，華北各抗日根據地軍民陸續開始攻勢作戰，晉冀魯豫部隊在本年共殲滅日偽軍7.6萬人，攻克據點1000餘處，收復縣城11座；晉察冀軍區部隊本年共殲滅日偽軍4.5萬人，攻克據點1600多處；晉綏軍區攻克據點106處；山東軍區本年共殲滅日偽軍5.8萬餘人。經過這些戰役，華北根據地得到發展壯大，八路軍逐漸扭轉了被動局面。

華中方面，1943年，華中根據地在新四軍、地方部隊及人民群眾互相配合下，共進行了4500餘次反「掃蕩」、反「清鄉」、反「蠶食」的戰役，殲滅日偽軍3.6萬餘人。1944年，新四軍共進行大小作戰6584次，殲滅日偽軍5萬餘人，攻克據點1334個。

華南方面，1942年春成立了廣東人民抗日遊擊總隊，統一領導東江地區和珠江三角洲的遊擊武裝。1943年1—11月，廣東人民遊擊縱隊作戰70多次，殲滅日偽軍1000餘人，後成立廣東人民抗日遊擊隊東江縱隊，曾生任司令員。1944年6月，成立雷州人民抗日遊擊隊。1945年1月成立廣東人民抗日遊擊隊珠江縱隊，在潮汕成立人民抗日遊擊隊。

---

1 轉引自金沖及《二十世紀中國史綱》（第二卷），第 532 頁。

抗日民主根據地的發展
國統區的腐敗與專制

一、抗日民主根據地各項建設

全面抗戰時期，中國共產黨根據戰爭形勢變化，及時調整政策，在維護抗日民族統一戰線的大局下，推動敵後抗日民主根據地的政治、經濟、文化教育等各項事業，使之具有新民主主義社會的雛形特徵。

首先是民主政權建設，這是抗日民主根據地建設的首要任務。陝甘寧邊區政府是根據地政權建設的模範，設有祕書處、民政廳、財政廳、教育廳、建設廳、保安司令部、保安處和審計處等機構，下設的縣、鄉、行政村也都有明確的層級劃分和職能劃分。毛澤東曾指出：「邊區的作用，就在做出一個榜樣給全國人民看，使他們懂得這種制度是最於抗日救國有利的，是抗日救國唯一正確的道路，這就是邊區在全國的意義與作用。」[1] 1937年5月，根據《陝甘寧邊區議會及行政組織綱要》規定，陝甘寧邊區議會議員由選民直接選舉。1938年11月，邊區議會改為參議會。1939年1月，陝甘寧邊區第一屆參議會在延安召開，頒佈了《陝甘寧邊區各級參議會組織條例》，規定：「凡居住邊區境內之人民，年滿十八歲者，無階級、職業、男女、宗教、民族、財產與文化程度之差別，經選舉委員會登記均有選舉權和被選舉權。」[2] 在實際選舉投票過程中，群眾採取多樣的方式來投票，如投豆、畫畫、畫杠、燃香在紙上

---

1 毛澤東：《同世界學聯代表團的談話》（1938年7月2日），載《毛澤東文集》第二卷，第131頁。
2 陝西省檔案館、陝西省社會科學院合編：《陝甘寧邊區政府文件選編》第一輯，中國檔案出版社1986年版，第160頁。

燒眼等。此外，陝甘寧邊區不僅頒行了一系列行之有效的法規條例，而且創造出把黨的群眾路線和優良傳統運用於審案工作的「馬錫五審判方式」，得到中共中央和邊區政府的肯定，並為其他的根據地效仿。

中國共產黨在政權建設中還提出：根據地政權是共產黨領導下的具有「民族統一戰線」性質的政權，「是一切贊成抗日又贊成民主的人們的政權，是幾個革命階級聯合起來對於漢奸和反動派的民主專政」。這也正是「三三制」成為中共抗日民主政權建設重要原則的原因。1940年3月，中共中央發佈《抗日根據地的政權問題》，規定抗日民主政府在工作人員的分配上，實行「共產黨員佔三分之一，非黨的左派進步分子佔三分之一，不左不右的中間派佔三分之一」[1]。三三制在抗日根據地全面推行，為統一戰線提供了制度保證，而且對調動各方的積極性、建設抗日根據地具有重要意義。例如，在晉冀魯豫根據地的臨時參議會中有國民黨人士50餘人；在晉綏根據地，國民黨愛國將領范續亭當選為行政公署主任；在蘇北根據地，愛國紳士韓國鈞當選為臨時參議會名譽會長。

其次是經濟建設。1937年8月，中共中央公佈《抗日救國十大綱領》。根據這一綱領，在抗日根據地內停止實行沒收地主土地的政策，普遍實行減租減息政策，以減輕農民所受的封建壓迫剝削，提高他們抗日生產的積極性，同時實行交租交息，以利於聯合地主抗日。1938年2月，晉察冀邊區公佈《晉察冀邊區減租減息單行條例》，規定地主土地收入不論租佃半種，一律照原租額減收25%，地主的利息收入不論新債舊欠，年利率一律不准超過10%，這就是通常所說的「二五減租」、「一分利息」。從1939年冬開始，各根據地以「二五減租」的方式，相繼實行減租減息。這就有效地調整了抗日根據地內的階級關係，調動了各階級抗日的積極性。

---

1 毛澤東：《抗日根據地的政權問題》（1940年3月6日），載《毛澤東選集》第二卷，第741—742頁。

面對日軍封鎖和國民黨軍隊對邊區的物資禁運,陝甘寧邊區出現了經濟困難的局面。1939年2月初,延安舉行黨政軍生產動員大會,毛澤東提出「自己動手,豐衣足食,克服困難」的口號,號召各抗日根據地開展大生產運動。根據地民主政府積極動員農民開墾荒地,興修水利;發動農民組織勞動互助,提高勞動生產率;幫助農民改良耕作技術、推廣優良品種等,湧現出將南泥灣改造成「陝北的好江南」、創造了有史以來部隊不吃公糧反向政府交公糧的生產奇跡,為抗戰勝利提供了堅實的物質條件。

再次是文化教育方面建設。全面抗戰期間,延安成為革命者嚮往的「聖地」,大批青年突破國民黨的封鎖線,奔赴延安,中共中央把發展抗日的革命文化運動提上議事日程。先後創辦了中國人民抗日軍事政治大學、陝北公學、青年幹部訓練班、魯迅藝術學院、馬列學院、中共中央黨校、職工學校、中國女子大學、民族學院、衛生學校等教育機構,培訓了大批幹部。還加強黨報黨刊、新華社、新華廣播電台等輿論陣地建設,大力發展文學創作和戲劇演出。1940年9月,創辦了延安自然科學院,是中共歷史上第一個開展自然科學教學與研究的專門機構。

最後,根據地還發展了團結齊心、同仇敵愾的軍政軍民關係,並開始探索社會建設之路。通過各方面建設,增強了中國共產黨同根據地人民的血肉聯繫。

1938年9—11月,中共擴大的六屆六中全會在延安舉行,毛澤東在會上提出了「馬克思主義的中國化」問題,他說:「離開中國特點來談馬克思主義,只是抽象的空洞的馬克思主義。因此,使馬克思主義在中國具體化,使之在其每一表現中帶着必須有的中國的特性,即是說,按照中國的特點去應用它,成為全黨亟待了解並亟須解決的問題。」[1]為了將中國的革命實踐經驗馬克思主義化,向全黨和全國人民表明中共關於中國革命發展的主張,系統闡明黨的理論和綱領並回答中國向何處去的

---

1 毛澤東:《中國共產黨在民族戰爭中的地位》(1938 年 10 月 14 日),載《毛澤東選集》第二卷,第 534 頁。

問題，毛澤東接連發表《〈共產黨人〉發刊詞》《中國革命和中國共產黨》《新民主主義論》等著作，形成了新民主主義理論。

在這些著作中，毛澤東首先對中國革命的歷史進程做了詳細論述，揭示了中國社會半殖民地半封建的性質、近代中國社會的主要矛盾和中國革命發生及發展的原因，也因此決定了中國革命必須分為兩個步驟：第一步，改變殖民地半殖民地半封建的社會形態，使之變成一個獨立的民主主義社會；第二步，使革命向前發展，建立一個社會主義的社會。他認為中共領導革命運動應包括民主主義革命和社會主義革命兩個階段在內的全部革命運動。「所謂新民主主義的革命，就是在無產階級領導之下的人民大眾的反帝反封建的革命。」[1] 區別新民主主義革命和舊民主主義革命的主要標誌是無產階級的領導權。

毛澤東還闡明了新民主主義革命階段的基本綱領：在政治上，要建立「無產階級領導下的一切反帝反封建的人們聯合專政的民主共和國，這就是新民主主義的共和國」。在經濟上，要使一切「大銀行、大工業、大商業，歸這個共和國的國家所有」；「這個共和國並不沒收其他資本主義的私有財產，並不禁止『不能操縱國民生計』的資本主義生產的發展」；「這個共和國將採取某種必要的方法，沒收地主的土地，分配給無地和少地的農民。」在文化上，要掙脫帝國主義、封建主義文化思想的奴役，實行人民大眾的反帝反封建的文化，也就是「民族的科學的大眾的文化」[2]。他還指出，新民主主義革命發展的前途必然是社會主義，而不是資本主義，並論證了建立新民主主義制度的必要性和可能性，指出新民主主義社會就是走向社會主義前途的過渡階段。毛澤東還總結了中國共產黨成立以來的歷史經驗，創造性地提出「統一戰線，武

---

1 毛澤東：《中國革命和中國共產黨》（1939 年 12 月），載《毛澤東選集》第二卷，第 647 頁。

2 毛澤東：《新民主主義論》（1940 年 1 月），載《毛澤東選集》第二卷，第 675、678、708 頁。

裝鬥爭，黨的建設，是中國共產黨在中國革命中戰勝敵人的三個法寶，三個主要的法寶」[1]。系統闡明新民主主義理論，是毛澤東思想逐步走向成熟的標誌，為奪取新民主主義革命的勝利奠定了理論基礎。

全面抗戰以來，中國共產黨組織不斷發展壯大，黨員人數迅速增加，但是全黨理論水平不高，也不善於把馬列主義的基本原理同中國革命的具體實踐相結合，而且曾經在黨內存在過的錯誤思想如主觀主義、教條主義還沒有進行認真清理，這就有必要開展一場普遍的馬克思主義思想教育運動，總結和吸取歷史經驗教訓，提高廣大黨員幹部的思想理論水平，增強黨的凝聚力和戰鬥力。因此，在20世紀40年代前期，以延安為中心，中共在全黨範圍內開展了一場整風運動。

1941年5月，毛澤東在延安幹部會議上作了《改造我們的學習》的演講，批評了主觀主義的作風，號召全黨樹立理論與實際相統一的馬克思主義作風，為整風運動作了思想準備。整風運動歷時三年，主要內容有「反對主觀主義以整頓學風，反對宗派主義以整頓黨風，反對黨八股以整頓文風」[2]。1942年2月，毛澤東先後發表《整頓黨的作風》和《反對黨八股》的演講，全黨範圍內的整風運動自此開始。4月，中共中央宣傳部做出《關於在延安討論中央決定及毛澤東同志整頓三風報告的決定》，對整風運動的目的、步驟、方法作了明確規定。5月，中共中央政治局決定成立由毛澤東任主任的中央總學習委員會（簡稱總學委）。整風的方法是認真閱讀整風文件，聯繫個人的思想、工作、歷史以及自己所在地區部門的工作進行檢查，開展批評和自我批評，弄清犯錯誤的環境、性質和原因，逐步取得思想認識上的一致，提出努力的方向。同時整風運動要貫徹「懲前毖後、治病救人」的方針，達到既要弄清思想又

---

1 毛澤東：《〈共產黨人〉發刊詞》（1939年10月4日），載《毛澤東選集》第二卷，第606頁。

2 毛澤東：《整頓黨的作風》（1942年2月1日），載《毛澤東選集》第三卷，第812頁。

要團結同志的目的。

整風運動期間，中共中央各部委和延安的一些機關學校還開展了審查幹部工作，該工作是為了保持組織的鞏固和隊伍的純潔，但是在工作開展中，也造成了一批冤假錯案，中共中央和毛澤東發覺後，立即採取了一系列措施加以糾正。在深入總結歷史經驗的基礎上，1944年5月21日至1945年4月20日，中共中央在延安召開擴大的六屆七中全會，會議通過了《關於若干歷史問題的決議》，對黨內若干重大歷史問題做出了正確的結論。至此，整風運動勝利結束。

整風運動是一次深刻的馬克思主義思想教育運動，也是一場思想解放運動。通過整風運動實現了在以毛澤東為核心的中共中央領導下全黨新的團結和統一，為奪取抗日戰爭和新民主主義革命的勝利，奠定了重要的思想政治基礎。

二、國統區的專制與腐敗

與抗日根據地的發展有所不同的是國統區日益專制與腐敗。隨着抗日戰爭進入中後期，國民黨政府的政治、經濟、文化政策也隨之進行一系列調整。

政治方面，蔣介石以國民黨總裁的身份出任國民政府主席兼任行政院院長，在國民政府中具有完全支配的地位，加強了個人獨裁統治。此外，基層組織的薄弱及基層政權的鬆散，是過去國民政府統治的一大弱點。國民政府在日益嚴重的民族危機和挑戰面前，意識到要最大限度地利用人力和物力資源，需要強化基層政權建設，具體表現在新縣制和行政三聯制的推行。

1.新縣制的推行。1938年3月，國民黨臨時全國代表大會制定《抗戰建國綱領》，決定「實行以縣為單位，改善並健全民眾之自治組織，施以訓練，加強其能力，並加速完成地方自治條件，以鞏固抗戰中之政治

的社會的基礎」[1]。1939年6月，蔣介石在中央訓練團作了題為「確定縣各級組織問題」的演講。根據他的講話，有關人員起草了《改進縣以下地方組織並確立自治基礎案》。該方案經國民黨中央執行委員會、國防最高委員會審核修改，定名為《縣各級組織綱要》，並報蔣介石「最後修訂」，由行政院於1939年9月頒佈。《綱要》分為十章，主要內容以縣為地方自治單位，縣長的職權主要是辦理全縣自治事項。新縣制廢局改科，取消原來的公安、財政、建設、教育四個局的設置，改設民政、財政、教育、建設、軍事、地政、社會各科。縣以下的政權結構也進行了調整，取消了區一級政權，將原來的縣、區、鄉（鎮）調整為縣、鄉（鎮）。鄉鎮以下的基層政權，將行政、武裝、教育權力合為一體，集中到鄉鎮長、保長手中，國民政府的社會控制力由此增強。到1943年，已有1106個縣完成了新縣制的調整。該制度實施後，縣政機構得以充實，縣一級單位的人員設置基本能與實際需要相配合，擔負起執行國家政令、辦理地方自治的重任，但是，新縣制的實質仍然是「假託自治下的官治」，不僅沒有改變「官治性質」，還「助長了官治的去趨勢」[2]。

2.推行行政三聯制。1938年初國民黨臨時全國代表大會提出「改善各級政治機構，使之簡單化、合理化，並提高行政效率，以適合戰時需要」[3]。1940年3月，蔣介石在國民黨中央人事行政會議上發表《行政三聯制大綱》，正式提出行政三聯制。9月，國民黨中常會第156次會議正式通過了中央設計局和黨政工作考核委員會的組織大綱，不久這兩個機構宣告成立。

所謂行政三聯制，就是使行政管理過程中的設計、執行、考核等流程，形成一個有機的行政系統，是國民黨黨政和官僚統治機器提高行

1　榮孟源、孫彩霞：《中國國民黨歷次代表大會及中央全會資料》下冊，第 486 頁。
2　王奇生：《革命與反革命：社會文化視野下的民國政治》，社會科學文獻出版社 2010 年版，第 404 頁。
3　榮孟源、孫彩霞：《中國國民黨歷次代表大會及中央全會資料》下冊，第 468 頁。

政效能、加強制度建設的重要手段。「設計」是為行政預先制定行動方案，作為行政的開始；「執行」是行政機關對設計單位提出的政策計劃加以落實，是對設計的實施；「考核」既是對行政機關執行情況的監督考察，也是對下一個計劃的反饋。這三個環節首尾相連，形成一個有機的行政系統。行政三聯制的設計環節由中央設計局負責，該局直屬國防最高委員會，設總裁，由國防最高委員會委員長兼任。考核環節，由黨政工作考核委員會負責，主要工作是考察行政機關之工作成績，核定設計方案之實施進度，以及黨政機關工作經費、人事之狀況的考核。

國民黨五屆七中全會後，在蔣介石親自指揮下，國民政府開始自上而下推行行政三聯制。但是，這一制度的推行並不順利，1942年11月召開的國民黨五屆十中全會，認為三聯制實行以來「不免種種缺陷，對於行政效率未見顯著進步」[1]。行政三聯制的推行，未能消除國民政府行政效率低下的弊端，也未能改變其權力運作中混亂和渙散的局面，最後收效甚微，流於形式，草草收場。

經濟方面。太平洋戰爭爆發後，國民政府的財政狀況十分窘迫，對國民黨的統治構成了較大的威脅。為擺脫財政困窘，支撐抗戰局面，消除通貨膨脹帶來的巨大壓力，同時加強對經濟的控制，國民政府在大後方制定了統制經濟政策，並建立專門的機構，從生產到流通環節，全面管制。

1940年8月，國民黨政府將全國糧食管理局（1941年7月）改為糧食部，通過限制糧價、田賦徵實等方式對大後方糧食進行統一管制。據統計，至1941年底，政府以13.3億元的支出，徵得了實際價值42.52億元的糧食，名義上是節省，實質上將其中29.2億元的差價轉移到了農民頭上。[2] 1942年，政府頒佈了《國家總動員法》，規定軍用器材、糧食及被

---

1 榮孟源、孫彩霞：《中國國民黨歷次代表大會及中央全會資料》下冊，第 799 頁。
2 參見吳相湘編著《第二次中日戰爭史》下冊，（台北）綜合月刊社 1973 年版，第 633 頁。

服用料、藥品及醫藥器材、船舶車馬等運輸器材、土木建築器材、電力
與燃料、通信器材等為國家總動員物資，國家有權徵用及徵購其一部或
全部，並且在必要時可對國家總動員物資及民生日用品的交易價格、數
量進行管制。此外，政府還實行了金融統制。1939年9月頒佈《戰時健全
中央金融機構辦法綱要》，規定中央、中國、交通、中國農民四大銀行
組成「四聯總處」，負責辦理政府戰時金融政策有關業務，實際上代行
中央銀行的部分職權。

　　國民黨政府時期的經濟政策，為集中財力物力進行抗戰發揮一定
的作用，但造成了官僚資本的惡性膨脹。太平洋戰爭爆發以後，政府加
強了對金融、工業、交通、運輸、商業等領域的控制和壟斷，加強了對
工人、農民、城市小資產者和民族資產階級的壓迫和剝削，利用濫發紙
幣、倒賣外匯、商品專賣、統購統銷等手段聚斂財富，導致官僚資本急
劇膨脹，物價飛漲。從物價上漲的情況來看，太平洋戰爭爆發後，在日
軍封鎖下，對外交通全部斷絕，外援物資無法到達，物價上漲不可遏
制。1942年全國躉售物價指數已上漲至3900；1943年躍升為12541；1944
年則達43197；至1945年抗戰結束時已高漲至163160，而零售物價指數更
漲至190723。[1]據估算，抗戰八年中隨着通貨膨脹的發展，法幣1元的購
買力在1938年底，只值戰前0.26元，到1939年底值0.28元，到1940年底降
至0.08元左右，到1943年底只值半分，而到1945年6月，只值戰前法幣5
毫。嚴重的通貨膨脹導致的物價上漲，造成國統區人民生活水平的嚴重
下降，影響了國統區工農業的生產發展和軍民抗戰的士氣，不利於抗戰
工作的動員和開展。

　　文化教育方面。太平洋戰爭爆發後，國民政府將文化專制政策全面
推向深入，竭力將抗戰時期的文化運動納入政府管控，並最終確立了在

1　秦孝儀主編：《中華民國經濟發展史》，（台北）近代中國出版社 1983 年版，第
　　715—717 頁。

文化領域中的專制統治地位。一是頒佈一系列法規，查抄抗日進步文化書籍。國民政府相繼頒佈《圖書送審須知》（1942年）、《書店印刷管理規則》（1943年）、《檢查書店發售違禁出版品辦法》《戰時新聞禁載標準》《戰時新聞違禁懲罰辦法》（1943年10月）、《戰時書刊審查規則》（1944年6月）、《出版品審查法規與載禁標準》（1945年）等。據統計，從1941年到1942年，重慶地區就有1400種書刊被查禁。二是設立文化機構，強化對抗戰文化的管理和控制。1941年2月7日，國民黨成立中央文化運動委員會，並積極推動在全國各省市設立分會，將各地的文化運動納入政府的統一領導之下。「文運會」還制定相應的文藝政策，試圖將抗戰文化運動也納入政府的控制軌道。三是用專制手段壓迫和摧殘進步文化團體。

第六節

國共談判與聯合政府問題
中國軍民的反攻

一、抗戰後期的國共兩黨談判 中共提出建立聯合政府主張

1942年7月7日，中共中央發表《為紀念抗戰五周年宣言》，提出：「中國各抗日黨派不但在抗戰中應是團結的，而且在抗戰後也應該是團結的，希望按合理原則改善國共兩黨及一切抗日黨派間的關係」，「商討解決過去國共兩黨間爭論問題」和「爭取抗戰最後勝利及建設戰後新中國的一切有關問題」[1]，該宣言的發表，標誌着國共談判拉開序幕。10月13日，周恩來、林彪會見蔣介石，開始兩黨間的正式談判。在交談中，林彪提出「中國目前既在救國之階段，則國共兩黨目前惟一共同之人物即在救國，此客觀事實只需要與時代之使命既屬相同，然則兩黨之間尚有鴻溝之可言？」強調「中國社會之特點，絕不容國內再發生戰爭，否則，必為全國社會之所反對」[2]等。11月12—27日，國民黨召開五屆十中全會，通過《特種研究委員會報告本黨今後對共產黨政策之研究結果案》，宣佈「對共產黨仍本寬大政策」[3]。中共對此表示「在對外對內的最重要問題上，國共兩黨之見地並無二致」[4]。

12月16日，蔣介石再次約見周恩來、林彪，兩黨談判進入實質階段。24日，周、林根據中共中央指示向國民黨代表張治中提出關於黨的

---

1 《為紀念抗戰五周年宣言》，《解放日報》1942 年 7 月 7 日。
2 《中華民國重要史料初編——對日抗戰時期中共活動真相》（四），（台北）中國國民黨中央委員會黨史委員會，1985 年，第 236—242 頁。
3 榮孟源、孫彩霞：《中國國民黨歷次代表大會及中央全會資料》下冊，第 793 頁。
4 《中共中央發言人對中國國民黨十中全會發表談話》，《新華日報》1942 年 12 月 9 日。

問題、軍隊問題、陝北邊區問題和作戰區域問題4項要求，未獲得支持。這時候，正是中美、中英新約簽訂，蔣介石自以為得到了國際支持，又對中共發展感到焦慮，反共心態再次擴張。他一面繼續與中共代表談判，一面指使陶希聖撰寫《中國之命運》，以蔣介石名義於1943年3月公開發表。該書鼓吹「一個主義，一個黨，一個領袖」，鼓吹「中國的命運完全寄託於中國國民黨」[1]，污衊八路軍、新四軍是「新式軍閥」，根據地是「變相割據」，暗示要儘快消滅共產黨。1943年5月，共產國際解散[2]，國民黨頑固派藉機發動新的反共攻勢，要求解散共產黨，取消陝北特區。在這種形勢下，兩黨談判無法繼續。6月4日，張治中通知中共代表談判「須擱一擱」。在蔣介石的允許下，周恩來、林彪返回延安，國共談判未果。與此同時，6月18日，胡宗南根據蔣介石密令，在陝北洛川召開軍事會議，準備調集50萬大軍，分九路「閃擊」延安，企圖發動再一次反共高潮。為此，中共發起了宣傳反擊，同時準備軍事力量粉碎新的反共高潮。不久，這一次反共高潮偃旗息鼓了。

　　1943年9月，國民黨舉行五屆十一中全會和國民參政會三屆二次會議，兩個會議都認為「中共問題應用政治方法解決」。中共方面也宣佈「在蔣先生和國民黨願意的條件之下，我們願意隨時恢復兩黨的談判」[3]。1944年3月12日，周恩來在延安發表演講，向國民黨當局提出五項要求：「（1）承認中國共產黨在全國的合法地位；（2）承認邊區及抗日根據地為其地方政府；（3）承認八路軍、新四軍和一切敵後武裝為其所管轄接濟的部隊；（4）恢復新四軍番號；（5）撤銷對陝甘寧邊區

1 蔣介石：《中國之命運》，載秦孝儀主編《先總統蔣公思想言論總集》第四卷，第124頁。
2 1943年5月15日，共產國際執行委員會主席團根據各國情況和國際情勢，為了使各國共產黨更好處理本國革命任務，加強各國反法西斯統一戰線，決定解散共產國際。6月10日，共產國際正式解散。中共發表聲明完全支持共產國際這一決定。
3 毛澤東：《評國民黨十一中全會和三屆二次國民參政會》（1943年10月5日），載《建黨以來重要文獻選編（1921—1949）》第二十冊，第597頁。

及各抗日根據地的封鎖和包圍。」[1] 同時，中共中央還決定派林伯渠赴重慶談判。5月17日，林伯渠抵達重慶。19日，會見蔣介石。22日，開始正式談判。林伯渠提出《中國共產黨中央委員會向中國國民黨中央執行委員會提出關於解決目前若干急切問題的意見》共20條，因張治中拒絕轉交蔣介石，經中共方面磋商，6月5日，林伯渠將新12條（附口頭要求8條）送交張治中、王世傑，貫徹了周恩來演講中的五點意見。國民黨在《中央對中共問題政治解決提示案》中拒絕了其中的大部分要求，中共指示林伯渠拒絕接受國民黨的這份提示案，並將該案退回國民黨代表。

9月4日，中共指示林伯渠向國民黨及國內外提出改組政府主張，主要包括「要求國民政府立即召集各黨各派各軍、各地方政府、各民眾團體代表開國事會議，改組中央政府，廢除一黨統治，然後由新政府召開國民大會實施憲政，貫徹抗戰國策實行反攻」[2]。9月15日，林伯渠根據中共中央指示，在國民參政會三屆三次會議上提出立即結束國民黨一黨統治、建立各抗日黨派民主聯合政府等主張，在國內外引起強烈反響和廣泛回應。張瀾、沈鈞儒、馮玉祥等500餘人舉行會議，要求實行民主、結束國民黨一黨專政。宋慶齡、郭沫若、張瀾等72人發起追悼文化界愛國先進戰士鄒韜奮的大會，譴責國民黨踐踏民主、迫害愛國人士的罪行，中國民主同盟也在10月10日發表《對抗戰最後階段的政治主張》，要求立即結束一黨專政，建立各黨派之聯合政權，實行民主政治。[3]

為堅持抗戰和宣傳民主聯合政府的主張，中國共產黨還成立了以朱德為主任的海外工作委員會，積極開展對外工作。1944年7月、8月間，

1 周恩來：《國共談判迄今無結果》（1944 年 8 月 12 日），載《周恩來軍事文選》第二卷，人民出版社 1997 年版，第 446 頁。

1 《中共中央關於提出改組國民政府的主張及其實施方案給林伯渠等的指示》（1944 年 9 月 4 日），載《建黨以來重要文獻選編（1921—1949）》第二十一冊，第 488 頁。

2 《中國民主同盟對抗戰最後階段的政治主張》（1944 年 10 月 10 日），載中國民主同盟中央文史資料委員會編《中國民主同盟歷史文獻（1941—1949）》，文史資料出版社 1983 年版，第 32 頁。

1944年毛澤東在延安與來訪的國外友人合影

中緬印戰區美軍司令部分兩批派遣美軍觀察團共18人抵達延安，毛澤東、周恩來、朱德等同觀察團成員多次談話。觀察團成員還到晉綏、晉察冀等抗日根據地考察，撰寫調查報告，比較客觀地反映了敵後抗日的實際情況。同年6月，一批外國記者訪問延安，中共領導人也多次與他們會談。這些對外聯絡工作，對廣泛宣傳中共的抗戰路線和主張起了積極的作用。

　　建立聯合政府還與美國政府當時的對華政策密切相關。同年9月，美國總統特使赫爾利來華，「調處國共關係」、「防止國民政府的崩潰」、「支持蔣介石作為中華民國的主席與軍隊委員長」、幫助蔣介石「統一中國境內一切軍事力量」[1]是其重要使命。他來之前，美國已經認

1　《中美關係資料彙編》第一輯，世界知識出版社1957年版，第139頁。

識到「共產黨已變成為中國最有動力的力量」，「國民黨與國民政府日趨崩潰」，「共產黨將必然會勝利」[1]，因此赫爾利也提出要蔣介石放棄一黨專政，成立民主聯合政府。10月，赫爾利與中共代表林伯渠、董必武進行了三輪會談。11月8—10日，毛澤東在延安與赫爾利進行四輪會談。最終，雙方共同擬定《延安協定草案——中國國民政府、中國國民黨與中國共產黨協定》並簽字，其中提到「國民政府應改組為包含所有抗日黨派和無黨無派政治人物的代表的聯合國民政府，並頒佈及實行用以改革軍事政治經濟文化的新民主政策」[2]。11月18—19日，赫爾利同蔣介石進行兩次交談，蔣介石沒有接受其建議，並且提出了三條反對建議，沒有涉及建立聯合政府的問題。

圍繞着「協定（草案）」、「反建議」，國民黨、共產黨及赫爾利之間進行了反覆交涉和較量。面對赫爾利和美國政府流露出來的扶蔣政策和反共態度，毛澤東指出「犧牲聯合政府，犧牲民主原則……我們決不能幹」[3]。

赫爾利介入國共談判，雖希望調解國共關係，但在美國政府扶蔣反共政策指導下，並不公正公允，不僅沒有緩和中國潛在的內戰危險，反而增強了蔣介石堅持獨裁的意志。

二、中國軍民的對日反攻

1943年，中國軍民開始對日反攻。10月，中國軍隊從滇緬戰場戰略反攻，中國駐印軍新一軍在盟軍配合下進行了胡康河谷作戰，拉開了緬北反攻的序幕。1944年3月，中國駐印軍攻克緬北孟關，日軍殘部向孟拱

2 《中美關係資料彙編》第一輯，世界知識出版社 1957 年版，第 133 頁。

3 《延安協定草案 —— 中國國民政府、中國國民黨與中國共產黨協定》(1944 年 11 月 10 日)，載《中共中央文件選集》第十四冊，中共中央黨校出版社 1992 年版，第 393 頁。

4 《毛澤東、周恩來關於同蔣介石談判的原則立場給王若飛的指示》(1944 年 12 月 12 日)，載《建黨以來重要文獻選編（1921—1949）》第二十一冊，第 648 頁。

河谷撤退。6月，中美聯軍進行孟拱河谷作戰，攻佔孟拱。8月，中國駐印軍佔領密支那，日軍由緬北南撤。12月中旬，新38師攻克八莫，1945年1月中旬，新30師攻佔南坎。同時，右翼的新六軍於1944年11月進攻伊洛瓦底江畔，先後攻皎基、摩首。新六軍主力繼續南下，並最終攻佔同古。至1945年3月底，中國駐印軍完成緬北反攻任務後回國。

在正面戰場，國民政府為準備對日反攻作戰，調整了多項計劃。一是號召知識青年從軍。1944年10月，國民政府號召知識青年從軍，擬編組青年遠征軍10個師。經甄選，合格者總計為125500人，實際報到入營者為86000人。青年遠征軍原計劃於1945年8月訓練完成，9月參加反攻作戰，因抗戰勝利結束，乃復員整編。二是組建中國新的陸軍部隊。1944年12月11日，蔣介石下令軍事委員會參謀總長何應欽在昆明設立陸軍總司令部，統一指揮和整訓西南地區幾個戰區和遠征軍的部隊。三是調整戰區和戰鬥序列。沖繩島戰役後，日本為鞏固在中國沿海的重要據點並加強其本土防衛，不得不逐步放棄華南佔領地，收縮兵力開往華中、華北等地，中國軍隊趁機反攻，先後發動豫西鄂北戰役、湘西戰役以及收復廣西戰役等，有效地打擊了日軍的進攻，且一舉收復了廣西、福建、江西、浙江等省失地。

在敵後戰場，中共領導敵後根據地開展了戰略反攻，基本方針是「擴大解放區，縮小敵佔區」，「擴大人民武裝，消滅與瓦解敵偽軍」[1]。1945年，八路軍、新四軍發起春夏季攻勢作戰，加緊對敵佔區形成戰略包圍態勢。

山東軍區攻勢作戰的主要方向是開闢膠濟鐵路東段南北兩側地區，使膠東、渤海、魯中、濱海各區的聯繫進一步鞏固。晉察冀軍區主要作戰方向是雁北、察南、綏東、熱河、子牙河東、大清河北和津浦路東等

---

1 朱德：《論解放區戰場》（1945年4月25日），載《朱德選集》，人民出版社1983年版，第178—179頁。

地。在1945年的春夏季攻勢作戰中，晉察冀軍區共作戰2700餘次，殲滅日偽軍2.8萬餘人，攻佔據點790餘處，收復縣城15座。

太行軍區和太岳軍區在春季攻勢中連續發起清道戰役和豫北戰役，開闢了3800平方公里的豫北根據地，建立了7個抗日民主政權；晉綏軍區的攻勢作戰到4月下旬，擊斃日偽軍1500餘人，攻佔據點50餘處，收復方山、嵐縣、五寨3座縣城；晉冀魯豫邊區部隊向平漢鐵路西側及魯西、晉南地區日偽軍展開夏季攻勢，連續發起東平戰役、安陽戰役和陽谷戰役，殲滅日偽軍2.8萬餘人，攻克據點790餘處，收復縣城15座。

整個春夏季攻勢，八路軍、新四軍為主力的敵後根據地軍民共殲滅日偽軍16萬餘人，收復縣城61座，將日偽軍的戰線壓縮至大中城市、交通要道和沿海一線，擴大根據地24萬餘平方公里。

第七節

國共兩黨對中國前途的
不同設計

　　隨着抗日戰爭勝利的臨近，中國各種力量不僅關注着如何奪取抗戰的最終勝利，也關注着勝利後中國前途和命運問題。中國國民黨和中國共產黨分別在抗戰勝利前召開了黨的全國代表大會，對這個問題做出了不同回答。

一、國民黨六大召開，堅持不妥協的反共方針

　　1945年5月5日，國民黨第六次全國代表大會在重慶召開，出席大會的正式代表600人，列席代表162人。會上，國民黨中央黨部祕書長吳鐵城作了《黨務檢討報告》，國民政府文官長吳鼎昌作了《政治報告》，代參謀總長程潛作了《軍事報告》，經濟部長翁文灝作了《經濟報告》，潘公展作了《關於中共問題之報告》的特種報告，何應欽作了《中國陸軍總司令部組織情形及湘西戰役經過》的報告，蔣介石作了《軍事政治經濟黨務之現狀與改進的途徑》的總報告。

　　大會明確拒絕中共及民主黨派提出的召開黨派會議、成立民主聯合政府、結束國民黨一黨專政的主張。在國共關係問題上，仍然堅持不妥協的反共方針。會議通過了兩份差異明顯的文件，一是對外發表的《對於中共問題之決議案》，認為中共「仍堅持其武裝割據之局面，不奉中央之軍令政令」，又表示要「繼續努力，尋求政治解決之道」，在「不妨礙抗戰，不危害國家之範圍內，一切問題可以商談解決」。同時又下發內部文件《本黨同志對中共問題之工作方針》，文中指責中共「堅持其武裝割據，借以破壞抗戰」且「最近更變本加厲，提出聯合政府口

號」，意在製造「解放區人民代表會議」，「企圖顛覆政府，危害國家」。要求國民黨「努力奮鬥，整軍肅正，加強力量，使本黨政治解決之方針得以貫徹」[1]。

大會選舉蔣介石繼續擔任國民黨總裁，在修改後的國民黨黨章中，原先由總裁「代行」總理職權的規定修改為「行使」總理職權。國民黨黨章還明確規定，總裁對代表大會決議及中央執行委員會決議有複議權乃至最後決定權。可見，國民黨六大加強了蔣介石的個人獨裁統治。

二、中共七大召開，毛澤東作《論聯合政府》報告

在世界反法西斯戰爭和中國抗日戰爭即將迎來最後勝利的時刻，為了統一黨內的思想，確立抗戰勝利後的路線、方針，1945年4月23日至6月11日，中共在延安召開第七次全國代表大會，出席大會的正式代表547人，候補代表208人，代表全國121萬名黨員。毛澤東在會上作了《論聯合政府》的報告，朱德作了《論解放區戰場》的報告，劉少奇作了《關於修改黨章》的報告，周恩來作了《論統一戰線》的報告，報告均圍繞着「放手發動群眾，壯大人民力量，在我黨的領導下，打敗日本侵略者，解放全國人民，建立一個新民主主義的中國」[2]核心政治任務展開。

大會指出，由於國民黨繼續實行法西斯獨裁統治，拒絕進行民主改革，抗戰勝利後仍然可能會發生內戰，因此中國面臨着兩個前途、兩種命運的抉擇，中國共產黨的任務就是要竭盡全力去爭取光明的前途。大會提出的軍事戰略是國民黨應制止一切妥協的陰謀活動，改變消極抗日政策，以徹底消滅日本侵略者；八路軍、新四軍及其他人民軍隊要不斷擴大解放區，收復一切失地，擴大人民武裝，實現從抗日遊擊戰爭到抗日正規戰爭的軍事戰略轉變，迎接抗日大反攻；中共要有將重心由農村

---

1 榮孟源、孫彩霞：《中國國民黨歷次代表大會及中央全會資料》下冊，第 921—922 頁。
1 毛澤東：《愚公移山》（1945 年 6 月 11 日），載《毛澤東選集》第三卷，第 1101 頁。

中國共產黨第七次全國代表大會會場 （採自《解放軍畫報》1952年第16期）

向城市轉移的精神準備，準備奪取東北。[1]

　　大會的另一個核心議題就是如何建立一個獨立、自由、民主、統一和富強的新中國。毛澤東指出，應「立即宣佈廢止國民黨一黨專政，成立一個由國民黨、共產黨、民主同盟和無黨無派分子的代表人物聯合組成的臨時的中央政府，發佈一個民主的施政綱領……以便恢復民族團結，打敗日本侵略者」。具體步驟是，先「經過各黨各派和無黨無派代表人物的協議，成立臨時的聯合政府……將來時期，經過自由的無拘束

---

2 參見朱德《論解放區戰場》（1945 年 4 月 25 日），載《朱德選集》，人民出版社 1983 年版，第 135—181 頁。

的選舉，召開國民大會，成立正式的聯合政府」[1]。

劉少奇在報告中對毛澤東思想作了簡要概括並給予高度評價，他指出：「毛澤東思想，就是馬克思列寧主義的理論與中國革命的實踐之統一的思想，就是中國的共產主義，中國的馬克思主義」，「就是馬克思主義在目前時代的殖民地、半殖民地、半封建國家民族民主革命中的繼續發展，就是馬克思主義民族化的優秀典型」。劉少奇還指出：「毛澤東思想就是這次被修改了的黨章及其總綱的基礎⋯⋯學習毛澤東思想，宣傳毛澤東思想，遵循毛澤東思想的指示去進行工作，乃是每一個黨員的職責。」[2] 中共七大通過了新的黨章，明確了毛澤東思想為黨的指導思想，「中國共產黨，以馬克思列寧主義的理論與中國革命的實踐之統一的思想——毛澤東思想，作為自己一切工作的指針，反對任何教條主義的或經驗主義的偏向」[3]。這就使全黨有了在政治上、思想上取得一致的牢固的理論基礎。確定毛澤東思想為黨的指導思想，是近代中國歷史和人民革命鬥爭發展的必然選擇，是中國共產黨在總結正反兩方面經驗教訓的實踐基礎上逐步形成的，是中國共產黨集體智慧的結晶，實現了馬克思列寧主義基本原理同中國革命實際相結合過程中的第一次歷史性飛躍。

會議還重申了黨的民主集中制原則，規定「黨員個人服從所屬黨的組織，少數服從多數，下級服從上級組織，部分組織統一服從中央」。大會選舉產生中央委員44人，候補中央委員33人。6月19日，七屆一中全會選出13名中央政治局委員，選舉毛澤東、朱德、劉少奇、周恩來、任

1 毛澤東：《論聯合政府》（1945 年 4 月 24 日），載《毛澤東選集》第三卷，第 1067—1069 頁。

2 劉少奇：《論黨》（1945 年 5 月 14 日），載《劉少奇選集》上卷，人民出版社 1981 年版，第 333、337 頁。

3 《中國共產黨黨章》（1945 年 6 月 11 日），載中共中央文獻研究室、中央檔案館編《建黨以來重要文獻選編（1921—1949）》第二十二冊，第 553 頁。

弼時為中央書記處書記，毛澤東為中央委員會主席、中央政治局主席、中央書記處主席。8月，中央政治局會議決定毛澤東為中央軍事委員會主席，朱德為副主席。

　　中共七大勝利召開後，在毛澤東思想指引下，全黨實現了思想上、政治上和組織上空前的團結統一，為奪取抗日戰爭最後勝利和新民主主義革命在全國勝利，奠定了堅實基礎。1945年7月1—5日，褚輔成、黃炎培、左舜生、冷遹、章伯鈞、傅斯年6位國民參政員[1]從重慶到達延安，其間黃炎培同毛澤東談話時，提到了中國歷朝歷代都沒有跳出「其興也勃焉」、「其亡也忽焉」的周期律，以致「政怠宦成」、「人亡政息」、「求榮取辱」，並問中國共產黨能否跳出這個周期律，毛澤東對此回答：「我們已經找到新路，我們能跳出這周期率。這條新路，就是民主。只有讓人民來監督政府，政府才不敢鬆懈。只有人人起來負責，才不會人亡政息。」[2]

1　原定為7名參政員，王雲五稱病未赴延安。關於參政員在延安與中共接觸並達成共識的詳細經過，參見聞黎明《第三種力量與抗戰時期的中國政治》，上海書店出版社2004年版，第339—344頁。
2　黃炎培：《延安歸來》，重慶國訊書店1945年版，第65頁。

日本無條件投降
中國抗日戰爭最後勝利

1945年2月初，羅斯福、丘吉爾和斯大林在蘇聯克里米亞半島的雅爾塔舉行會議，着重討論了蘇聯對日作戰的問題，三方最終達成《雅爾塔協定》，協定規定蘇、美、英三國領袖同意在德國投降歐洲戰爭結束後2—3個月內，蘇聯將參加同盟國方面對日作戰，其條件是「外蒙古之現狀應予以維持；庫頁島南部及該島附近之一切島嶼應交還蘇聯；大連商港應予國際化，蘇聯在該港之優越權益，須予確保，蘇聯之租用旅順港為海軍基地應予恢復；中東鐵路與南滿鐵路，應設立一蘇中合辦之公司以共同經營之；蘇聯之優越權益應予保障，而中國應保持在滿洲之全部主權；千島群島應交予蘇聯」[1]。5月上旬，德國戰敗，8日向聯合國投降。日本陷入孤境。

1945年7月26日中、美、英三國發表了波茨坦公告，正告日本應履行《開羅宣言》各條款，立即投降。因日本政府對公告無動於衷，美國遂決定使用原子彈。8月6日上午，美軍在日本廣島上空投下一枚原子彈，造成約17萬人死傷。根據雅爾塔協定，蘇聯歐戰結束後，將在歐洲的兵力調動到遠東，參加對日作戰。8月8日，蘇聯正式對日宣戰。9日凌晨，在華西列夫斯基元帥指揮下，150萬蘇軍越過邊境進入中國東北，在東北抗日聯軍的配合下，10天殲滅日偽軍約70萬人，其中8.3萬人被擊斃，

---

1 《雅爾塔協定》（1945 年 2 月 11 日），載《中美關係資料彙編》第一輯，世界知識出版社 1957 年版，第 176 頁。這個協定在規定對日作戰的戰略上是正確的，但以犧牲中國主權為前提條件，對中國來説是不平等的。

60.9萬人被俘，日本法西斯遭到致命一擊。同一天，美國在日本長崎投下了第二枚原子彈。毛澤東也同時發表了《對日寇的最後一戰》，指出應「密切而有效力地配合蘇聯及其他同盟國作戰。八路軍、新四軍及其他人民軍隊，應在一切可能條件下，對於一切不願投降的侵略者及其走狗實行廣泛的進攻，殲滅這些敵人的力量，奪取其武器和資財，猛烈地擴大解放區，縮小淪陷區」[1]。從8月9日到9月2日，八路軍新四軍和華南人民抗日遊擊隊，對華北、華中和華南地區發動大規模反攻，殲滅日軍1.37萬人，偽軍38.5萬人，收復縣級以上城市250餘座，切斷了平綏、同蒲、廣九等多條鐵路。

8月10日，日本政府表示在堅持天皇制條件下接受《波茨坦公告》。11日，美國國務卿貝爾納斯代表盟國答覆日本，主要內容有「日本天皇及日本政府統治國家的權力，必須聽從盟軍最高統帥的命令；日本政府之最後形式將以日本人民表示之意願確定；同盟國之武裝部隊將留於日本，直到達到《波茨坦公告》所規定之目的」[2]。日本外務省認為可以接受同盟國的覆文，而陸軍和海軍統帥部負責人不同意接受，部分少壯派軍人甚至計劃發動叛變，阻止盟軍登陸。13日美軍出動千餘架戰機轟炸東京。14日，日本最後一次御前會議決定接受同盟國答覆。15日，日本天皇向全國廣播，接受波茨坦宣言之「終戰」（投降）詔書，宣告向同盟國投降。同時，經美、英、中、蘇四國協議，杜魯門任命麥克阿瑟為聯合國軍最高司令官，主持接受日本投降事宜。

8月15日，蔣介石致電美、英、蘇三國領袖慶賀盟國獲得全面勝利，同日致電日本駐中國派遣軍總司令岡村寧次，提出六項投降原則，包括：「應即通令所屬日軍，停止一切軍事行動，並派代表至玉山接受

1　毛澤東：《對日寇的最後一戰》（1945 年 8 月 9 日），載《毛澤東選集》第三卷，第 1119 頁。

2　《中美英蘇對日本乞降照會的附文》（1945 年 8 月 11 日），載《反法西斯戰爭文獻》，世界知識出版社 1955 年版，第 319 頁。

中國陸軍何總司令應欽之命令；軍事行動停止後，日軍可暫保有其武裝及裝備，保持其現有態勢，並維持所在地之秩序及交通，聽候中國陸軍何總司令應欽之命令；所有飛機及船艦，應停留於現在地。但長江內船艦，應集中宜昌、沙市；不得破壞任何設備及物資」[1]，等等。16日，蔣介石下令由何應欽全權處理中國戰區日軍投降事宜。

9月2日上午9時，在東京灣美軍「密蘇里號」戰艦上舉行了日本向盟軍投降儀式，美、中、英、蘇、澳、加、法、荷和新西蘭諸國代表參加，國民政府軍事委員會軍令部部長徐永昌代表中國戰區出席儀式。日本政府代表重光葵和日本大本營代表梅津美治郎代表日本天皇日軍大本營和日本政府向盟軍統帥麥克阿瑟遞交降書，麥克阿瑟代表盟國接受日本投降。9日上午9時，中國戰區日軍投降儀式在南京原中央軍校禮堂舉行，中國戰區統帥蔣介石的代表陸軍總司令何應欽、第3戰區司令長官顧祝同、陸軍參謀長蕭毅肅、海軍總司令陳紹寬、空軍第一路司令張廷孟參加受降儀式。日本中國派遣軍總司令岡村寧次，在投降書上簽字後呈遞給何應欽，標誌着日本戰敗、自「九一八事變」以來長達14年的日本侵華戰爭結束，中國抗日戰爭取得勝利。

在正面戰場，從9月11日至10月中旬，由國民政府軍接受投降的日軍，共有1個派遣軍總司令部、3個方面軍，10個軍、33個步兵師團、1個坦克師團、2個飛行師團、41個獨立旅團，以及警備、守備海軍等部隊共計128.32萬人，接收日軍的武器裝備有：機槍68.5897萬支，手槍6.0377萬支，輕重機槍2.2982萬挺，主要火炮1.2446萬門，步槍彈1.809941億發，手槍彈203.5萬發，各種炮彈207萬發，炸藥6000噸，坦克383輛，裝甲車151輛，卡車（包括特種車）1.5785萬輛，各種飛機1068架，飛機用油1萬餘噸，艦艇船舶1400艘，共5.46萬噸，馬匹7.4159萬匹等。

---

1 中國第二歷史檔案館編：《中華民國史檔案資料彙編》第五輯第三編軍事（一），江蘇古籍出版社 1994 年版，第 1013—1014 頁。

在敵後戰場，從8月11日至10月10日，八路軍新四軍及華南抗日遊擊縱隊發起全面反攻，對不肯投降的日本軍隊發起猛烈進攻，共收復國土31.52萬平方公里，解放人口1871.7萬，收復城市190座，斃傷日偽軍23萬人。[1]

10月25日上午9時，台灣地區受降儀式在台北市中山堂舉行，日本前「台灣總督」安藤利吉向國民政府台灣行政長官兼警備司令陳儀遞交降書。陳儀代表中國政府正式宣告：「自今天起，台灣及澎湖已正式重入中國的版圖，所有一切土地、人民、政事皆已置於中國主權之下。」[2]中國政府宣佈自即日起，台胞恢復中國國籍，並定10月25日為台灣光復節。受降儀式結束後，台北40餘萬市民「老幼俱易新裝，家家遍懸彩燈，相逢道賀」，表達對台灣光復的喜悅心情。被日本佔領長達50年之久的台灣以及澎湖列島重歸中國主權管轄之下，這是包括台灣同胞在內的全體中華兒女浴血奮戰的結晶。

中國抗日戰爭是近代以來中華民族在抗擊外國侵略的戰爭中第一次取得的全面勝利，是在中國共產黨倡導的抗日民族統一戰線的旗幟下，以國共合作為基礎，各階級、各民族人民團結起來進行的中華民族解放戰爭，標誌着近代中國「上升」趨勢的形成。

首先，抗日戰爭的勝利從全面意義上完成了近代中國從「沉淪」到「上升」的轉變。抗日戰爭喚起了全民族的危機意識、救亡意識、民主意識，正是這種意識，帶來了民族的覺醒和大團結。從這個時候開始，「沉淪」那樣一種社會發展趨勢，退居次要地位，不復嚴重影響中國歷史進程了。

其次，全民族抗戰爆發後，中共提出並且推動了抗日民族統一戰線的建立，贏得了民心。抗日戰爭只有動員蔣介石、國民黨參加，才可能

---

1 李新主編：《中華民國史》第十卷（1941—1945），第682—683頁。
2 轉引自張海鵬、陶文釗主編《台灣史稿》上卷，鳳凰出版社2012年版，第340頁。

利用國家政權的力量推動全國抗戰的開展，才可能有全民族的抗戰。中國共產黨積極倡導、促成和維護抗日民族統一戰線，最大限度地動員了全國軍民共同抗戰，成為凝聚全民族力量的傑出組織者。抗戰過程中，中國共產黨還把馬克思列寧主義同中國革命具體實踐相結合，創立和發展了毛澤東思想，對抗日戰爭發揮了重要的戰略指導作用，尤其是全面抗戰路線、持久戰的戰略總方針和一整套人民戰爭的戰略戰術，成為敵後戰場戰勝敵人的理論源泉。

再次，從民族戰爭政治條件來看，抗日戰爭始終存在着國民黨、共產黨兩個領導中心。抗戰伊始，中國戰場就存在正面戰場和敵後戰場同時對日作戰，實現了以國民黨為中心的領導和共產黨為中心的領導。兩個戰場、兩個領導中心，在抗日民族統一戰線的旗幟下，進行了有效的戰略配合。抗戰初期，正面戰場起了積極的作用，中後期，正面戰場的作用降低，敵後戰場的作用升高。兩個戰場堅持長期對日作戰，終於在國際反法西斯力量的支持下取得了最後的勝利。[1]

五四運動以來大幅前進的中華民族的復興，在抗日戰爭中得到了全面提升。中華民族的民族復興推動了這個轉變，這個轉變過程也進一步推動民族復興。從鴉片戰爭以來的歷史事實看，1931年「九一八」事變開始的日本帝國主義發起侵華戰爭，是歷次帝國主義侵華過程中最為嚴重的一次，時間最長（長達14年之久），佔領中國的領土最廣大，造成中國國家和人民的損失最巨大（據不完全統計，在整個戰爭期間，中國軍民傷亡3500多萬人。按照1937年的比值折算，中國直接經濟損失1000多億美元，間接經濟損失5000多億美元）。但是，中國國家和人民卻沒有被打倒，中國取得了抗日戰爭的最後勝利。這個勝利，是近代以來中國所取得的第一次對外戰爭的勝利。因為這個勝利，中國對第二次世界

---

1 關於抗日戰爭的歷史意義以及抗日戰爭中存在着兩個領導中心，參看張海鵬《走向民族復興的重要標誌——論抗日戰爭的歷史意義》，《抗日戰爭研究》2005 年第 3 期。

大戰暨反法西斯戰爭做出了獨特的、其他國家難以替代的貢獻，中國作為東方戰場的主戰場，拖住了日本的主要兵力，使它不能實現在中東與德國軍隊的會合，全力支持了美國、英國的太平洋戰場，也全力支持了蘇聯、美國、英國在歐洲的戰場，贏得了反法西斯各國的尊重，戰時（1943年）廢除了列強強加在中國頭上的不平等條約，戰後，台灣及澎湖列島回歸了祖國，中國成為聯合國的發起國和常任理事國。中國還是一個弱國，由於抗日戰爭的勝利，中國開始登上大國活動的國際舞台。

歷經八年的、艱苦卓絕的抗日戰爭，從中華民族復興的思想高度上看，可以證明以下幾點：第一，面對外國帝國主義的侵略，中國是應當抵抗，而且必須抵抗的；第二，入侵之敵雖然比我強大，我舉全民族之力，經過長期的艱苦作戰和犧牲，是可以最後戰勝強敵的；第三，在外敵面前，中華民族面臨生死存亡的時候，民族利益第一，階級利益必須服從民族利益，必須組成民族統一戰線，共同對敵；第四，在民族戰爭中，必須廣泛爭取有利於我的國際援助；第五，在中國這樣一個廣土眾民、歷史文化悠久的大國，確信入侵之敵是可以戰勝的，中華民族的復興是可期的。

第十二章

人民解放戰爭勝利
與中華人民共和國成立

從重慶談判
到政協會議

一、短暫的和平氣氛：從重慶談判到政協會議

抗日戰爭取得勝利，全中國人民歡欣鼓舞。飽經戰火摧殘的中國人民渴望和平，渴望休養生息，重建國家。然而，國民黨的施政方針卻與此背道而馳，它企圖獨佔抗戰勝利果實，堅持一黨專政的獨裁統治。中國向何處去，又成為擺在全中國人民面前的緊迫問題。

1945年8月11日蔣介石致電第18集團軍總司令朱德，命令所有該集團軍所屬部隊，不能接受日本軍隊的投降。蔣的命令不考慮八路軍、新四軍對日作戰對爭取抗戰勝利所做出的巨大貢獻，自然不為中共所理會。抗戰結束時，一個現實的問題擺在蔣介石的面前：國民黨在軍事戰略上不佔上風。8月中旬開始，國共兩黨分別為迅速受降及搶佔敵偽地區而全力以赴，甚至為爭奪華北一些重要鐵路和戰略要地發生軍事衝突。但由於國民黨軍隊大部在西南地區，它要接收的首先是東南和華東地區，其次才是華北和東北，東北此時尚無國民黨軍。中共軍隊卻利用蘇軍佔據東北的有利條件開始大規模滲入東北，熱河、察哈爾、綏遠、山西、河北、山東，乃至江淮地區之大部，也都在中共的掌握之中。依靠少量軍隊，國民黨無力與中共進行爭奪，而要調集大軍，則又耗費時日，難免使華北乃至東北大部都迅速為共產黨佔領。就在蔣介石致電朱德的當天，中共以延安總部名義命令：「我軍對任何敵偽所佔城鎮交通要道，都有全權派兵接受，進入佔領，實行軍事管制，維持秩序，並委任專員

負責管理該地區之一切行政事宜。」[1] 因為中共部隊多在敵後，靠近日偽佔領區，中共力圖通過受降接收擴大佔領地盤，尤其是將華北各主要通道與地區均劃為應佔領的地區，從而與國民黨壟斷受降接收權並恢復其對全國統治的意圖發生尖銳的矛盾。戰前和戰時積累的國共兩黨矛盾，非但未因抗戰勝利而得以緩和，相反，抗戰勝利更使原本潛伏的兩黨矛盾浮出水面，在一系列問題上國共兩黨的主張針鋒相對，國內政治局勢因兩黨對立而趨緊張。

為了改變不利局面，蔣介石放出了和平手段。日本宣佈投降當天，8月14日，蔣介石致電毛澤東：「倭寇投降，世界永久和平局面，可期實現，舉凡國際國內各種重要問題，亟待解決，特請先生克日惠臨陪都，共同商討，事關國家大計，幸勿吝駕，臨電不勝迫切懸盼之至。」[2] 20日和23日，蔣又給毛連發兩電，邀請毛澤東到重慶談判。此舉營造和平空氣，既有敷衍國內外輿論的考慮，更是為了爭取時間，進行全面軍事部署，為內戰作準備。《中央日報》總主筆陶希聖露骨地說：「我們明知共產黨不會來渝談判，我們要假戲真做，製造空氣。」[3]

中國共產黨對戰後中國政治前途的態度非常明確，即力爭和平，反對內戰，同時不抱幻想，不怕威脅，針鋒相對，寸土必爭，隨時準備以自衛戰爭反擊國民黨軍隊的進攻。接到蔣介石邀請毛澤東赴渝的電報後，中共中央經過討論，決定派毛澤東、周恩來、王若飛三人赴重慶與國民黨談判，在力爭國內和平民主前途的同時，使全國人民更進一步認識國共兩黨對於國家民族命運的不同立場。8月25日，中共發出《對目前

---

1 《延安總部命令第一號》（1945 年 8 月 10 日），載《中共中央文件選集》第十五冊，中共中央黨校出版社 1991 年版，第 217 頁。

2 重慶《中央日報》1945 年 8 月 16 日，轉引自中共重慶市委黨史研究室等編《重慶談判紀實》，重慶出版社 2016 年版，第 15 頁。

3 引自王掄楦《重慶談判期間的〈中央日報〉》，轉引自中共重慶市委黨史研究室等編《重慶談判紀實》，第 603 頁。

時局的宣言》，提出和平、民主、團結三大口號，以及解決時局問題的
六項要求，向全國人民公佈了中共的政治主張。

8月28日，毛澤東一行在軍委會政治部部長張治中和美國駐華大使赫
爾利陪同下，由延安飛抵重慶。毛澤東在機場發表的書面談話中表示，
「目前最迫切者，為保證國內和平，實施民主政治，鞏固國內團結」，
其他各項問題均應在此基礎上求得合理解決，以建設一個獨立、自由、
富強的新中國。[1] 當日，蔣介石在日記中寫道：「對毛澤東應召來渝後
之方針，決以誠摯待之。政治與軍事應整個解決，但對政治之要求，予
以極度之寬容。而對軍事則嚴格之統一，不稍遷就。」[2] 8月29日，中
共代表團到達重慶次日，蔣介石在日記中記載了他的談判意圖：「一、
不得以現在政府法統之外，來談改組政府問題，即其所謂召集黨派會議
討論國是，組織聯合政府也；二、不得分期或局部解決，必須現時整個
解決一切問題；三、歸結為政令、軍令之統一，一切問題必須以此為中
心也。」[3] 國民黨法西斯獨裁專制的政府「法統」，不容變動，當然不
可能有討論中共提出聯合政府的餘地；軍令、政令按蔣介石的原則「統
一」，中共的革命力量則被消滅。可見蔣介石也的確抱有用和平方式消
滅中共及其武裝的幻想。這就是為甚麼在談判過程中，蔣介石煞費苦心
地多次親自向毛澤東做勸說工作的原因。

這次重慶談判，名為毛澤東與蔣介石的談判，兩人有多次會見，
並為談判決定原則，但實際談判，中共派出代表為周恩來、王若飛，國
民黨代表為王世傑、張群、張治中、邵力子。國共最高級別的重慶談判

---

1 毛澤東：《在重慶飛機場向記者的談話》，原載 1945 年 8 月 29 日重慶《新華日報》，
　轉引自中共重慶市委黨史研究室等編《重慶談判紀實》，第 49 頁。
2 《蔣介石日記》1945 年 8 月 28 日，藏美國斯坦福大學胡佛研究所。
3 《蔣介石日記》1945 年 8 月 29 日，藏美國斯坦福大學胡佛研究所。又見《中華民國重
　要史料初編》第七編（三），第 34 頁。《史料初編》刪去「即其所謂召集黨派會議討論
　國是，組織聯合政府也」一句。

1945毛澤東與赫爾利在重慶機場

進行了40天，但雙方立場相距很遠，圍繞黨派會議、國民大會、憲法草案、對日受降等問題，在談判桌上展開了激烈的爭論，尤其是在解放區政權和軍隊改編兩大關鍵問題上，國民黨堅持不承認解放區政權合法，並極力壓縮中共軍隊改編的數量。雙方分歧的根本點在於，國民黨堅持「軍令政令必須統一」，實際就是堅持國民黨一黨專政，壟斷國家一切權力，而中共堅持雙方應平等協商，國民黨應該尊重中共和其他黨派的地位和參政權利。中共在談判中採取了有理、有利、有節的立場，在一些具體問題上做出了重要讓步，如主動提議從南方八個地區撤出自己的軍隊，以顯示誠意，爭取民心，但在解放區政權和保持一定數量軍隊這樣的原則問題上，中共絕不讓步。由於國民黨缺乏誠意，雙方在這兩個問題上始終未能達成一致。中共總結談判進程為：「蔣表面上對毛周王招待很好，在社會上造成政府力求團結的氣象。實際上對一切問題不放鬆削弱以致消滅我的方針，並利用全國人民害怕與反對內戰心理，利用

1945年毛澤東和蔣介石在重慶慶祝抗戰勝利

其合法地位與美國的支持與加強他（保障美國在遠東對蘇聯的有利地位），使用強大壓力，企圖迫我就範，特別抓緊軍隊國家化問題。因此在談話態度上只要求我們認識與承認他的法統及軍令政令的統一，而對我方則取一概否認的態度。」[1]

談判期間，毛澤東和周恩來廣泛會見了各界人士，如民主人士張瀾、黃炎培、沈鈞儒，實業家劉鴻生、吳蘊初、范旭東，國民黨高層領導人孫科、于右任，包括反共強硬派戴季陶、吳稚暉、白崇禧等，宣傳中共的政治主張，廣交朋友，使中共在政治上處於主動地位。

10月10日，國共雙方代表簽署了《會談紀要》，通稱「雙十協定」。紀要提出：以和平、民主、團結、統一為基礎，國共雙方長期合

---

1 《中央書記處關於和國民黨談判情況的通知》（1945 年 9 月 13 日），載《中共中央文件選集》第十五冊，第 277 頁。

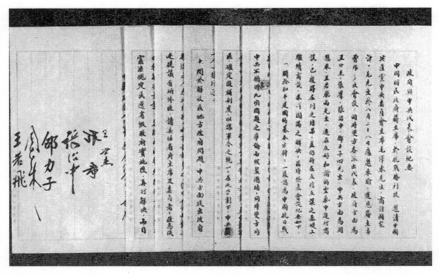

雙十協定

作，堅決避免內戰，建設獨立、自由和富強的新中國；召開政治協商會議，討論和平建國方案及國大、憲法等問題；保證人民各項自由；黨派平等合法；釋放政治犯；等等。關於改編中共軍隊及解放區政權問題，留待以後繼續商談。次日，毛澤東飛返延安。

「雙十協定」的意義不在於國共兩黨達成了甚麼妥協，主要在於通過國共兩黨最高領導人會見並發表公報，中共承認了國民黨和蔣介石的領導地位，國民黨也承認了中共及其軍隊的地位，雙方都可以從這樣的表述中獲得己方認可並需要的東西。但因為中共處於相對弱勢地位，而此次會談採取了雙方平等的形式，簽訂了正式協定，中共的地位被首肯。重慶談判是抗日戰爭勝利後中國政治生活中的一件大事，國民黨邀請中共前來談判事實本身已說明中共在中國政治中的重要地位，會談紀要確定的和平、民主、團結、統一的建國原則，也反映了全國人民一致的要求，應該說，重慶談判的舉行，是中共在政治上的一大勝利。毛澤

東的重慶之行，基本上收到了預期的效果，爭取了輿論的支持和同情，在政治上取得了主動。

重慶談判及其簽訂的「雙十協定」，給全國人民帶來了和平民主的希望。「雙十協定」一公佈，社會輿論立刻反映了這一點。西安《秦風日報 · 工商日報聯合版》發表社論說：「重慶談判，終於在和諧的空氣中，獲得了初步的成功。分裂內戰的陰霾可望由此掃清，和平建國的時代可望於茲開始，因而八年抗戰的鮮血也將不至於白流，這是中國民族的福音！這是中國人民的勝利！」[1]毛澤東在重慶最後會見蔣介石說，會談「很有收獲，主要是方針，確定了和平建國的路線，我們擁護」[2]。

「雙十協定」畢竟只是紙上的文字，現實是國民黨正在積極籌謀用武力消滅中共。毛澤東剛剛飛回延安，10月13日，蔣介石向各戰區長官發去密電，進行「剿共」動員，要求「務本以往抗戰之精神，遵照中正所訂《剿匪手本》，督勵所屬，努力進剿，迅速完成任務」[3]。為達成此目的，國民黨軍除在美國幫助下繼續向華北進行空運和海運外，主要是沿進入華北的各主要交通要道——平漢路、平綏路、津浦路、膠濟路向華北推進，從而在上述諸路及其周邊地區與正着力經營華北，並確保與在東北發展的中共武裝發生大規模衝突。

中共軍隊多位於敵後，處於有利位置，很快收復了大量敵佔區和中小城市，使解放區面積擴大到近百萬平方公里。根據形勢發展的需要，9月19日，中共中央發出「向北發展，向南防禦」的指示，調整部署，全力爭取東北，控制華北。這是一個對未來中國發展前途產生深遠影響的戰略方針，在這一方針指導下，中共從各根據地抽調10萬軍隊和2萬幹部

1 《欣聞團結談判初步成功》，轉引自中共重慶市委黨史研究室等編《重慶談判紀實》，第 333 頁。
2 胡喬木：《胡喬木回憶毛澤東》，人民出版社 1994 年版，第 422 頁。
3 中國人民解放軍總部編：《中國人民解放戰爭軍事文集》第一集，中國人民解放軍總部編印，1949 年，第 174—175 頁。

（包括20位中央委員和候補中央委員）迅速趕赴東北，並在很短的時間裏初步建立東北根據地，同時充實華北的力量，為自己建立一個十分有利的戰略地位。

遠處大後方的國民黨軍隊為了接收，或者需要通過解放區，或者要接收的已經是解放區，這就必然導致與解放區軍隊的衝突，引發內戰。國民黨軍隊以「接收」為名沿平漢、津浦、平綏等鐵路線向華北推進。中共則以「糾纏扭打的戰法」，部署在各鐵路沿線堅決阻擊國民黨軍隊的行動。10月底11月初，劉伯承、鄧小平指揮的晉冀魯豫野戰軍在冀南平漢路殲滅進犯國民黨軍2萬餘人，並爭取了8000人起義，取得自衞戰爭的重大勝利。與此同時，陳毅、粟裕指揮的山東野戰軍和華中野戰軍，聶榮臻指揮的晉察冀野戰軍，賀龍指揮的晉綏野戰軍和林彪指揮的東北民主聯軍也都在各自地區給予國民黨軍隊以有力打擊，迫使國民黨為其進攻付出了高昂代價。

戰後形勢造成國內民主呼聲高漲，加上美國的壓力，迫使國民黨不得不同意以召開政協為緩衝，以暫時緩和國內矛盾，同時以政協促成國民大會及早召開，仍以國民黨為主導實行制憲。11月2日，國民黨中央黨政軍聯席會議最高小組舉行會議，檢討局勢，認為應「一面與中共繼續商談，一面就政治及宣傳方面作若干措施，以擊破中共假藉民主企圖割據之陰謀」。他們提出發動宣傳攻勢，催促中共速派代表召開政協，以此爭取社會輿論，得到蔣介石之首肯。[1]

12月1日，昆明西南聯大學生因為反對內戰遭到國民黨軍警鎮壓，導致4人死亡的慘案，激起全國各界的抗議浪潮。國際上，美英蘇三大國均表示支持中國和平解決內爭，美國還在12月派出參加過第二次世界大戰的著名將領馬歇爾來華調停國共衝突。在這樣的形勢下，國民黨不得不

---

1 《蔣中正總統檔案·革命文獻·戡亂時期（國共協商與共軍叛亂）》下第 3 冊，（台北）「國史館」，第 355—356 頁。

同意先停戰，召開政治協商會議，解決各項未決問題。

1946年1月10日，國共雙方下達停戰令，停止一切戰鬥行動和軍事調動，同時由國共美三方在北平組成軍事調處執行部，負責監督停戰令的實施。13日午夜，停戰令生效，一度激烈的槍炮聲總算是暫時停止了。

1月10日，政治協商會議在重慶開幕，國民黨、共產黨、民主同盟、青年黨和無黨派人士共38名代表出席會議。蔣介石在會議開幕詞中承諾：保障人民自由，黨派合法，實行普選，釋放政治犯。周恩來在發言中表示希望各黨代表和社會賢達，對人民負責，對國家負責，一定要使這個會議的歷史任務達到成功。要在共同綱領的基礎之上，實現各黨各派、無黨無派代表人士合作的舉國一致的政府。

政治協商會議討論了關係中國發展前途而又亟待解決的各項問題，如建國綱領、改組政府、國民大會、憲法草案等。國共雙方在這些問題上各有自己的主張，分歧的焦點在於，國民黨強調軍隊國家化，企圖壓迫中共交出軍隊，繼續維持一黨專政統治；而中共堅持政治民主化，要求改組一黨獨佔政府，保障人民合法權利不受侵犯。國民黨極力拉攏青年黨，中共則爭取了民盟的支持。1月31日，政協會議閉幕。經過會上會下的談判協商，政協最後通過了五項協議。其中，《和平建國綱領》聲明：建設統一、自由、民主之新中國，實現政治民主化，軍隊國家化，黨派平等合法，人民享有各項自由，實行地方自治。其他協議規定：改組政府，延引各黨派人士參加；將全國軍隊統一整編為60個師，實行軍隊國家化；增加各黨派和各地區的國大代表；憲法實行三權分立原則，實行國會制、責任內閣制和地方自治。在當時情況下，這些協議有利於中國的民主進步，符合全國民眾渴望和平建設的要求，對國民黨一黨專政統治是強有力的衝擊，為中國開闢了一條新的發展道路。政協協議的達成，是戰後中共和平民主主張的一大勝利。蔣介石「代表政府先行聲明，政府必然十分尊重，一俟完成規定手續以後，即當分別照案

實行」[1]。周恩來在政協閉幕式上講話時說：「中國共產黨願意擁護這些協議，並保證為這些協議的全部實現，不分地區，不分黨派地努力奮鬥。」[2]

政協會議結束後，國共雙方代表又在2月9日達成恢復交通的協議，25日達成整編軍隊的協議，因政協會議而出現的國內和平氣氛達到最高峰。內戰確實在一個短時期內停止了，各黨派和社會輿論對於中國未來的發展前景都表示了樂觀的態度。中共對於國內和平局面的出現也寄予了很大希望，稱之為「和平民主新階段」，提出了參加政府、和平鬥爭的可能。歷史似乎為中國提供了一個不同於以往的、走民主政治道路的可能性。

現實再一次粉碎了人們的希望。國民黨雖然參加了政協會議，也在協議上簽了字，但它長期醉心於一黨專政統治，根本不願走各黨合作建國之路。尤其是國民黨內頑固派對政協協議極為不滿，認為是國民黨的失敗，在黨內掀起反對聲浪。而國民黨最高領袖蔣介石實際支持頑固派的舉動，他「尊重」政協協議的話言猶在耳，便在與黨內高級幹部的祕密談話中提出，政協協議不合國民黨的要求，應予修改。3月，國民黨舉行六屆二中全會，黨內頑固派在蔣的默認下，大肆攻擊政協協議，結果會議決議推翻了政協協議關於修改憲法的原則，並為改組政府設置了障礙。蔣在會後公然聲稱，政協不是制憲會議，政協協議不能代替約法。六屆二中全會標誌着國民黨政策的重要轉變，國內原先的樂觀與和平氣氛蕩然無存，貫徹政協協議的行動實際停頓，國內形勢趨於惡化。與國民黨政策的變化相適應，國民黨一方面在東北挑起戰爭，大打出手，一方面在關內進行戰爭準備。國民黨軍事整編會議進行內戰動員。

---

1 蔣介石在政協會議閉幕式上的閉幕詞，載重慶市政協文史資料委員會等編《政治協商會議紀實》（上），重慶出版社 2016 年版，第 307 頁。
2 《中國共產黨代表周恩來在政協會議閉幕式上致辭》，載重慶市政協文史資料委員會等編《政治協商會議紀實》（上），第 310 頁。

針對國民黨的舉動，中共不能不相應改變自己的政策。3月以後，中共一面繼續與國民黨談判，爭取輿論支持，另一方面準備以自衛戰爭反擊國民黨進攻。中共中央連續發出指示，以練兵、減租、生產作為三大任務，要求各根據地做好充分準備，粉碎國民黨軍的進攻，爭取人民解放戰爭的勝利。練兵是直接的軍事準備，減租是反對國民黨的政治動員，可以爭取中國最廣大人口的農民對中共的支持，生產是為了提供未來戰爭的物質基礎。經過幾個月的思想動員與物質準備，中共對於未來形勢的變化有了充分的準備，使自己立於不敗之地。

二、民主黨派的調解和第三條道路的終結

在戰後國共兩黨就中國前途展開和平談判、政治協商博弈過程中，中間黨派即所謂第三方面，也很活躍。所謂第三方面，就是處於國共兩黨之外的民主黨派，包括中國青年黨、民主社會黨、中國民主同盟、民主建國會、民主促進會、九三學社等。這些民主黨派不掌握軍隊，他們多半反映工商界和知識界的意見，主張中國走第三條道路。他們大多不滿意國民黨，對共產黨也有疑慮。第三方面關注國家政治經濟形勢的走向，在國內形勢嚴峻的時候，在國共兩黨鬥爭激烈的時候，他們往往站出來發表意見，關心國是。抗戰期間發生皖南事變，民主黨派很活躍，他們表達了批評國民黨的聲音。1944年日本發動一號作戰，國民黨軍隊正面戰場一片潰敗，引起工商界和知識界人士對國民黨前途的懷疑、對共產黨的靠近。國共兩黨都希望在政爭中得到中間黨派的支持。民主黨派一般希望在中國實現民主政治，有的黨派主張中國實行社會主義。

抗戰勝利，國內出現和平氣氛，人民盼望和平。中間黨派努力以和平方式調和國共關係，在美、蘇、國、共相爭中保持中立。民主同盟表示它是一個中立性的民主集團，在中國兩大政黨對峙局面中，「保持不偏不倚的謹嚴態度，不苟同亦不立異，以期達到國家的和平、統一、團

結、民主」[1]。民社黨的張東蓀認為「中國必須於內政上建立一個資本主義與共產主義中間的政治制度」，「即採取民主主義而不要資本主義，同時採取社會主義而不要無產階級的革命」[2]。這些都是中間黨派及其領袖人物的主觀願望，是難以成為社會主流意志的。決定社會走向的是大多數人民的意志，是符合大多數人民意志的政黨的實力和努力。

第三方面積極呼籲和平，呼籲國共團結，希望國民黨當局「要在黨派會議上解決國內一切問題」[3]，「希望國共兩黨軍隊趕快停止各地足以促成大規模內戰的一切摩擦；並即刻召開黨派會議，從事團結商談，以使內部的政治糾紛能迅速而徹底的得到總解決」[4]。這種輿論力量也是蔣介石決定重慶談判的因素。戰後進行的國共談判，為第三方面的活動提供機會。談判過程中，民主黨派積極與國共雙方代表接觸，隨時了解談判進展，及時在報刊發表評論。第三方面的這些活動對談判雙方有一定的輿論影響力。由於中共在與民主黨派接觸中積極介紹自己的主張，表示可以採納民主同盟的建議，民主同盟認為中共態度很公道，政府應當採納。談判中，國民黨軍隊在上黨地區對共產黨軍隊發動軍事進攻，第三方面人士鼓勵中共「當堅持的，一定要堅持，好為中國保存一些乾淨土！」[5]不過第三方面對於中共要求48個師的軍隊也有不滿。當中共在談判中讓步多，民主黨派倒也不同意，一致認為中共代表團「不能再有讓步，若再讓步不僅是中共的損失，且將是全國民主力量的損失，其他民主黨派及地方實力派亦將同感威脅」。有的甚至認為中共應堅持此前關

1 《中國民主同盟臨時全國代表大會政治報告》（1945 年 10 月 11 日），載《中國民主同盟歷史文獻（1941—1949）》，文史資料出版社 1983 年版，第 87 頁。
2 張東蓀：《一個中間性的政治路線》（1946 年 5 月 22 日），《再生》第 118 期。
3 張瀾：《與邵力子談出席國民參政會問題》（1945 年 7 月 8 日），載《張瀾文集》上冊，群言出版社 2014 年版，第 240 頁。
4 《中國民主同盟主席張瀾對抗戰勝利結束後發表談話》（1945 年 8 月 12 日），載《中國民主同盟歷史文獻（1941—1949）》，第 59 頁。
5 逄先知主編：《毛澤東年譜》下卷，中央文獻出版社、人民出版社 1993 年版，第 25 頁；《重慶談判紀實》，第 442—444 頁。

於立即結束黨治，成立聯合政府的主張。[1]民主同盟主席張瀾曾向毛澤東建議：「蔣介石無信義，國共談判應有第三者參加」[2]；當談判陷入僵局時，第三方面建議由各黨派參加的政治會議來代替現在的兩黨談判。這些對促成談判取得成功起過一定作用。

「雙十協定」墨跡未乾，蔣介石就下達剿共密令，中共也看到軍事衝突在所難免。第三方面立即發表聲明呼籲停止衝突，召開有各黨派參加的政治協商會議。他們認為「老百姓最大的憂慮是內戰。假使因為有了這個會議，國共兩黨真能用桌面上的談判，代替戰場上的勝負，那麼，這個會議還有他的價值」[3]。1946年1月召開的政治協商會議與第三方面的推動不無關係。第三方面利用國共雙方的矛盾，登上政治協商會議的舞台，成為一股政治力量，直接參與國共之間的鬥爭，並發揮作用。政協通過了《共同綱領》，取得了積極成果，中共對於政協決議是比較滿意的。同時，通過政治協商會議，中共與第三方面的友誼加深了。總體上看，在政協會議上，第三方面與中共的聯合較多，特別是民盟與中共的合作。政協決議事實上在政治上狠狠地打擊了國民黨政權，國民黨對政協決議十分不滿。

政協閉幕後，東北問題突出出來。東北問題涉及美、蘇、國、共三國四方重大利益衝突，在調和東北衝突過程中，中間黨派多次提出解決方案，爭取東北停戰與和平。由於美蘇衝突，也由於國民黨當局堅持要把中共勢力驅逐出東北，第三方面的調和努力未能奏效。

當國共兩黨發生爭執的時候，民主黨派可以發揮一定作用。當內戰爆發，武器的批判代替批判的武器，完全不掌握武器的第三方面就無能

---

1 引自楊奎松《失去的機會？——戰時國共談判實錄》，廣西師範大學出版社 1992 年版，第 215 頁。
2 崔宗復編：《張瀾先生年譜》，重慶出版社 1985 年版，第 108 頁。
3 《中國民主同盟臨時全國代表大會政治報告》（1945 年 10 月 11 日），載《中國民主同盟歷史文獻（1941—1949）》，第 79 頁。

為力了。不掌握武器就沒有政治地位，就沒有發言權。重慶談判期間，毛澤東對國社黨蔣勻田說：「老實說，沒有我們這幾十萬條破槍，我們固然不能生存，你們也無人理睬。」[1] 內戰爆發，第三方面難以在調停方面發揮作用。第三方面面對二選一局面，內部分裂，重新站隊，民盟更傾向中共。民盟主張貫徹政協決議，反對召開國大，1947年10月國民黨當局以「勾結共匪，參加叛亂」為由宣佈民盟為「非法團體」。民建、民進、九三學社等中間黨派也採取了與民盟相同的政治立場。青年黨、民社黨則倒向國民黨一邊。

周恩來後來說：「由於歷史的發展，武裝鬥爭成為主要形式。到了大革命後，就只有兩個全國性大黨，經過二十多年的鬥爭和戰爭，一天天證明中間道路即第三條道路已成為不可能。」[2] 這是近代中國歷史的結論。

---

1 蔣勻田：《中國近代史轉捩點》，轉引自汪朝光《1945—1949：國共政爭與中國命運》，社會科學文獻出版社 2010 年版，第 422 頁。
2 周恩來：《關於當前民主黨派工作的意見》（1948 年 1 月），載《周恩來選集》上卷，人民出版社 1980 年版，第 283 頁。

中美、中蘇關係的變化

　　太平洋戰爭後，中國加入同盟國陣營，美、英為了支持中國堅持抗日戰爭，廢除了《辛丑條約》等嚴重壓迫與束縛中國獨立與發展的不平等條約體系。中國參與發起了戰後最重要的國際組織——聯合國，成為聯合國的創始國和安全理事會擁有否決權的常任理事國，躋身世界五強之列；中國還成為若干國際組織的發起國和重要成員；中國與中小國家尤其是周邊國家的關係有所發展。

　　戰後中國畢竟仍是一個弱國，雖是聯合國安理會的常任理事國，但只能以配角身份參加戰後的國際外交活動。1945年2月，美、蘇、英三國在雅爾塔討論涉及中國權益的戰後安排，完全把中國排除在外，而雅爾塔祕密協定決定維持外蒙古現狀（即外蒙古獨立）、大連商港國際化、設立中蘇合營公司共管中東鐵路和南滿鐵路，甚至還包括蘇聯政府與中國簽訂一項友好同盟條約，要求美國總統羅斯福促使蔣介石同意蘇聯的條件等，體現了國際政治遊戲中講求實力的原則。美國為了拉蘇聯參加對日作戰以減少美國的犧牲，不惜損害中國的權益。美國對雅爾塔祕密協定是滿意的。1945年8月簽訂的《中蘇友好同盟條約》基本上落實了雅爾塔祕密協定的內容，中國政府承認外蒙古獨立、承認中蘇共管中國長春鐵路、旅順作為海軍基地由中蘇兩國共同使用，大連劃入旅順軍事區等，蘇聯承諾對中國的物質援助完全供給中國中央政府、尊重中國對東三省的主權，不干涉中國內政等。以蔣介石為首的國民政府為了爭取蘇聯壓制中共力量，不惜在涉及中國重大權益上讓步。簽約後，美、蘇和

中國政府居然都對這個條約表示滿意。[1]美國、蘇聯在對中國以及中國國內國共鬥爭問題上暫時取得了一致，其中扶蔣限共是一個基本點。

根據「雅爾塔協定」，中國在中蘇條約談判中，承認了外蒙古獨立的現實，並規定了外蒙古以公民投票方式實現獨立的途徑。1945年10月20日，外蒙古舉行決定是否獨立的公民投票，凡年滿18歲的公民均有權參加，採用公開記名簽字的方法投票。據公佈，在有資格參加投票的49萬人中，有48萬人參加投票，百分之百同意外蒙古獨立。由中國內政部次長雷法章率領有蒙藏委員會、軍政部和內政部官員組成的代表團，在外蒙古觀察了此次投票過程。在大國強權外交的壓迫下，外蒙古獨立的事實在「雅爾塔協定」之後已經無法由貧弱的中國改變了。11月15日，中國外交部長王世傑收到蒙古人民共和國總理兼外交部長喬巴山的電文，通告蒙古人民共和國代表會議主席團11月12日關於蒙古獨立之決議案及關於蒙古獨立之公民投票的結果，以此作為中國政府承認蒙古獨立之正式文件。12月10日，國民黨第六屆中常會第十六次會議決定承認外蒙古獨立。1946年1月5日，國民政府發表公告，根據國防最高委員會之審議結果，決定承認外蒙古獨立。2月，蒙古人民共和國副總理蘇倫札布率代表團訪問重慶，完成了中國承認外蒙古獨立的最後手續，雙方並商定建立外交關係，互派公使。

戰後世界上形成了美、蘇兩強對峙的格局。在中國國內則是國共對峙。戰後中國外交，主要是對美和對蘇外交，美、蘇分別支持中國國內政治鬥爭的對立雙方——國共兩黨，因此對美對蘇外交不是單純的外交

---

1 參見陶文釗《中美關係史》上卷，上海人民出版社 2004 年版，第 284 頁。雖然雅爾塔祕密協定和《中蘇同盟友好條約》簽訂後受到美國一些親蔣反共人士的嚴厲批評，認為是羅斯福總統「簽署的最無必要、最丟人和最具潛在災難的文件」，但是陶文釗指出，羅斯福「與斯大林達成這個協定是羅斯福經過深思熟慮後採取的行動，協定的醞釀由來已久」。見《1945 年中美蘇關係的一幕》，參見陶文釗《探尋中美關係的奧祕》，中國社會科學出版社 2014 年版，第 107—108 頁。

關係，而與中國國內政治有着密不可分的糾葛與牽涉。英國和法國雖同為五強之一，但因戰爭所致實力下降和戰後國內經濟重建所牽制，除了在一些關係兩國實際利益的問題（如香港和越南問題）方面與中國有過爭執外，對中國外交的影響力明顯減弱。戰前影響中國外交的關鍵國家之一日本，因為戰敗投降而退出中國外交的重點行列，成為中國應予處置的對象。中國與周邊國家的關係在戰後較戰前密切，與其他邦交國則維持着正常的國家關係。

出於對日戰爭的需要，抗日戰爭末期，美國向延安派出了軍事觀察組，參加軍事觀察組的美國國務院和軍方人士，對中共領導人的能力和抗戰表現頗為肯定，認為戰後國共應組成聯合政府，中國統一不一定非要統一在蔣介石手裏。但是調解國共關係的特使赫爾利，卻依據羅斯福的指示堅定支持了蔣介石，否定了軍事觀察組的見解，拋棄了扶蔣限共政策，形成了親蔣反共的政策和立場。在國共重慶談判、政治協商會議以及國共衝突調處過程中，無論是赫爾利，還是馬歇爾，他們的政治立場都站到了親蔣反共一邊，導致調停失敗。

戰後東北問題的處理，成為中國政府對美、蘇交涉的核心。關注東北問題也就成為美、蘇在中國競爭的焦點。蘇軍消滅日本關東軍，佔領全東北。《中蘇友好同盟條約》簽訂成為蘇軍佔領東北的根據，同時蘇聯又拒絕美國勢力進入東北。抗戰結束，國共雙方都認識到取得東北對於未來中國的重要性。國共雙方都希望自己先進入東北。誰掌握了東北，誰就掌握了未來國家的生命線。華北是中共的敵後抗日根據地，中共軍隊進入東北較易。國民黨軍隊遠在大後方，他們希望美國出面把軍隊運到東北。這就形成了美、蘇、中三國四方在東北的爭奪與較量。中共部隊由於地緣因素搶先進入東北，並被東北蘇軍允許以「東北人民自治軍」名義維持瀋陽一帶的社會治安。中共部隊的進入實際上打破了中蘇條約必須把東北交給國民政府的約束。當蘇軍得知美艦運送的國民黨軍隊在大連登陸，認為美國插手東北違反中蘇條約規定，予以反對，後

雖同意美艦在營口和葫蘆島登陸，卻事先將這兩個港口交給中共部隊，並且允許中共部隊在東北適當發展。在蘇軍幫助下，中共在東北獲得了較快發展。因此，蘇、美在東北的利益衝突越來越大，美、蔣、蘇三方關係在東北越來越複雜，這也給中共提供了發展的良機。從1945年10月開始的中蘇經濟合作談判，到1946年3月破裂，美、蔣聯合抗蘇是基本因素。美國政策是扶蔣、打共、反蘇，蔣則是聯美、反共、抗蘇。中共在中、美、蘇交涉中雖未出場，卻是三方衡量彼此利益的重要因素。在這種形勢下，蘇聯必然接近中共，中共必然聯蘇、反蔣、中立美。

當中蘇經濟合作談判破裂時，中美商約談判卻在順利進行。大戰結束後，美國成為世界頭號經濟大國，中國戰後面臨着艱巨的復興重建工作，國民黨發動內戰也希望得到美元資助。在這樣的背景下，1946年2月，中美雙方在重慶開始了商約談判。中美商約談判是中國與外國廢除不平等條約後進行的第一次新商約談判，其結果不僅將界定中美兩國的經濟關係，而且將成為中國今後與其他國家簽訂類似條約的範本與參照。美國為適應戰後美國向全球經濟擴張需要，要求中國完全開放市場。國民黨執政地位極不穩固，經濟形勢日漸惡化，不得不依賴美國政治經濟全方位的支持，因此在中美商約談判中始終均處於弱勢與不利的地位。為了壓迫中方接受提案，美國還有意無意地將中美商約談判與美國兌換貸款等經濟援助問題相聯繫，認為蔣介石應為美國的政治經濟支持付出代價。國民黨只能被迫做出重大讓步。

11月4日《中美友好通商航海條約》在南京簽訂。該約主要內容可以概括為兩條：一、締約雙方國民在彼方領土內居住、旅行、經商、金融、科學、教育、宗教及慈善事業，購置動產，進出口關稅等方面，彼此享有國民待遇；二、締約雙方在進口關稅、採礦、內河及沿海行船與

通商、購置不動產等方面，彼此享有最惠國待遇。[1] 就條約文本而言，中美商約是一個平等條約，其中所有規定對於雙方都是平等和互惠的。學者研究認為《中美友好通商航海條約》「幾乎是中國單方面全面向美國開放，是一個形式上平等、實質上不平等的條約」，公佈後受到國內輿論的廣泛批評，認為19世紀的門戶開放，是利益均沾，今天的門戶開放，是美國利益獨佔。表面上是互惠，實際上是單惠。[2] 還有學者認為，它是一個形式上對等而實質上並不對等的條約。它在政治性質上是平等的，而在經濟實踐中是絕對不平等的，認為這應該是一個有害的條約。[3]

除了中美商約之外，中美兩國還簽訂並交換了一系列條約、協定和換文，由此界定了美國與國民政府之間的特殊關係，保證了美國在中國享有政治、經濟、軍事、文化等各方面的絕對優勢和特殊地位。

中美商約談判成功，表明美國已經把反蘇、反共的關係用法律形式固定下來。中共看到美蔣完全站到一起，中國將陷入內戰危機，聲明不承認這一條約，把反蔣與反美聯繫起來。有學者研究認為，這是「國民黨先於中共實行了『一邊倒』的政策」，即國民黨政府實行了對美外交「一邊倒」[4]。這就決定了在美蘇對抗的世界格局下，中共此後實行對蘇聯「一邊倒」是難以避免的了。

有學者指出：「戰後的頭二三年，國民黨對美國的依賴較中共對蘇聯的依賴為大。當馬歇爾調解國共衝突失敗、美國減少對華事務的干預

---

1 參見王鐵崖《中外舊約章彙編》第 3 冊，生活 · 讀書 · 新知三聯書店 1957 年版，第 1429—1451 頁。

2 陶文釗：《1946 年中美商約：戰後美國對華政策中經濟因素個案研究》，《近代史研究》1993 年第 2 期。

3 王建朗：《中國廢除不平等條約的歷程》，第 359 頁。王建朗引用了參與起草《公司法》的立法委員馬寅初當時的評論：這是「少數人不惜以全國老百姓的權益向美國交換精銳的武器來殺同胞，與美國訂立喪權辱國的所謂《中美友好商約》，以壓倒我國的民族工業，忍心害理，莫此為甚，此而可忍，孰不可忍」。見馬寅初《急起直救》，重慶《新華日報》1947 年 1 月 11 日。

4 參見薛銜天《戰後東北問題與中蘇關係走向》，《近代史研究》1996 年第 1 期。

時，國民黨頓失所依；而蘇俄眼見中共勢力發展迅速，由限制中共擴張轉而支持中共擴張，使國共鬥爭的後援力量此消彼長。」[1] 這一看法不無道理。

1 張玉法：《中華民國史稿》，（台北）聯經事業出版公司 1998 年版，第 430 頁。

國民黨挑起戰爭
全面內戰的爆發

　　由於停戰令的發佈和馬歇爾調停[1] 的作用，1946年上半年，關內的戰爭基本上停止了，然而在關外，由於國民黨堅持所謂「接收」權，並派大軍出關，與已經建立了根據地的東北民主聯軍發生大規模衝突，從而打破了國內局勢的暫時平靜，並最終導致全面內戰的爆發。

　　國民黨在戰後接收東北的企圖由於中共在東北力量的迅速發展一直未能如願，但東北的重要戰略地位又使國民黨不能輕易放棄。1月發佈的停戰令，由於國民黨的堅持，將東北排除在外，國民黨以「接收」東北主權為藉口，拒絕與中共談判東北問題。1945年10月中旬，國民黨接收東北大員熊式輝、蔣經國等組成東北行營來到長春，此時中共在東北的最高指揮機關東北局已經在瀋陽工作一個月了。國民黨在東北尚無一兵一卒，中共在東北已經部署了好幾萬部隊。國民黨接收大員姍姍來遲，與中共爭奪東北的迅捷恰成鮮明對比，國民黨接收東北的前景很不樂觀。[2] 蘇聯不允許國民黨軍隊在大連登陸，給蔣介石快速佔領東北的企圖帶來困難。國民黨依靠蘇聯接收東北的企圖受挫，東北行營在長春無可

1　抗戰勝利後，國共之間由於受降權和受降地區問題發生軍事衝突，美國總統杜魯門擔心中國發生內戰，影響美國在華利益，任命參謀總長馬歇爾為特使，來中國調處國共衝突。馬歇爾來華後，成立張群（國民黨代表）、周恩來（共產黨代表）和馬歇爾三人小組，為了召開政治協商會議，張群和周恩來簽署了停戰命令。三人小組成立軍事調處執行部來執行停戰協定。由於國民黨政府發動內戰，美國對蔣介石政府的支持與援助，1947年1月8日，馬歇爾離華返美，隨後三人小組和軍事調處執行部解散，調處以失敗告終。
2　參見汪朝光《和與戰的抉擇──戰後國民黨的東北決策》，中國人民大學出版社2016年版，第27─28頁。

作為，不得不於11月中撤回關內。東北蘇軍總司令馬林諾夫斯基向延安表示，在蘇軍撤退前，國共軍隊均不得進入東北；蘇軍撤退後，中國軍隊進入東北由中國自行解決，蘇聯不干涉中國內政。在中共看來，蘇軍不反對中共軍隊進入。到12月底，進入東北並在東北擴軍的部隊已接近27萬，遠遠超出了國民黨方面的估計。1946年1月，東北人民自治軍改稱東北民主聯軍，林彪任總司令，彭真任第一政委。這時候，進入東北的國民黨軍只有兩個軍，顯得捉襟見肘。

3月13日，蘇軍全部撤出瀋陽，當天國民黨軍進入瀋陽，隨後以瀋陽為中心，向外擴張，相繼佔領撫順、鞍山、營口等地。中共對於國民黨的戰爭威脅採取了針鋒相對、寸土必爭的策略。3月中旬以後，中共中央指示東北局，堅決反擊國民黨的進攻，「我軍必須阻止蔣軍於四平街以南，並給以嚴重打擊，方有利於今後之談判」。東北局為此決定，全力阻止國民黨軍沿長春鐵路北上，打擊國民黨軍的氣焰。3月18日，東北民主聯軍佔領四平，切斷了國民黨軍北上通道。隨後，又於4月18日佔領長春，28日佔領哈爾濱，整個北滿已為東北民主聯軍控制。國民黨為此感到顏面盡失，惱羞成怒，下決心在東北大打。4月1日，蔣介石在國民參政會上公開聲稱：「軍事衝突的調處，只在不影響政府接收主權，行使國家行政權力的前提下進行」，「東北九省在主權的接收沒有完成以前，沒有甚麼內政問題可言」[1]。此言一出，無異在東北宣戰，表明蔣已決心在東北動武。張嘉璈在日記中寫道：「東北問題除國共兩方武力決鬥之外，別無解決之道。」[2]

從3月下旬開始，國民黨軍向東北民主聯軍發動大規模攻勢，以長春鐵路上的四平和瀋安鐵路上的本溪為攻擊重點，此兩地也是進入中共北

---

1 中國第二歷史檔案館編：《中華民國史檔案資料彙編》第五輯第三編「政治」（二），第45、43頁。
2 張嘉璈：《東北接收交涉日記》，1946年4月15日。

滿和南滿根據地的咽喉要道。中共為保衛東北根據地，策應全國政治談判，決定集中東北主力，抗擊國民黨軍的進攻。雙方動員兵力多，戰況激烈，為抗戰勝利以後國共戰史上所少有。

4月初，國民黨新6軍和第52軍兩次攻擊本溪均告失利，國民黨東北保安司令長官杜聿明決定，首先集中兵力，攻下本溪，然後再轉攻四平。當月底，國民黨軍以優勢兵力，三面攻向本溪。東北民主聯軍在久戰疲勞的情況下仍進行了頑強抵抗，但終因實力對比懸殊而處於不利境地，5月3日主動撤離本溪。

自4月中旬起，全部美械裝備的國民黨新1軍開始全力攻擊四平，攻擊持續10餘天，均因守軍的頑強抗擊而毫無進展，戰局陷於停滯，國民黨將領為此沮喪不已。直到國民黨軍攻下本溪，杜聿明才得以調集援軍北上，集中了3個美械軍10餘萬兵力，採取中央突破，兩翼包抄戰法，自5月中旬開始，再度猛攻四平。由於國民黨軍無論兵力還是火力都居於絕對優勢，而且兩翼包抄威脅到守軍退路，東北民主聯軍經一個月苦戰，部隊疲勞，傷亡較大，決定撤出四平。5月19日，國民黨軍進入四平，並繼續沿鐵路北進，23日佔領長春，28日佔領永吉（今吉林市），月底進至松花江南岸，與東北民主聯軍隔江對峙。

國民黨軍在對東北的進攻中遭到很大損失，需要進行一定的休整，也由於全國民眾和輿論強烈反對內戰的呼聲，國民黨被迫同意自6月7日起在東北停戰15天，期滿後又同意延長至6月底，東北戰火暫時得以平息。但東北停戰並不意味着內戰危機過去，相反，東北衝突極大地惡化了全國政治氣氛。國民黨由於在東北的暫時得手，自認為可以在短時期內通過軍事手段解決中共問題，因此加緊在關內作戰的部署，同時在國共談判中提出越來越苛刻的條件，企圖以戰迫和。中共則認為全國和平局面已被國民黨破壞，因此堅持以自衛戰爭反擊國民黨的進攻，同時在談判桌上絕不退讓，並揭露國民黨的戰爭企圖。政協會議後一度出現的和平氣氛因東北戰火幾近蕩然無存，大規模的全國內戰已很難避免，從

這個意義上說，東北衝突是全國內戰的導火線。

國民黨敢於打內戰，是因為他們自恃有資本。當時國民黨有軍隊400餘萬人，數倍於中共，國民黨佔有全國75%以上的地區和城市，70%以上的人口，並在戰後接收了大量日偽物資，得到相當數量的美援支持，在物質基礎上達到了其取得政權以來的最高峰。從6月開始，國民黨出動了158萬正規軍、52萬非正規軍及22萬特種部隊，在海空軍支援下，先後對中共中原、華東、晉冀魯豫、華北、東北等根據地發動全面進攻，聲稱3至6個月內消滅中共武裝。

中共面臨的形勢是嚴峻的。中共總兵力只有120餘萬人，其中野戰部隊不過60萬人，所佔地區多為鄉村及中小城市，缺乏交通聯繫。但是，經過多年的戰爭鍛煉，中共的實力已經有了很大增長。中共有一條適合中國國情的政治路線即新民主主義革命路線，有一套組織嚴密的黨政機構，有一個團結高效的領導班子，因此中共並不畏懼國民黨的進攻，相反自信可以在政治上團結大多數，在軍事上打退國民黨的進攻，從而實現推翻國民黨統治，建立新民主主義新中國的政治理想。7月20日，中共中央發出《以自衛戰爭粉碎蔣介石的進攻》的指示，分析了國內形勢，指出國民黨「人心不順，士氣不高，經濟困難」，中共則「人心歸向，士氣高漲，經濟亦有辦法。因此，我們是能夠戰勝蔣介石的。全黨對此應當有充分的信心」[1]。毛澤東在和美國友人安娜·路易斯·斯特朗的談話中提出了「一切反動派都是紙老虎」，「真正強大的力量不是屬於反動派，而是屬於人民」[2]的著名論斷。這些都為中共全黨全軍進行了有力的思想動員。為了取得戰爭的勝利，中共提出了一系列行之有效的路線、方針和政策。政治上，放手發動群眾，依靠工農力量，團結中間力

---

1 毛澤東：《以自衛戰爭粉碎蔣介石的進攻》（1946年7月20日），載《毛澤東選集》第四卷，第1187頁。

2 毛澤東：《和美國記者安娜·路易斯·斯特朗的談話》（1946年8月6日），載《毛澤東選集》第四卷，第1195頁。

量，爭取一切支持者，發展最廣泛的反蔣統一戰線，孤立國民黨。經濟上，自力更生，艱苦奮鬥，發展生產，厲行節約。軍事上，集中優勢兵力，各個殲滅敵人，打運動戰，殲滅戰，速決戰，以殲敵有生力量為主，不計較一城一地的得失。總之，在戰略上藐視敵人，在戰術上重視敵人，確保人民解放戰爭的勝利。

全面內戰的起點是中原。中原解放區地處以鄂北宣化店為中心的鄂豫兩省交界處，與中共其他根據地相距較遠，處境孤立。國民黨調動了30多萬兵力，四面包圍，企圖尋機一舉消滅中共武裝。6月下旬，隨着國內形勢日漸緊張，國民黨的戰爭行動迫在眉睫，中共中央指示中原部隊立即突圍。6月26日，在國民黨軍隊打響進攻槍聲的同時，中原部隊由李先念、王震和王樹聲等率領分路向西突圍，並以皮定均率一旅向東牽制國民黨軍。三路部隊的突然行動，打亂了國民黨軍的部署，部隊在幾天內便衝出了國民黨軍的包圍圈，其後邊打邊走，到7月底全部突出圍追堵截的國民黨軍重圍，轉入外線。中原突圍的成功，使國民黨圍殲計劃落空，大量兵力被牽制，負責中原「圍剿」的鄭州綏靖公署主任劉峙只得捱蔣介石一頓訓斥。

以中原戰事為起點，國民黨軍對中共各根據地發動了全面進攻，華東戰場為重點之一。

華東戰場分為蘇北與山東兩地。蘇北緊鄰國民黨政權統治中心南京—上海地區，直接威脅國民黨的統治中樞。山東是華北與華東之間的聯繫要衝，也是中共在華東最重要的根據地。國民黨在華東地區不惜血本，投入21個軍58個師46萬人的重兵，由南向北，由西向東進攻，目標是圍殲華東中共部隊，或將中共部隊趕至山東，再行決戰。

華東中共部隊分為山東野戰軍和華中野戰軍兩部分，統一受以陳毅為司令員的新四軍兼山東軍區指揮。戰爭開始後，粟裕指揮的華中野戰軍首先在蘇中主動出擊，先發制人，自7月中旬至8月底，連續作戰，七戰七捷，殲滅國民黨軍6個旅5萬餘人，打擊了國民黨軍的進攻氣焰。華

中野戰軍無論兵力還是裝備遠不及國民黨軍，之所以能七戰七捷，主要是利用內線作戰的有利條件，以運動戰為主，每戰集中優勢兵力，這些成功經驗受到中共中央和毛澤東的高度重視和評價，並成為解放戰爭初期的典範戰例。

9月19日，國民黨軍趁華野、山野主力未及時趕到之機，佔領了中共蘇北根據地中心城市之一的淮陰。山野、華野在陳毅指揮下，一方面在蘇北繼續作戰，尋找有利的殲敵之機，另一方面以節節防禦態勢，準備逐步轉移至山東。12月中旬，山野和華野合作，在蘇北宿遷以北包圍國民黨軍第69師，經5日激戰，殲其3個旅2萬餘人，首開全面內戰爆發後一次殲敵3個旅的紀錄。當月底，中共華東部隊全部撤出蘇北，山東成為華東主戰場。

在華東戰場國共雙方大軍激戰前後，國民黨軍也向晉冀魯豫、晉察冀和東北發動了全面進攻，陳誠大言不慚地聲稱，3至6個月內可以「消滅共軍主力」。從1946年6月到1947年2月，國民黨軍以損失70萬兵力為代價，佔領了解放區100餘座城鎮，其中尤以察哈爾省會張家口、熱河省會承德和安東省會安東（今丹東市）較為重要，但中共部隊的主力在國民黨軍進攻下基本未受損失。相反，由於國民黨軍注重攻城略地，而每佔一地都不得不分兵駐守，導致能夠用於進攻的機動兵力越打越少，從而使自己的軍事態勢趨於被動。而中共部隊充分運用了機動靈活的戰略戰術，不計較一城一地的得失，注重殲敵有生力量，使自己的力量不斷壯大，從戰爭初期的戰略防禦態勢逐漸轉為局部反攻。1947年初，晉冀魯豫、晉察冀野戰軍和東北民主聯軍先後發起了巨金魚[1]、豫皖邊、保南、正太、三下江南等戰役，打擊了國民黨軍的進攻氣焰。戰局正在向於國民黨不利的方面轉化，國民黨軍被迫放棄全面進攻，改行重點進攻

---

[1] 指 1946 年 12 月晉冀魯豫野戰軍等在山東省巨野、金鄉、魚台、定陶地區對國民黨軍進行的攻城打援戰役。

戰略。

戰爭進入1947年，國民黨軍連遭打擊，損兵折將，士氣低落，同時戰線太長，兵力不足，已經失去了當初全面進攻的勢頭。蔣介石決定採取重點進攻方案，集中了一線兵力的近半數70萬人，以兩翼出擊方式，企圖摧毀中共中央首腦機關所在地陝北和中共主要的兵力集中地及補給基地山東，然後再擴大戰果，一舉解決中共武裝。

面對國民黨的重點進攻計劃，中共決定繼續進行內線作戰，進一步消滅國民黨軍有生力量，為轉入全國性反攻創造條件。2月1日，中共中央發出《迎接中國革命的新高潮》指示，提出：「為着徹底粉碎蔣軍的進攻，必須在今後幾個月內再殲滅蔣軍四十至五十個旅，這是決定一切的關鍵。」[1]這一指示表明，此時的中共，較之戰爭開始時更具粉碎國民黨軍進攻的信心，並已為迎接革命高潮的到來開始作準備。

陝北是中共中央所在地，自內戰爆發後，國民黨礙於種種因素而未下令進攻。1947年2月，國民黨驅趕中共駐寧、滬、渝三地代表，國共關係徹底破裂，延安立即成為國民黨軍重點進攻的目標。國民黨調集了34個旅25萬人，由西安綏靖公署主任胡宗南統一指揮，進攻延安。相形之下，中共在陝北只有不到3萬人的部隊，而且裝備較差，形勢不利。但是，中共中央仍決定留在陝北指揮作戰，如此可鼓舞人心士氣，可牽制敵軍，況且陝北地形險要，群眾基礎好，也便於部隊作戰。為了打好這一仗，中共中央決定將陝北部隊統一編為西北野戰軍，任命彭德懷為司令員兼政委，另由陝甘寧晉綏聯防軍司令員賀龍統一領導西北財經工作，支持戰爭。

3月13日，國民黨軍15個旅14萬人，自洛川、宜川分兩路向延安發起進攻。西北野戰軍以少數兵力進行了頑強的正面阻擊，掩護延安中共中

---

1 毛澤東：《迎接中國革命的新高潮》（1947 年 2 月 1 日），載《毛澤東選集》第四卷，第 1215 頁。

央機關的撤離。在完成阻擊任務後，西北野戰軍主動撤離，19日，國民黨軍進入延安空城。

3月29日，中共中央在陝北清澗棗林溝從容召集會議，決定中共中央和人民解放軍總部[1]以及毛澤東、周恩來、任弼時等留在陝北，指揮全國戰場的作戰；由劉少奇、朱德、董必武等組成中央工作委員會，劉少奇任書記，前往河北平山縣西柏坡，進行中央委託的工作；稍後又決定由葉劍英、楊尚昆、李維漢等組成中央後方委員會，葉劍英任書記，前往晉西北臨縣，負責陝北中央與各地的聯絡、對外宣傳和後方勤務工作。此後，中共中央即轉戰陝北，在十分艱苦的環境下繼續指揮全國戰場的作戰，這一消息發佈後，極大地鼓舞了各解放區軍民的鬥志。

國民黨軍佔領延安之後，急於尋找解放軍主力決戰，西北野戰軍利用對手急於求成的心理，以小部兵力佯裝主力誘其大隊撲空，主力則集結於青化砭地區，3月25日全殲國民黨軍擔任側翼保護的第31旅，首戰告捷。其後，西野採用蘑菇戰術，與優勢國民黨軍兜圈子，捉迷藏，尋找戰機。4月14日，在羊馬河設伏殲其第135旅。5月2日，西野利用國民黨軍判斷錯誤，大舉北上之機，南下出擊其後方補給基地蟠龍，激戰兩日，殲其第167旅大部，繳獲大量軍用物資。西北野戰軍在一個半月之中，以弱對強，以少對多，敢打敢拚，智勝巧勝，連續三戰三捷，挫敗了國民黨軍的攻擊銳氣，初步扭轉了西北戰局。

國民黨軍重點進攻的另一翼是山東。蔣介石認為，山東地扼要衝，

---

1 1945 年秋冬，當國民黨準備發動內戰時，中國共產黨的武裝部隊開始陸續改名為人民解放軍。1945 年 12 月 15 日，毛澤東起草中共中央黨內指示《1946 年解放區工作的方針》中指出，各解放區野戰軍，一般也已組成，應該說這時候人民解放軍野戰部隊正在組成中。1946 年 10 月 1 日，毛澤東為黨內起草的指示《三個月總結》寫道：「過去三個月內，我中原解放軍以無比毅力克服艱難困苦，除一部已轉入老解放區外，主力在陝南、鄂西兩區，創造了兩個遊擊根據地。」這是第一次出現解放軍的稱呼。1947 年 3 月下旬中共中央軍委在對外發佈命令時便正式採用「中國人民解放軍總部」名義。1947 年 4 月，毛澤東起草的黨內文件中第一次使用了「人民解放軍總部」稱呼。

瀕臨海口，是中共重兵集結之地和重要補給基地，只要控制了山東，既可以消耗中共實力，又可以切斷中共對其他戰場的補給通道，國民黨就可以在戰爭中取得勝勢，因此，國民黨軍在蘇北作戰暫時得手後，便調集重兵，壓向山東。

1947年初，山東野戰軍和華中野戰軍先後從蘇北轉移到了山東，統一整編為華東野戰軍，陳毅任司令員兼政委，粟裕任副司令員。山東是中共在抗戰中建立的重要根據地，抗戰勝利後，山東大部分地區成為解放區，是解放軍兵源和物資的重要補給基地，也是華東與東北的聯繫要道（經由膠東半島過渤海灣至遼東半島），還是中共華東局和華野總部所在地（山東臨沂），因此解放軍不會輕易放棄山東。華野成立後，華東兩大主力合而為一，實力大大增強，並得到了根據地人民的大力支援，有信心在山東打退國民黨軍的進攻。

1947年2月，國民黨軍調整部署，進行魯南會戰。南線由歐震指揮，三路進攻臨沂，北線由李仙洲指揮，自膠濟路南下萊蕪，企圖南北夾擊，消滅中共主力。參謀總長陳誠、徐州綏署主任薛岳坐鎮徐州指揮，蔣介石亦在南京遙控，企望一戰而定山東。攻擊開始後，南線國民黨軍穩紮穩打，步步為營，齊頭並進，一遇阻擊即停滯不前，使華野誘敵深入、尋機殲敵的計劃未能實現。同時，北線國民黨軍行動迅速，位置突出，且兵力部署分散，各部間矛盾較多，華野果斷決定放棄南線殲敵方案，改打北線之敵。

2月10日，華野主力自臨沂隱蔽北上，15日又主動放棄臨沂，蔣介石認為是「共軍潰敗」，嚴令北線國民黨軍繼續南進，封鎖華野退路。就在國民黨得意忘形之時，華野主力日行百里，兼程北上，20日在萊蕪抓住了李仙洲集團。李被圍後驚慌失措，23日下令自萊蕪突圍，結果被華野設伏分割包圍，當天即被全殲。此役華野殲滅國民黨2個軍7個師5.6萬人，「創愛國自衛戰爭以來最高紀錄」，充分表現了解放軍戰略戰術運用之成功。

　　萊蕪一戰，國民黨軍進攻受挫，但國民黨仍調集重兵，着手對山東的重點進攻。國民黨組織陸軍總部徐州指揮所，由陸軍總司令顧祝同指揮山東作戰，投入兵力達到24個師60個旅45萬人，其中湯恩伯的第一兵團位於南線，由臨沂北進，王敬久的第2兵團和歐震的第3兵團位於西線，由津浦路東進，總的目標是先打通津浦路徐（州）濟（南）段和臨（沂）兗（州）公路，然後在魯中山地與華野決戰。

　　4月中旬，國民黨軍達成第一步目標，開始向魯中推進。他們吸取了以往教訓，以密集隊形逐步推進，使華野難以分割殲敵。在這種情況下，華野部隊不急不躁，以頻繁的運動調動國民黨軍，創造戰機。4月下旬，華野放棄新泰、蒙陰，主力後撤休整，國民黨統帥部誤認為對手「敗退」，下令各部跟進。湯恩伯部行動積極，以整編第74師為主力，沿沂蒙公路逼向位於魯中山區的華野指揮中心坦埠，戰機終於出現了。5月13日，整編第74師到達坦埠以南，態勢突出，與兩翼距離拉大，華野總部當機立斷，決定利用山地地形分割圍殲第74師。華野集中了5個縱隊，於13日發起攻擊，插入縱深，隔斷了第74師與兩翼的聯繫。第74師發現華野意圖後，急忙後縮，但退路被斷，全師被圍於孟良崮山地。

　　整編第74師為國民黨軍主力之一，戰鬥力較強，被圍後仍圖固守待援，同時孟良崮周圍國民黨有多達十幾個師的大軍雲集，多數離孟良崮不過一兩日路程，因此南京政府令各部加速前進，救援第74師，並與華野決戰，進一步加大了華野打這一仗的難度。但第74師冒進時，將重裝備留在了後方，被圍後無防禦依託，與其他部隊的關係不好。陳毅和粟裕決定，以4個縱隊阻擊國民黨援軍，攻擊部隊則以大無畏的英勇精神，對被圍的第74師發起全力攻擊。15—16日，雙方反覆爭奪各陣地，戰況十分激烈。第74師因位於岩石山地，不便築工事，人馬齊集山頭，傷亡甚大。戰至16日下午5時，華野全殲第74師3.2萬人，擊斃師長張靈甫。國民黨各路援軍均被阻於孟良崮周圍，最近者離第74師不過十幾里，但仍眼睜睜地看着第74師被殲，湯恩伯因此被撤職。此役華野以傷亡1.2萬人

的代價全殲國民黨精銳主力，創造了敵重兵密集之中割殲其主力一部的輝煌勝利，被陳毅豪邁地稱為「百萬軍中取上將首級」。這是華野以最大的耐心誘敵深入，最大限度地集中兵力，抓住轉瞬即逝的戰機，全力攻擊被圍之敵一部而取得的戰果，成為解放戰爭中的經典戰例之一。孟良崮一役，使國民黨軍對山東的重點進攻遭到沉重打擊，迫使國民黨不得不調整部署，重新研究作戰方案，得出的結論是，並進不如重疊，分進不如合進，並據此擬訂了山東第三期作戰計劃。

6月下旬，國民黨軍經過整頓後再度發起攻勢，主要作戰方向是范漢傑指揮的第一兵團對魯中的進攻。此次國民黨軍採取密集平推戰術，在不到百里的戰線上擺了9個師，華野部隊因國民黨軍密集一團而未找到戰機。當月下旬，因晉冀魯豫野戰軍進軍魯西南，中共中央指示華野分兵出擊策應，國民黨軍挾優勢兵力佔領了魯中部分地區，其後又於9月發起膠東攻勢，佔領了煙台和威海，不過這已經是內戰開始後國民黨軍攻勢的最後一幕了。此前，晉冀魯豫野戰軍進軍大別山，華東野戰軍和陳賡兵團出擊魯西南和豫西，拉開了人民解放軍全國性反攻的序幕，解放戰爭由此轉折。

國民黨統治的全面危機
解放區的鞏固與興旺

一、國民黨統治的全面危機

隨着內戰的全面爆發，國內政治局勢日趨惡化。1946年9月，國民黨軍進攻張家口，中共立即聲明，如國民黨軍不停止對張家口的進攻，則中共「不能不認為政府業已公然宣告全面破裂，並已最後放棄政治解決方針，其因此造成的一切嚴重後果，當然全部責任由政府方面負之」[1]。10月11日，國民黨軍佔領張家口，蔣介石得意之餘，宣佈如期召開國大，並於16日發表八條聲明，壓中共讓步。而中共宣佈任何和平解決的前提是，國民黨恢復1月13日停戰令生效時雙方的軍事位置，同時承認政協決議的效力。國民黨固執一己私利，拒絕了中共的建議和第三方面人士的調停，11月15日，其一手操辦的「制憲國大」在南京開幕。中共談判代表周恩來因此舉行記者招待會，痛斥國民黨所為「已經把政協決議破壞無遺，政協以來和談之門已被最後關閉」[2]，表示中共絕不承認國民黨一黨包辦國大的合法性。19日，周恩來返回延安，國共和談實際中止。

國民黨一手包辦的「制憲國大」，雖然拉攏了青年黨、民社黨及部分「社會賢達」參加，並通過了一部「憲法」，但因為中共和民主同盟

---

1 《群眾》週刊第 12 卷第 11 期。轉引自劉益濤等《中國 20 世紀全史 · 戰略決戰》，中國青年出版社 2001 年版，第 250 頁。
2 周恩來：《國民黨關閉和談之門，中共仍將為和平民主奮鬥》（1946 年 11 月 16 日），載中共中央文獻研究室、中共南京市委員會編《周恩來一九四六年談判文選》，中央文獻出版社 1996 年版，第 692 頁。

均拒絕參加，國民黨不僅未能實現以國大為自己的統治塗上合法色彩的企圖，反而加深了其統治的危機。1947年1月8日，美國特使馬歇爾承認調停失敗，離華返美，並在臨行聲明中對國民黨有所批評。月底美國又宣佈退出軍事調處執行部，國民黨處於政治上的被動地位。軍事方面，國民黨軍在前線屢屢失利，作戰前景並不樂觀。但蔣介石仍然拒絕了中共和社會各界對於和平的提議和要求，決心將戰爭打下去。2月27日，國民黨下令仍然留在國統區的所有中共人員必須於3月5日前全部撤離，中斷了抗戰後建立起來的國共聯繫。3月7日，中共代表董必武離開南京回延安，行前表示，中共將「竭力為和平民主奮鬥到底」，同時他自信「再見之期，當不在遠」[1]。至此，維繫了將近十年的第二次國共合作完全破裂。

隨着國共合作的破裂，國民黨在軍事上進攻延安，政治上宣佈「戡亂」，使其全部統治機器圍繞內戰而開動。3月，國民黨召開六屆三中全會，認為「政治解決的途徑已經絕望」，只有作戰到底，「消除統一障礙，鞏固國家基礎」[2]。7月18日，國民黨政府通過《動員戡亂完成憲政實施綱要》，規定凡妨礙「戡亂」的言論和行動均應受到「懲處」，在國統區實行嚴酷的高壓統治。

國民黨的一系列舉措是為了挽救自己在政治、軍事、經濟各方面的敗局，鞏固自己的統治地位。但國民黨的這些舉措實際也將自己置於全國人民意願的對立面，使自己處於十分孤立的地位。它的統治正因為一系列的衝擊而日趨不穩。

對國民黨統治衝擊最大的是經濟危機的不斷發展。1947年2月，上海等地發生黃金風潮，法幣幣值暴跌。其中最根本的原因是政府軍費

---

1 《董必武年譜》，中央文獻出版社 1991 年版，第 289 頁。

2 中國第二歷史檔案館編：《中華民國史檔案資料彙編》第五輯第三編「政治」（一），第 507、598 頁。

浩大，貨幣過量發行，導致惡性通貨膨脹。1947年國民黨政府預算赤字高達83萬億元，佔支出總數的4/5以上，當年年中物價已漲至戰前的6萬倍，出現了買東西要用麻袋裝錢的奇觀。不僅是一般工人農民，包括政府公教人員在內，都深受通貨膨脹之害，生活入不敷出。工農業生產也因為通貨膨脹和內戰而無法正常進行。工廠大量倒閉，未倒者亦處於半停產狀態，投機盛行。農村賦稅攤派高達幾百種，抓壯丁大大影響了農民的生產積極性，農業生產力較之戰前明顯下降。這些情況勢必造成社會的動盪，動搖國民黨的統治基礎。國民黨在戰後接收中普遍存在的混亂與貪污，引起了社會各界的廣泛不滿與批評，被百姓諷為「三洋開泰」（捧西洋，愛東洋，要現洋），「五子登科」（車子、房子、金子、票子、婊子），從而加劇了社會矛盾，喪失了民心。民間流傳的諺語是，「想中央，盼中央，中央來了更遭殃」。因此，國統區抗議活動不斷，國民黨已經失去了穩固的後方，猶如坐在火山口上。

1946年6月23日，上海赴京和平請願代表在南京車站被暴徒毆打。7月11日和15日，著名愛國民主人士李公樸和聞一多先後在昆明被暗殺，激起了全國抗議國民黨政權特務暴行的浪潮。12月，因為美軍在北平強姦北京大學女生以及國民黨政府企圖大事化小、小事化無的做法，引發全國抗議浪潮，衝擊了國民黨的統治。1947年5月，以反飢餓、反內戰、反迫害為口號的學生運動在南京興起，並迅速波及全國。蔣介石在書面談話中威脅：「將不能不採取斷然之處置。」[1] 5月20日，南京和上海的學生代表在南京舉行示威，要求改善生活待遇，反對內戰，遭到軍警鎮壓，數十人受傷，由此更引起全國各界的強烈不滿和抗議，遊行示威浪潮遍及全國。「運動以極快的速度從個別要求發展成共同要求，從局部發展到全國，從自發的生活鬥爭發展成政治運動，揭開了中國學生運動

---

1 《蔣介石思想言論總集》第 38 卷，（台北）中國國民黨中央黨史委員會 1984 年版，第 230 頁。

史上新的一頁。」[1] 與此同時，以要生存、要吃飯為口號的工人和市民運動也在興起，上海攤販反取締鬥爭，工人要求提高生活指數的鬥爭，許多城市的搶米風潮，可謂此起彼伏。農村抗丁抗糧，民變蜂起。所有這些鬥爭被中共稱為第二條戰線，得到中共的大力領導、支持和策動，使國民黨在軍事失利的同時，在其後方還要分散力量，疲於應付。國民黨已處於政治孤立、經濟危機、軍事失利的困境之中，國民黨官員承認：「北方學生對我們的觀感，已經像民國十三年時學生看北洋軍閥一樣。」[2] 5月30日，新華社發表毛澤東親筆撰寫的評論《蔣介石政府已處在全民的包圍中》指出：「和全民為敵的蔣介石政府，現在已經發現它自己處在全民的包圍中。無論是在軍事戰線上，或者是在政治戰線上，蔣介石政府都打了敗仗，都已被它所宣佈為敵人的力量所包圍，並且想不出逃脫的方法。」評論還強調：「蔣介石進犯軍和人民解放軍的戰爭，這是第一條戰線。現在又出現了第二條戰線，這就是偉大的正義的學生運動和蔣介石反動政府之間的尖銳鬥爭。」[3]

與此同時，剛剛光復一年多的台灣也出現麻煩。1947年2月27日，因專賣局警員在台北市取締走私香煙，引起流血的突發事件。次日，民眾請願示威，發展成大規模的官民衝突。台籍精英成立「二二八事件處理委員會」，提出處理大綱32條，要求長官公署接受他們改革政治的要求。國民政府派出的台灣統治者，面對這樣的政治訴求，感到措手不及，應對失策。這次事件的突然爆發，係日本佔據台灣以來台灣社會各種矛盾的總爆發；通過「緝私血案」引發的「二二八事件」，其主流是台灣人民反暴政、爭民主、求自治的群眾運動，這個運動正好捲入蔣管

1 金沖及：《第二條戰線：論解放戰爭時期的學生運動》，生活 · 讀書 · 新知三聯書店 2016 年版，第 40 頁。

2 《國民黨六屆三中全會第五次會議速記錄》，（台北）中國國民黨黨史館，6.2/38—1。

3 毛澤東：《蔣介石政府已處在全民的包圍中》（1947 年 5 月 30 日），載《毛澤東選集》第四卷，第 1224—1225 頁。

區反獨裁、反內戰、反飢餓的民主運動旋渦。從這個角度說,「二二八事件」所反映的台灣人民的意願與整體中國人民的意願是吻合的。處於全省領導核心的「二二八事件處理委員會」在3月6日發表的《告全省同胞書》中明確聲明:「我們的目標是在肅清貪官污吏、爭取本省的政治改革,不是要排斥外省同胞。」[1] 這些活躍在台灣各地的主要政治組織提出的宗旨,反映了「二二八事件」中最為普遍的要求,也體現了整個事件的基本政治傾向。南京政府把「二二八事件」定性為「背叛國家」的叛亂行為,用暴力把這次官逼民反的事件鎮壓下去。依據各種資料估計:在「二二八事件」中,台胞死傷大約2000人,大陸軍公教人員死傷約1200人。[2]

1948年1月,民盟在香港召開一屆三中全會,不承認民盟為「非法團體」,認為南京政府的決定不合法,鑒於當前形勢,決定恢復民盟總部,繼續為中國的和平、民主、獨立和統一而奮鬥,全會宣言提出了「徹底消滅獨裁賣國的國民黨反動集團」的口號,表明民盟與中共站到一邊。同年1月,國民黨也發生分裂,國民黨內的民主派在香港集會,宣佈成立中國國民黨革命委員會,「脫離蔣介石劫持下的反動中央,集中黨內忠於總理、忠於革命之同志,為實現革命的三民主義而奮鬥」,「願與全國各民主黨派、民主人士攜手並進,徹底鏟除革命障礙,建設獨立、民主、幸福之新中國」[3]。

進入1948年,形勢對國民黨越發不利。從1948年5月到當年年底,因為「行憲國大」的召開,導致國民黨內的政治亂局;因為金圓券幣制改

---

1 《告台灣同胞書》,《二二八官方機密史料》,(台北)自立晚報社文化出版部 1991 年版,第 111 頁。

2 據褚靜濤研究,台胞死約 900 人,傷約 1500 人;大陸籍同胞死約 200 人,傷約 1400 人。總計傷亡約 4000 人。參見褚靜濤《二二八事件研究》下卷,(台北)海峽學術出版社 2011 年版,第 675 頁。

3 《中國國民黨革命委員會成立宣言》,香港《華商報》1948 年 1 月 4—5 日。

革，導致財政經濟的崩潰；因為淮海（徐蚌）會戰的失敗，國民黨軍機動主力部隊基本被殲。在短短大半年時間裏，國民黨在政治、經濟、軍事三個方面都遭遇慘重的失敗，面臨着極為嚴重的挑戰。可以說，國民黨的衰頹至此已不可逆轉，國民黨已基本失去了其賴以與共產黨爭勝的實力與資本。[1]

有台灣學者指出：「整體而言，蔣（介石）如能善用日本投降後的局勢，應大有可為。然何以短短四年中，他不但被逼下野，而且也失去大陸統治權，從『偉大的領袖』到『人民的公敵』，這是中國近代史研究者積極尋找的答案。」過於依賴美國、處理中共問題失當、蔣介石個人的領導風格、黨政派系紛爭嚴重、軍事的失敗、官員貪污與學運動盪民心、通貨膨脹以及審判漢奸引發爭議等，是造成失敗的基本原因。結論是：「客觀環境確實有許多不利的因素，但對於國民黨丟失大陸的統治權，蔣介石應付重要責任。」[2]

二、解放區的鞏固與興旺

與國民黨統治區的內外交困形成鮮明對照，解放區一片興旺景象。中共制定了一系列合乎實際的路線、方針和政策，成功地壯大了自己，孤立、削弱了對手。

中共爭取廣大人民支持的最重要手段就是土地改革。據當時在22個省的統計，戰後佃農佔農戶總數的33％，半自耕農佔25％，也就是說，超過半數的農村人口迫切要求解決土地問題。舊中國的土地制度極不合理，佔農村人口10％左右的地主、富農，佔有70％左右的土地，高額地租和超經濟剝削，極大地束縛了廣大無地少地農民的生產積極性，阻礙

---

1 引自汪朝光《國民黨統治的衰頹》，載王建朗、黃克武主編《兩岸新編中國近代史·民國卷》（上），第 515 頁。

2 引自林桶法《國民黨大陸統治的瓦解及其退台》，載王建朗、黃克武主編《兩岸新編中國近代史 · 民國卷》（上），第 554—574 頁。

着中國的工業化發展和生產力的提高。國民黨對此雖有一定認識，也提出過一些措施，但國民黨解決土地問題的基本思路，是在不觸動地主根本利益的情況下，以和平、漸進、改良、贖買的方式解決土地問題。但是，任何方式的土地改革都將或多或少觸及地主的利益並引起他們的反對，而地主又是國民黨在農村基層依靠的主要力量。國民黨礙於其統治須依賴地主階級的支持，在這方面始終未能採取任何實質性行動。國民黨22年統治，始終未能解決土地、農民和農村問題。

中共則一直主張進行土地改革，發動廣大農民作為中國革命的基本力量。1946年5月4日，中共中央發出《關於土地問題的指示》，要求各根據地實行土改，沒收地主土地給農民，實行耕者有其田，各根據地據此開始了土改工作。1947年9月，劉少奇在西柏坡主持召開全國土地會議，制定了《土地法大綱》，於10月10日發佈實行。大綱明確提出，消滅封建半封建土地制度，沒收地主一切土地財產，徵收富農多餘土地財產，按人口平均分配，保護工商業。其後針對土改中侵犯中農利益的情況，毛澤東提出土改路線應是：依靠貧僱農，鞏固聯合中農，消滅地主階級和舊式富農的封建和半封建的剝削制度。根據各解放區的不同情況，中共又制定了一系列不同的土改方針和政策，總結了以往經驗，從實際出發，對土改的對象和方法做出了明確細緻的規定，如在老解放區，已進行土改的地區主要是再作適當調整，未進行土改的地區則按要求進行土改；在新解放區主要是減租減息，俟條件成熟時再進行土改。雖然土改中也難免有反覆和過火之處，但在各級黨組織的有力工作之下，基本保證了土改的順利進行。到1948年秋天，解放區約有1.6億人口的地區完成了土改，有約1億農民分得了3.75億畝土地，在這個過程中，解放區普遍建立了縣、鄉、村各級政權，使中共的力量得以擴展到農村最基層，形成了解放戰爭穩固的後方。

廣大農民為了保衛土改果實，踴躍參軍，解放軍的後勤供應更是依靠無數民工的小車和扁擔，他們對解放戰爭的勝利發揮了無可替代的作

用。以孟良崮戰役為例，華野一線常備民工將近8萬人，二線民工15萬人，後方臨時民工50萬人，遠遠超過參戰部隊人數。以後的淮海戰役動員民工總數更超過100萬人。據不完全統計，自1945年9月到1949年底，山東共計動員了1106萬民兵民工，折合使用工日5.2億個，使用非機動車147萬輛，牲畜77萬頭，擔架44萬副，運送糧食11億斤，轉送傷員20萬人。[1] 陳毅元帥以後曾深情地說過：我們的勝利是人民群眾用小車推出來的。事實證明，土地改革極大地調動了農民的革命和生產積極性，激發了他們當家做主的熱情和潛能，成為人民解放戰爭勝利最重要的條件之一。毛澤東說：「有了土地改革這個勝利，才有了打倒蔣介石的勝利。」[2] 劉少奇說：「解決力量對比關係，就要實行土地改革。蔣介石靠美國，我們是靠老百姓。」[3]

在政治上，中共進行了整黨運動，開展三查（查階級、查思想、查作風）三整（整頓組織、整頓思想、整頓作風），清除黨內異己變質分子，反對官僚主義作風和驕傲自滿情緒，提高了黨的戰鬥力。在軍隊中，進行了新式整軍運動，查階級、查工作、查鬥志，發揚政治、軍事、經濟三大民主，加強軍政訓練，提高了部隊戰鬥力。

中共非常注意國統區地下工作與統戰工作。中共中央對地下黨的要求是隱蔽精幹，長期埋伏，積蓄力量，以待時機。在工作方式上，地下黨儘量利用公開和合法的形式進行鬥爭，以避免不必要的損失。他們領導的國統區學運和工運，被毛澤東譽為開闢了反對國民黨統治的第二條戰線。在打入國民黨內部，獲取機密情報方面，地下黨亦功不可沒。如

---

1 王東溟：《山東人民支援解放戰爭史》，山東人民出版社 1991 年版，第 63—64、70、119、124—126、350—357、407 頁。

2 毛澤東：《不要四面出擊》（1950 年 6 月 6 日），載《毛澤東文集》第六卷，人民出版社 1999 年版，第 73 頁。

3 劉少奇：《在全國土地會議上的結論》（1947 年 9 月 13 日），載《劉少奇選集》上卷，第 395 頁。

萊蕪戰役、保衞延安的戰役，均得力於地下黨及時的情報。中共的統戰工作卓有成效，爭取了民主黨派、工商界、文教界大多數人士對於人民解放戰爭的支持，形成了廣泛的反蔣統一戰線。

根據戰爭形勢的發展，1947年10月，毛澤東在公開發表的《中國人民解放軍宣言》中，明確提出了「打倒蔣介石，解放全中國」的口號。宣言提出了中共在解放戰爭中的基本政策綱領：（1）打倒蔣介石獨裁政府，成立民主聯合政府；（2）逮捕、審判、懲辦內戰罪犯；（3）實行人民民主制度，保障人民自由；（4）肅清貪官污吏，建立廉潔政治；（5）沒收戰犯財產與官僚資本，發展民族工商業；（6）廢除封建剝削，實行耕者有其田；（7）各民族平等自治；（8）廢除賣國條約，否認賣國外交。

1947年12月25—28日，中共中央在陝北米脂縣楊家溝召開會議，部署黨在新形勢下的全國工作，準備奪取人民解放戰爭在全國範圍內的勝利。毛澤東在會上作了《目前形勢和我們的任務》的重要報告，分析了形勢，總結了經驗，提出了今後任務。在這個報告中，毛澤東提出了著名的十大軍事原則，要點是集中優勢兵力，殲滅敵人有生力量，先打弱敵，後打強敵，以運動戰為主，打有準備之戰。這些原則闡明了解放軍作戰戰略戰術的一系列重要問題，是當時條件下解放軍作戰制勝的重要依據。毛澤東在報告中提出了新民主主義革命的三大經濟綱領，即沒收封建階級的土地歸農民所有，沒收壟斷官僚資本歸新民主主義國家所有，保護民族工商業，並具體說明了實現這三大綱領的方針政策。毛澤東重申了中共的土改總路線，提出新民主主義經濟的指導方針是發展生產、繁榮經濟、公私兼顧、勞資兩利。毛澤東強調指出，中共的政治綱領就是聯合工農兵學商各被壓迫階級，團結一切可以團結的力量，組成最廣泛的統一戰線，打倒國民黨統治，成立民主聯合政府。毛澤東這個報告是對中共新民主主義革命理論的豐富和發展，是中共建立新中國的綱領性文件之一。

　　經過政治、軍事、經濟等方面的政策制定與調整，中共上下一心，已經具備了奪取全國勝利的條件。與此同時，戰場形勢不斷發展，人民解放戰爭也已經到了一個歷史的轉折點。

歷史性的
三大戰略決戰

　　1947年上半年，隨着國民黨軍攻勢的頓挫，中共中央也在考慮解放軍如何不失時機地轉入進攻，將戰爭引向國統區。1947年7月下旬，中共中央舉行擴大會議認為，以五年為期打倒國民黨統治是可行的，為此需要以主力出擊外線，進一步削弱國民黨力量，使敵轉入全面防禦，會議正式決定了外線進攻戰略。

　　解放軍由防禦轉入進攻，不同於一般軍事學意義上的戰略反攻，它是在對手尚有一定優勢，解放軍尚處相對劣勢下的一種主動行為，因此進攻方向的確定變得十分重要。此時，國民黨軍的主要兵力擺在兩翼：陝北與山東，黃河以南的廣大中間地區兵力空虛。中共中央決定解放軍以躍進方式向敵兵力空虛的後方縱深挺進，調動敵軍，爭取勝利。在具體部署上，以晉冀魯豫野戰軍劉伯承、鄧小平部中央突破，直趨大別山；以華東野戰軍陳毅、粟裕部為劉鄧左翼出豫皖蘇，以陳賡、謝富治兵團為劉鄧右翼出豫西。三路大軍擺成一個「品」字形，互為呼應，並由其他戰場發起攻勢，牽制國民黨軍，確保戰略反攻的成功。

　　6月30日，劉伯承、鄧小平指揮晉冀魯豫野戰軍十餘萬人，在魯西南突破國民黨軍黃河防線，此後連戰連捷，為躍進大別山打開了通道。8月初，國民黨調動8個師企圖將劉鄧部隊堵擊在隴海路和黃河之間，劉鄧率部以日行百里的速度進軍大別山，12日通過隴海路，17日通過黃泛區。面對前有堵截，後有追兵的險情，劉鄧果斷決定捨棄重裝備，輕裝疾進，8月底全軍進入大別山，完成了中原突破的戰略性任務。與劉鄧大軍挺進大別山同時，陳謝兵團於8月24日在豫西渡過黃河，腰斬隴海路，

威脅關中。陳粟大軍於9月初在魯西南渡過黃河，月底越過隴海路，進入豫皖蘇地區。三路大軍互為依託，互相支援，猶如在國民黨統治區揳入了一根釘子，震動了國民黨統治。人民解放軍的戰略反攻不僅是解放戰爭的轉折點，也是百年來中國人民革命運動的轉折點，正如毛澤東指出的：「這是一個歷史的轉折點。這是蔣介石的二十年反革命統治由發展到消滅的轉折點。這是一百多年以來帝國主義在中國的統治由發展到消滅的轉折點。」[1]

隨着解放軍的戰略反攻，全國戰場形勢發生了重大變化，國民黨軍在全國各個戰場均陷於被動地位，解放軍的戰場基本已轉入外線國統區。在華東戰場，山東兵團擊退了國民黨軍的膠東攻勢，解放了山東大部分地區；在西北戰場，西北野戰軍於8月間在沙家店全殲國民黨軍整編第36師；在華北戰場，晉察冀野戰軍於10月在清風店全殲國民黨第3軍，11月12日攻克其堅固設防城市石家莊；在東北戰場，經過東北野戰軍夏季、秋季、冬季三次攻勢，東北全境絕大多數地區已經被解放，國民黨軍被迫退守在瀋陽、長春、錦州三座互不聯繫的孤立城市。面對敗局，國民黨軍不得不由進攻轉為防禦，再由全面防禦轉為分區防禦，又由分區防禦轉為重點防禦，步步退縮，處處被動。

進入1948年，戰場形勢對於國民黨更為不利。3—4月，中原解放軍兩克洛陽。本來，中共中央原定由粟裕率華野一兵團隨後南渡長江作戰，但粟裕經過認真考慮，認為還是在中原地區打大殲滅戰較為有利，中共中央經過與前線指揮員的慎重磋商，同意粟裕的建議，決定解放軍準備在中原打大仗，殲滅國民黨主力。隨後，粟裕不負所望，指揮華東野戰軍發起豫東戰役，6月22日攻克河南省會開封，並於其後全殲前來增援的國民黨區壽年兵團。此役表明解放軍的攻堅、野戰和連續作戰能力

---

1 毛澤東：《目前形勢和我們的任務》（1947年12月25日），載《毛澤東選集》第四卷，第1244頁。

都有了很大提高，戰略戰術運用以及戰場指揮體現出了較高水平。在此前後，解放軍在各個戰場都取得了不斷勝利，華北、華東和中原解放區已基本連成一片，西北野戰軍於4月20日收復被佔一年的延安，陝北全部地區再度回到人民手中。到解放戰爭第二年作戰結束，人民解放軍總兵力已經達到280萬人，除了運動戰以外，攻堅戰、陣地戰能力都有了較大提高。國民黨軍雖還有總兵力365萬人，但被分割在華北、東北、華東、中原、西北五個互不相接的戰場，彼此聯繫困難，機動兵力越來越少，而且連遭打擊，戰鬥力急劇下降，作戰意志和士氣極度低落。形勢的發展表明，國共力量對比已經發生了巨大變化，毛澤東將解放戰爭的進程比喻為爬山，到1948年年中，最困難最吃力的爬坡階段已經過去了，人民解放軍打大殲滅戰、戰略決戰的時機已經成熟。

1948年3月，毛澤東、周恩來等以及中共中央和解放軍總部自陝北遷至河北平山縣西柏坡。9月，中共中央在西柏坡召開政治局擴大會議，提出了五年左右從根本上打倒國民黨統治的戰略任務，為此要求每年殲滅國民黨軍100個師（旅）150萬人左右，會議要求在進入解放戰爭第三年的時候，各戰略區都準備打大殲滅戰。

戰略決戰的序幕首先從濟南拉開。濟南是山東省會，位置重要，在山東全省大部已被解放的情況下已成孤城，但國民黨第二綏靖區司令王耀武仍奉命困守濟南，深溝高壘，企圖拖住解放軍戰略進攻的步伐。華野則對於濟南戰役早有準備。戰前，華東野戰軍決定由許世友指揮7個縱隊組成攻城集團，負責攻城，另以8個縱隊組成打援集團，準備阻擊可能由隴海路北援的國民黨軍。9月16日，華野部隊發起對濟南的攻擊，經三天激戰，濟南西守備區國民黨軍指揮官吳化文在解放軍打擊下決定率部起義，使國民黨軍外圍防線被突破，解放軍兵臨城下。

濟南戰役打響後，蔣介石極為關注，他一面令王耀武堅守，一面令杜聿明指揮三個兵團北援濟南。但國民黨援軍生怕遭到解放軍伏擊，行動緩慢，而解放軍已於20日發起總攻，並於23日下午佔領外城，接着

一鼓作氣，次日凌晨攻進內城。國民黨軍的防線在解放軍的攻勢下徹底崩潰，王耀武化裝逃跑（後被抓獲），濟南全城被解放。濟南戰役的勝利，表明解放軍已經具有進行大規模兵團作戰和攻克任何堅固設防的大城市的能力，而國民黨軍經此打擊，士氣更為低落，預示着未來戰爭的天平將更進一步向解放軍的勝利方傾斜。

國共兩軍的戰略決戰開始於東北。經過兩年多的交鋒，國民黨軍在東北戰場不僅數量上已居於劣勢，而且被分割在瀋陽、長春和錦州三個互不聯繫的孤立地區，進退兩難。蔣介石曾有將東北駐軍撤至關內以加強關內力量的考慮，但前線將領以撤退困難為由態度消極，因而此事久無定議。然而國民黨軍困守孤城，補給困難，戰意消沉，難以逃脫覆亡的命運。

在戰略決戰開始之前，毛澤東主要考慮的一是決戰的地點，二是決戰的打法。決戰的地點首先選擇在東北，因為東北是解放軍在全國唯一具有絕對優勢地位的戰場，在東北決戰符合毛澤東集中優勢兵力、各個殲滅敵人的軍事原則。至於打法，毛澤東的部署是關門打狗，將國民黨軍封閉殲滅於東北，從而減輕未來關內決戰的壓力。為此，毛澤東特別強調要先打錦州，封閉國民黨軍撤向關內的退路。但東北野戰軍領導人林彪出於後勤支援和以往攻堅不利經驗的考慮，主張先打長春，又因長春國民黨軍深溝高壘，一時難以下手，因此東野在幾個月的時間裏在主要作戰方向上徘徊不定，導致毛澤東的嚴厲批評。直到9月初，林彪才決定南下北寧路錦州方向作戰。7日，毛澤東發出《關於遼瀋戰役的作戰方針》，指出攻克錦州是戰役能否勝利的關鍵，「只要攻克了錦州，你們就有了主動權，就是一個偉大的勝利」[1]。9月中旬，東野大軍南下，開始錦州外圍作戰，至當月底完全孤立了錦州的國民黨軍。

---

1 《關於遼瀋戰役的作戰方針》（1948年9月、10月），載《毛澤東選集》第四卷，第1337頁。

　　蔣介石得悉東北戰況，於9月底10月初匆匆飛抵北平和瀋陽，部署作戰。他令錦州部隊堅守待援，同時自華北調動部隊，會合原在錦西的部隊組成東進兵團，自錦西正面增援錦州，令瀋陽援軍組成西進兵團，先向錦州西北方出動，以截斷東野後方補給線，再圖南下夾擊東野部隊。東野決定以6個縱隊攻錦，2個縱隊及2個獨立師阻擊國民黨東進兵團，4個縱隊阻擊國民黨西進兵團，另以9個獨立師繼續圍困長春，整個部署體現了集中優勢兵力，全力爭取錦州初戰之勝的決心。

　　10月9日，東野發起對錦州的攻擊，雖然國民黨守軍實力並不強，但在指揮官的嚴厲督促下，戰鬥亦十分激烈，尤以對配水池的爭奪為烈。東野歷經5天激戰，13日全部掃清城外據點，14日在強大炮火支援下開始攻擊城區。只1天時間，東野即全部佔領內城，俘獲國民黨東北「剿總」副總司令范漢傑。同時，東野阻擊部隊在離錦州咫尺之遙的塔山頑強阻擊了國民黨東進兵團對錦州的增援，兩地雖炮聲互應但援軍終不得越雷池一步，而國民黨西進兵團因害怕遭殲，徘徊於錦州西北彰武地區，沒有大的動作。

　　錦州解放，東北國民黨軍已被全部圍困，成為孤軍。蔣介石不甘心東北全軍覆滅，令援錦兵團東西對進，打通關內外通路，同時令長春守軍突圍，準備與瀋陽守軍一道向關內撤退。此時，長春國民黨軍被長期圍困，彈盡糧絕，無心再戰。在解放軍的重重包圍下，蔣的突圍命令根本不可能實現。由於解放軍的強大壓力和爭取，第60軍軍長曾澤生率部於17日起義，國民黨東北「剿總」副總司令鄭洞國亦不得不率部放下武器投誠，長春於19日和平解放。

　　錦州、長春相繼解放，東北國民黨軍只剩下瀋陽孤城。西進的廖耀湘兵團在蔣介石嚴令下，此時開始自彰武南進，企圖經黑山和大虎山推向錦州或南進營口。東野抓住此一有利戰機，一方面令一個縱隊於黑山、大虎山地區阻擊，兩個縱隊截斷廖兵團退路，另一方面令攻錦部隊迅速行動，自兩翼包抄廖兵團，尋機擴大戰果，全殲東北國民黨軍。經

遼瀋戰役

3天激戰，廖兵團未能越過黑山和大虎山一線，而解放軍已出現在其兩翼，廖深感態勢對其不利，下令改向瀋陽撤退。但東野各部行動迅速，已將廖兵團分割包圍，廖兵團指揮部被解放軍突襲，全軍群龍無首，土崩瓦解，10月28日戰鬥結束，廖耀湘兵團10餘萬人被全殲，廖本人被俘。此時，瀋陽已無法再守，29日，東北「剿總」總司令衞立煌飛離瀋陽。11月2日，東北最大的城市瀋陽被解放。國民黨第52軍一部自營口經海路逃跑，錦西和熱河國民黨軍亦自行撤退。至此，遼瀋戰役結束，國民黨軍4個兵團、11個軍共47萬餘人被全殲，東北全境解放。

遼瀋戰役結束不久，一場更大規模的戰役在淮海大地拉開了序幕，這就是解放戰爭三大戰役中規模最大、戰鬥也最為激烈的淮海戰役。濟南解放之後，華東野戰軍提出在淮海地區進行作戰的設想，得到中共中央的同意，首戰以殲滅黃百韜兵團為目標。隨着戰場形勢的發展，戰役

規模越打越大。解放軍華東野戰軍和中原野戰軍共60餘萬人參戰。淮海地區事關國民黨政府統治中心滬寧地區的安危，國民黨也不敢掉以輕心，國民黨軍先後有7個兵團80餘萬人參戰。此戰國共雙方可謂均投入了軍事主力，再加上雙方的後勤支援，幾百萬人在淮海大地上演出了解放戰爭時期震驚中外的一場空前大戰，這也是解放戰爭時期最具有軍事上的決定意義的一場大戰。

遼瀋戰役結束後，面對不利的軍事形勢，國民黨考慮在淮海地區收縮兵力，集中機動兵力，必要時退至淮河以南，拱衞滬寧地區。根據此一計劃，駐守在徐州以東新安鎮的第7兵團黃百韜部於11月7日開始向徐州撤退。此時，華野主力得悉國民黨軍的行動，提前自山東南下，直撲隴海路。在此關鍵時刻，國民黨第三綏靖區副司令、中共地下黨員何基灃和張克俠於8日率部在台兒莊起義，使華野得以不經戰鬥越過他們部隊的防線，趕在黃兵團之前切斷了隴海路。黃兵團行動遲緩，撤退秩序混亂，一經接觸，先受了不少損失。黃決定在徐州以東的碾莊一帶停留整理，等待援軍。華野各部遂將黃兵團包圍在碾莊一帶。

黃百韜兵團被圍，蔣介石匆忙調整淮海地區的軍事部署，將徐州「剿總」總司令、素稱無能的劉峙調至蚌埠，由徐州「剿總」副總司令杜聿明負責指揮前線作戰，以邱清泉、李彌、孫元良兵團接應黃百韜兵團突圍並保持徐州，將在中原的黃維兵團東調徐州，並以蚌埠的李延年、劉汝明兵團準備北進增援。這其中，邱清泉和黃維兩個兵團均為國民黨精銳主力，其第5軍和第18軍更為主力中之主力。國民黨將其看家本錢全部投入淮海戰場，以圖最後一搏，挽救軍事頹勢。杜聿明令黃百韜在碾莊死守待援，同時督促邱清泉和李彌兵團全力向碾莊前進。華野以5個縱隊攻擊碾莊，3個縱隊擔任阻擊。雙方於11月中旬開始全線接戰，其激烈程度前所未有。此時，中原野戰軍亦自中原東進，於11月15日佔領津浦路上的宿縣，切斷了徐蚌聯繫，並步步緊逼自平漢路東援的國民黨黃維兵團，令國民黨軍進一步陷於被動。針對前線戰局的發展，16日，

中共中央決定由劉伯承、鄧小平、陳毅、粟裕、譚震林組成淮海戰役總前委，鄧小平任書記，統一指揮前線作戰。國共雙方140餘萬兵力集中於淮海戰場，淮海戰役已發展為解放戰爭走勢的大規模決定性戰役。

歷經一週血戰，華野消滅黃百韜兵團大半，但黃仍困守待援。19日，華野發起最後的總攻，次日攻佔黃兵團部碾莊，並於22日全殲黃百韜兵團5個軍，黃百韜自殺。此時，遠途而來的黃維兵團奉命攻佔宿縣，打通徐蚌聯繫，但為中原野戰軍所阻。黃百韜兵團被殲後，解放軍總前委將下一目標轉向黃維，24日中野放棄部分陣地，引黃維冒進。及至黃維發現情況不妙，猶豫再三，25日方令部隊改向蚌埠方向轉移。黃維本已貽誤時機，轉移過程中又部署失當，26日全軍被困於宿縣以南雙堆集一帶。次日，第85軍110師師長廖運周在黃下令突圍時率部起義，黃維因此被迫放棄了突圍計劃，改行已經被無數次證明是國民黨軍死路一條的堅守待援之策。

黃百韜兵團覆滅，黃維兵團又陷入重圍，蔣介石不得不聽從杜聿明的意見，決定由杜率徐州3個兵團撤退，繞行向南，先到蚌埠，再依託淮河防線向北救援黃維。11月底，徐州國民黨軍開始撤退，由於隨帶大批非戰鬥人員，撤退秩序混亂，部隊擁塞於途，行動十分緩慢。華野抓住有利時機，緊追不放，12月2日在蕭縣截住杜軍。正在這時，蔣介石又改令杜聿明改為直接向南，與蚌埠的李延年兵團南北對進，救援黃維兵團。杜集團改變行動方向後，12月4日即為緊追於後的華野合圍。杜倉促下令突圍，結果邱清泉、李彌兵團行動猶豫，孫元良兵團於突圍中大部被殲，杜部所餘兩個兵團被圍於河南永城縣陳官莊地區，再成死棋。

杜部被圍後，解放軍採取吃一個、挾一個、看一個的戰略，即集中全力首先殲滅黃維部，同時包圍杜部，阻擊自蚌埠北援的李延年、劉汝明部。自12月6日起，中野統一指揮中野及華野共9個縱隊，對黃維部發起強攻，歷經一週血戰，至15日，黃維部4個軍被全殲，黃維被俘，淮海戰役第二階段戰鬥結束。

黃維部被殲，李延年、劉汝明兩部後撤，杜聿明集團已成孤軍，但為了策應平津戰役的順利進行，毛澤東指示對杜部暫採圍而不殲方法。杜部於被圍中，糧彈缺乏，又值天寒地凍，可謂飢寒交迫，軍心已渙散。1949年1月6日，華野以9個縱隊發起對杜部的最後總攻，至10日全殲杜部2個兵團6個軍，杜聿明被俘，邱清泉被擊斃，只李彌乘亂脫逃。

淮海戰役歷時2個多月，人民解放軍以少擊多，全殲國民黨軍5個兵團22個軍共55萬餘人，創造了解放戰爭以來的空前戰績。在戰役過程中，中共中央和毛澤東對於形勢有着極為準確的判斷，戰略上總攬全局，運籌帷幄，戰術上賦予前線指揮員充分的獨立決斷權，上下一心，團結一致，取得了輝煌的勝利。反觀國民黨軍，戰略上沒有明確目標，由蔣介石一人專斷且多變，戰術呆板，只知死守一地，導致最後慘敗。經此一役，國民黨軍精銳主力幾乎全軍覆滅，再也無法組織有力的機動兵團投入戰場。滬寧門戶洞開，國民黨統治覆滅已在所有人預料之中了。

還在遼瀋戰役剛剛結束，淮海戰役正在進行之際，中共中央就在考慮為不使國民黨平津地區主力南撤長江或西撤綏遠，增加以後作戰的困難，有迅速發起平津戰役的必要。1948年11月中旬，毛澤東指示林彪等東野領導人，東野立即結束休整，以主力入關，首先包圍並隔斷平、津諸點之敵。為了完成全殲國民黨軍於華北的戰役構想，毛澤東首先部署華北兵團出擊平綏路，吸引傅作義部隊；東野部隊對國民黨軍取隔而不圍，或圍而不打之勢，等到戰略包圍完成之後，再行各個殲滅。同時決定對淮海戰場國民黨軍暫停攻擊，以防華北國民黨軍在解放軍包圍未完成之時決策南逃。11月下旬，東北野戰軍百萬大軍祕密南下入關，至12月上旬先後到達冀東地區，而國民黨對此尚無察覺。及至12月5日，東野部隊攻佔北平近郊的密雲，傅作義才發現東野部隊已經入關，傅立即調整部署，但為時已晚，至12月20日，東野與華北部隊已分別將國民黨軍分割包圍在北平、天津、塘沽、張家口、新保安等地，完成了預定的戰

人民解放軍進入北平 （採自《解放軍畫報》1951年第1期）

役構想。

　　完成對國民黨軍的包圍後，解放軍首先攻擊西線新保安，22日全殲傅部主力第35軍，24日殲滅自張家口出逃的國民黨軍，傅作義賴以起家的主力部隊3個軍至此全部被殲滅。華北國民黨軍外無援軍，內部中央系與地方系關係複雜，傅作義嫡系部隊盡喪，在解放軍的強大壓力下，態度動搖，有意與解放軍接洽談和。但與此同時，他又令陳長捷在天津堅守，以加強談判地位。1949年1月14日，解放軍對天津發起總攻，次日即全殲守軍，俘獲陳長捷。至此，北平已成孤城，傅作義不得不同意接受和平解決方案，所有部隊開出城外，接受改編。22日，北平國民黨軍根

據和平解決協議開出城外，31日，人民解放軍進駐北平。千年古城得以避免戰火，和平解放，平津戰役至此結束。平津戰役的結果是，國民黨軍3個兵團13個軍共52萬餘人被殲滅或被改編。

　　遼瀋、淮海、平津三大戰役是解放戰爭最為壯觀的高潮。經此三次戰役，國民黨軍在短短3個多月的時間裏損失了150餘萬兵力，從此再也無法組織像樣的防禦，更不必說進攻了。人民解放軍不僅在戰鬥意志和能力上早已超過了國民黨軍，而且首次在數量上也超過了國民黨軍。全軍士氣高昂，只待向全國進軍的命令下達。中共中央本來估計，用5年左右的時間可以贏得戰爭的勝利，而三大戰役進行當中，毛澤東在為新華社撰寫的《中國軍事形勢的重大變化》一文中明確指出，自此以後，「再有一年左右的時間，就可能將國民黨反動政府從根本上打倒了」[1]。

　　三大戰役為人民解放戰爭的勝利奠定了堅實有力的基礎。

1　毛澤東：《中國軍事形勢的重大變化》（1948年11月14日），載《毛澤東選集》第四卷，第1361頁。

北平和平談判破裂
百萬雄師搶渡大江

　　國民黨軍在三大戰役中失敗，使國民黨難以再戰。1948年8月國民黨實行以金圓券代法幣的幣制改革，不出3個月即遭慘敗，國民黨已經失去了繼續維持其統治的資本。在軍事、經濟雙重失敗的打擊下，國民黨政權內部也發生了政治危機，桂系憑藉實力對蔣介石發起「逼宮」，企圖取而代之。蔣介石在面臨國民黨軍事政治危機，而且個人威信盡失的情況下，再度玩弄以退為進手法，暫時退居幕後，以圖待機再起。

　　1949年1月1日，蔣介石發表新年文告，首次表示在他提出的各項條件得到考慮時，他本人有意「下野」。同日，中共中央主席毛澤東發表新年獻詞《將革命進行到底》，揭露國民黨和蔣介石的「和平」陰謀，強調中共將在各方面將革命進行到底。14日，毛澤東發表《關於時局的聲明》，提出和平談判的八項條件，即懲辦戰爭罪犯，廢除偽憲法，廢除偽法統，依據民主原則改編一切反動軍隊，沒收官僚資本，改革土地制度，廢除賣國條約，召開政治協商會議成立民主聯合政府。這個聲明明確提出以推翻國民黨政權為和平條件，從而打消了任何人在這個問題上的幻想。

　　蔣介石文告並未帶來他所期待的反應。1月21日，在國民黨政治軍事敗局已定的情況下，蔣宣佈「下野」，由李宗仁任代「總統」。李上台後，一方面提出與中共進行和平談判的主張，並承認以中共八項條件作為談判基礎，另一方面企圖藉機加強桂系實力，保存長江以南的國民黨政權。在後一點上，桂系與蔣介石是一致的，不同的是，由誰來掌握國民黨殘存的權力。蔣介石雖然「下野」，但仍然手握國民黨實權，他對

各地人事作了精心佈置，將自己的親信陳誠、湯恩伯等安排在各個重要崗位，尤其注重保持台灣。在蔣的佈置下，李宗仁的代「總統」徒有虛名，蔣李矛盾日漸發展，不過在表面上，李宗仁仍主導着國民黨的和談進程。

中共一方面高度警惕國民黨以和談進行戰爭準備的行動，毫不放鬆渡江作戰的準備，另一方面為了教育人民和社會各界，也為了避免戰爭可能帶來的損失，同意與國民黨進行和談，力爭以和平方式解決問題。3月24日，國民黨任命張治中、邵力子等為和談代表，張治中為首席代表。26日，中共中央決定由周恩來等出任中共和談代表。國民黨代表在去北平談判前，曾擬有所謂的和談腹案，重點在於阻止解放軍過江，維持國民黨在長江以南的統治地位，即劃江而治。這一談判方針得到了退居溪口的蔣介石的認可，表明蔣仍在實際上控制着國民黨政權。

4月1日，國民黨和談代表到達北平，與中共代表進行和平談判。雙方在談判中的分歧主要集中在戰犯和渡江問題上。國民黨代表反對在和平協定中列入戰犯名單，並堅持國共雙方首先簽訂停戰協定，雙方軍隊就地停戰，實際即劃江而治。考慮到國民黨和談代表說服其黨內領袖簽訂和平協定時的困難，中共在戰犯問題上做出了相當的讓步，同意不具體列出名單，但是對於解放軍渡江問題，中共沒有給國民黨留下任何幻想，堅持無論和談是否成功，解放軍都必須渡江。中共堅持建立一個在中共領導下的人民民主專政的新型國家，而不是任何保留國民黨殘餘勢力的國家。經過半個月的談判，國民黨談判代表也認識到，國民黨已經在戰爭中失敗，它已經失去了討價還價的資本，因此他們同意接受中共提出的《國內和平協定》。15日，中共提出這個和平協定的最後文本，要求南京國民黨政府在20日前做出回答。

國民黨和談代表於16日將《國內和平協定》帶回南京，在李宗仁召集的桂系將領會議上，協定遭到白崇禧堅決反對，他自信憑桂系的實力還可以與解放軍一戰。李宗仁因此不能接受這個協定，蔣介石當然就更

不會同意接受這個協定。事實證明，國民黨的談判建議不過是為自己爭取重整軍備時間的煙霧彈而已。20日晚，李宗仁指示國民黨和談代表，拒絕在《國內和平協定》上簽字，從而最後關上了和平之門。就在當天深夜，人民解放軍已經開始渡江作戰，次日，毛澤東、朱德發佈《向全國進軍的命令》，以推翻國民黨統治、解放全中國為目標的人民解放戰爭輝煌的大進軍就此展開。

人民解放軍於1949年1月進行了統一整編，西北、中原、華東、東北野戰軍改稱第一、二、三、四野戰軍，華北野戰軍則直屬解放軍總部。至3月底，二野和三野進至蘇皖長江一線，四野進至湖北長江一線，並作好了渡江作戰的一切準備。與此同時，國民黨也沒有放棄長江以南的戰爭準備。當時國民黨在長江以南尚有100餘萬兵力，其中最主要的是兩大集團：湯恩伯集團部署在湖口至上海的長江一線，白崇禧集團部署在湖口至宜昌的長江一線，海空軍力量仍有一定優勢。國民黨的防禦部署着重在保持中國最大的工商業城市上海，幻想以此等待第三次世界大戰的爆發，並且轉移上海的黃金外匯財產。

人民解放軍渡江作戰首先是由第二、第三野戰軍在長達千里的蘇皖長江沿線進行的。4月20日晚，譚震林指揮的渡江集團在安徽蕪湖至樅陽段江面勝利越過長江天險，踏上了江南的土地。次日晚，解放軍在《向全國進軍的命令》之下，全線發起渡江作戰。粟裕指揮的東集團在江蘇江陰至揚中段渡江，隨即截斷滬寧路。劉伯承指揮的西集團在安徽樅陽至望江段渡江，兵鋒直指浙贛路。解放軍渡江作戰，依靠的是成千民工駕駛的小木船，但兵鋒所至，勢如破竹，已經喪失了戰鬥意志的國民黨軍根本無法組織有效的阻擊或反擊，相反，駐守江陰要塞的國民黨軍和國民黨海軍第2艦隊相繼宣佈起義，對國民黨軍長江防線是一重大打擊。

4月23日晚，人民解放軍第三野戰軍第35軍自浦口渡江，進入國民黨政權統治中心南京。此時此刻，國民黨軍政官員早已逃亡一空。以人民解放軍解放南京為標誌，自22年前的這個月國民黨在南京建立的中央政

渡江戰役

權，至此實際覆亡。

　　解放軍渡江之後，國民黨軍在解放軍的打擊下聞風而逃，在常州以東的部隊沿滬寧路撤往上海，在常州以西的部隊沿寧杭等公路撤往杭州，在安徽沿江的部隊自皖南山地撤往浙贛路，國民黨軍長江防線不戰自潰。解放軍緊追潰退中的國民黨軍，三野部隊先後解放蘇州和杭州，兩路合圍，完成了對上海的包圍。二野部隊則於5月初在浙贛路上與三野會師，控制了自浙西至贛東的大段浙贛路，切斷了白崇禧和湯恩伯兩大集團的聯繫，並為以後繼續南進準備了有利的出發基地。

　　國民黨長江防線的重心在上海。上海是中國最大的工商業城市，也是國民黨政權賴以維持統治的經濟重心。自國民黨軍在淮海戰役中失敗

後，蔣介石一面部署將上海庫存黃金、外匯和物資運往台灣 [1]，一面寄希望於守住上海半年，以等待國內外形勢的變化。為此，國民黨在上海集中了陸海空三軍20餘萬兵力，構築了市郊、外圍和市內多層立體防線，稱「東方馬德里」，「固若金湯」。4月底至5月初，蔣介石親臨上海，部署防守作戰，鎮壓地下反抗，市內籠罩着戰前的緊張恐怖氣氛。

中共中央對於上海作戰十分關注。在軍事上，雖然解放軍擁有絕對優勢，但上海臨江面海，高樓林立，作戰地域狹窄，易守難攻，而且上海是中國人口最多的城市和工商業中心，在戰鬥中還要儘量避免對於人民生活的影響和對於城市的破壞，維持社會穩定，並為未來的人民政權留下重要的物質基礎。因此，中共中央要求前線解放軍對於進攻上海作充分的政治軍事準備，軍事上着重於封閉國民黨軍海上退路，殲其有生力量，政治上着重順利接管，維持生產和生活的正常進行。

上海作戰由陳毅、粟裕指揮三野承擔，二野和四野分別控制着浙贛路和平漢路，隨時可以呼應三野的作戰行動，準備應付美國可能的干涉行動。在具體部署上，三野以葉飛兵團的4個軍自北翼向吳淞進攻，以宋時輪兵團的4個軍自南翼向浦東進攻，爭取在上海外圍消滅國民黨軍有生力量，避免市區的惡戰。5月12日，三野發起進攻，經過10天激戰，三野部隊突破國民黨軍外圍防線，進至上海市郊。在解放軍的打擊下，國民黨固守上海半年的計劃難以實現，而且有全軍覆滅的危險。為了保存其不多的軍事力量，湯恩伯下令自吳淞口登輪撤退。23日夜，三野發起對

---

[1] 蔣介石從上海運到台灣黃金究竟有多少，一直眾説紛紜。有 300 萬、450 萬、700 萬諸説。據《蔣介石先生年譜長編》第九冊記載，1948 年 12 月 1 日，中央銀行將黃金 200 多萬兩裝成 774 箱，從上海起運，經基隆登陸台北。此後黃金陸續疏運。1949 年 2 月 8 日、9 日，周宏濤奉蔣介石命往上海與中央銀行總裁劉攻芸晤談。2 月 10 日，周宏濤自上海攜報告返奉化報告蔣介石，告黃金多已運抵台灣。現全國黃金台北存 2600 萬兩，廈門存 900 萬兩，美國存 380 萬兩，共計 3880 萬兩，而上海留存 20 萬兩。見「國史館」等單位出版、呂芳上主編《蔣介石先生年譜長編》第九冊，（台北）2015 年版。又《蔣介石日記》1949 年 2 月 10 日所記：「宏濤自滬回來，中央銀行存金已大部如期運廈、台，存滬者僅 20 萬兩黃金而已，此心略慰。」未刊本，原件藏美國胡佛研究所。

上海的總攻，25日佔領了蘇州河南地區。國民黨代理淞滬警備司令劉昌義在解放軍強大壓力下決定投誠，27日，上海完全解放。

上海作戰是解放軍渡江之後較為艱苦的一次城市攻堅戰，但因準備充分，部署得當，戰役進展順利，共殲滅國民黨15萬人，同時基本避免了對於城市大的破壞。在上海戰役進行過程中，人民解放軍作戰英勇，紀律嚴明，對上海城市的整個接收過程十分平穩有序，給上海市民留下了深刻印象。解放軍在上海夜宿街頭而不入民宅的事例，是上海市民多年樂道的佳話。

上海，這個中國最大的城市，從此回到了人民手中。

中華人民共和國中央人民政府成立
中國歷史進入現代

渡江戰役勝利之後，人民解放軍開始分路向全國進軍。

華北兵團負責山西及綏遠戰場。山西是閻錫山長期經營之地，經過解放軍的不斷打擊，閻多年的老本已消耗殆盡，到1948年底，山西國民黨軍僅能保持太原和大同兩座孤城。解放軍出於平津戰役以及其後與國民黨和談的戰略考慮，暫緩了對太原的進攻，使守軍又得以維持半年。閻錫山堅持反共立場，拒絕太原和平解放的可能，但他表面上信誓旦旦，要與太原共存亡，實際上在解放軍發起總攻前便藉口赴南京商量軍政大計逃離太原。1949年4月20日國共和談破裂之後，包圍太原的華北解放軍主力30餘萬人，在彭德懷指揮下（前線總指揮徐向前此時因病休養），立即對太原發起總攻，經4日激戰，24日解放太原，全殲國民黨守軍。大同國民黨軍見已無其他出路，29日放下武器，大同和平解放。綏遠國民黨軍董其武部是傅作義的老部下，而且孤懸塞外，於解放軍進軍影響不大，因此還在北平和平解放之時，中共已決定對綏遠暫不觸動，等到時機成熟時再行改編，即毛澤東所說的「綏遠方式」。在中共的爭取下，董其武於6月間與中共簽訂了《綏遠和平協議》，8月底傅作義親至綏遠籌劃起義事宜，9月19日，董其武等綏遠國民黨將領聯名通電宣佈起義，部隊以後被改編為解放軍，華北全境解放。

第一野戰軍負責西北戰場。山西全部解放後，西北國民黨軍亦感態勢不利，胡宗南部開始向西收縮。5月20日，一野解放西北第一重鎮西安，並準備繼續向西進軍。尚未受到解放軍殲滅性打擊的地方軍閥寧夏馬鴻逵部和青海馬步芳部，企圖以阻擋解放軍的前進保持其固有地盤，

遂聯合胡宗南部，於6月初向西安反擊。一野以運動防禦誘敵深入，已配屬一野指揮的華北第18、19兵團迅速趕赴前線支援，國民黨軍見形勢不利，未敢繼續前進。西北胡宗南集團是國民黨軍中力量保持較為完整的一個集團，為了不使其過早退入四川，再由四川至雲南，以至逃往國外，便於解放軍以大包圍態勢向西南進軍，毛澤東指示一野不必過早南進。因此一野在7月進行扶郿戰役，消滅胡宗南一部之後，改向西進，打擊二馬。一野兩個兵團和華北第19兵團出擊平涼，二馬面對解放軍的攻勢，互相間鉤心鬥角，不願為他人作嫁衣裳，甫經接觸即行後退，結果，二馬聯合陣線分裂，馬鴻逵部退往寧夏，馬步芳部退往隴中，解放軍進軍大西北的大門洞開。8月中旬，一野發起蘭州戰役，26日解放蘭州，馬步芳部主力被殲。一野遂分兵進擊，9月5日解放西寧，23日解放銀川，長期盤踞西北的二馬地方軍閥勢力被消滅。隨後，一野沿河西走廊繼續向新疆進軍，月底已進至酒泉地區。此時，新疆國民黨軍退往內地之路已斷，再戰亦不現實，在中共的爭取和原西北軍政長官張治中的協助下，國民黨新疆警備總司令陶峙岳和新疆省政府主席包爾漢分別於9月25日和26日發出起義通電，新疆和平解放，西北底定。

第三野戰軍負責東南戰場。在攻克上海前後，三野解放了浙江省的大部分地區和江西北部以及山東最後一座在國民黨手中的城市青島。自7月開始，三野繼續向福建進軍，先後發起福州戰役和漳廈戰役，並於8月17日解放福州，10月17日解放廈門。但是由於在勝利中滋生了輕敵思想，10月24—27日，第10兵團在渡海進攻金門的作戰中失利，損失了4個團近萬人，原因主要是對敵情偵察不明，對於渡海作戰的特點知之不多，加之領導重視不夠，這是解放戰爭中解放軍不多的失利之一。

第四野戰軍負責中南戰場。渡江戰役之前，四野部隊已經部署在長江湖北段北岸，但並未與二、三野同時渡江，目的是作為戰略預備隊，確保蘇皖戰場渡江的順利進行。二、三野渡江之後進展順利，四野亦於5月中旬開始渡江作戰。白崇禧指揮的桂系部隊不敢與解放軍正面決戰，

步步後撤。5月14日，四野在長江團風至武穴段勝利渡江，16日、17日解放華中最大的城市武漢三鎮。隨後，四野分為三路追殲國民黨軍，中路沿粵漢路直指湖南，右路自宜昌、沙市渡江後迂迴湘西，左路附二野陳賡兵團出江西。至7月間，右路佔領常德，左路進至萍鄉，形成對長沙的包圍之勢。在此形勢下，經過中共的工作和爭取，國民黨長沙綏靖公署主任程潛和第1兵團司令陳明仁於8月4日在長沙起義，白崇禧被迫率部繼續南撤。鑒於白部不敢與解放軍正面作戰，毛澤東指示四野採取大迂迴的作戰方法，派部隊遠出白部後方，斷其退路，然後包圍尋殲其主力。四野右路因此經湘西向桂北，左路陳賡部經贛西、粵北向桂南進軍，對白部形成大包圍之勢。10月上旬，四野在衡陽、寶慶地區追殲白崇禧部4個師，14日，解放華南重鎮廣州，國民黨「政府」逃往重慶，殘餘國民黨軍退向廣西和雷州半島，並有繼續逃往雲南、海南或國外的計劃。四野即以右路出桂西北，左路出雷州半島和桂南，中路緊追其後，終於在12月初將白崇禧集團殲滅於廣西境內，只有黃傑部2萬餘眾逃往越南。

第二野戰軍負責西南戰場。經過休整，二野部隊於9月出動，陸續向湘西集結，採大迂迴方式，準備自貴州入川。西南是國民黨在大陸退守的最後一個地區，蔣介石多次親臨部署，企圖以此作為國民黨最後的反共基地。但國民黨判斷錯誤，以為解放軍將經陝南入川，因而將防禦重點置於陝南與川北地區。11月初，二野大軍自湘西向貴州發起進攻，很快突破國民黨軍防線，15日解放貴陽，自南面威脅四川。蔣介石發現四川已處於包圍中，急忙命令胡宗南部自陝南後撤入川，此時，二野部隊已迂迴川南，30日解放重慶。12月9日，國民黨西康省政府主席劉文輝和雲南省政府主席盧漢，分別在雅安和昆明宣佈起義，次日，蔣介石一行自成都登機飛往台北，被迫離開了他曾經統治22年的中國大陸。

胡宗南部接到蔣介石的命令後，自陝南步步後撤，解放軍華北第18兵團在賀龍指揮下，追蹤胡部入川，二野則斷其南退之路。12月中旬，殘餘國民黨軍麇集成都盆地，無處可逃，在解放軍強大壓力下，紛紛起

義投誠，成土崩瓦解之勢。12月27日，二野部隊解放成都，此時，除少數邊境地區和部分海島之外，人民解放軍已基本解放了全國。

對於尚被國民黨軍控制的少數邊境地區和海島，人民解放軍繼續進軍。1950年2月，二野解放雲南全境，3月解放西昌；4月，四野解放海南島；5月，三野解放舟山群島；10月，二野在昌都戰役中擊敗藏軍。1951年5月，中央人民政府和西藏地方政府達成《關於和平解放西藏辦法的協議》，10月，人民解放軍進駐拉薩。至此，除了台灣和沿海少數島嶼外，中華人民共和國的旗幟已經飄揚在中國大陸的領土上空。

與人民解放軍向全國進軍的同時，建立新中國的工作也在緊張地籌備之中。1948年5月，中共中央發佈紀念「五一」勞動節口號，首次提出「各民主黨派、各人民團體、各社會賢達迅速召開政協協商會議，討論並實現召集人民代表大會，成立民主聯合政府」[1]的主張。中共的主張立即得到了各民主黨派和社會各界的廣泛支持，應中共的邀請，從當年秋天起，各民主黨派和無黨派民主人士的代表陸續到達解放區的哈爾濱和西柏坡，他們當中有李濟深、沈鈞儒、譚平山、章伯鈞、蔡廷鍇、郭沫若、吳晗、周建人等。北平和平解放之後，又有不少民主人士，如黃炎培等，直接前往北平，與從哈爾濱南下和從西柏坡北上的民主人士會聚於北平，實現了支持、擁護中共新民主主義革命路線的民主人士的大會合。他們開始在中共領導下，討論民主聯合政府的成立問題。

1949年3月，中共中央在西柏坡召開七屆二中全會，這是中共在全國解放前夕召開的一次制定未來各項政策的重要會議。會議決定將中共的工作重心由鄉村移到城市，並討論決定中共在革命勝利之後的政治、經濟、外交等方面的基本政策。3月25日，中共中央和人民解放軍總部自西柏坡遷至北平，建立新中國的各項準備工作隨即在北平緊張地進行。

---

1 《中共中央發佈紀念「五一」節口號》（1948年4月30日），載《建黨以來重要文獻選編（1921—1949）》第25冊，第283—284頁。

7月1日中共建黨28周年前夕，毛澤東發表了著名的《論人民民主專政》一文，闡述即將誕生的新中國的性質是工人階級領導的、以工農聯盟為基礎的、包括城市小資產階級和民族資產階級在內的人民民主專政的國家，這個指導新中國成立的綱領性文件，對於統一全國人民對新中國性質的認識具有重要作用。

6月15日，新政協籌備會議在北平開幕，中國共產黨以及各民主黨派、無黨派民主人士、人民團體共23個單位134位代表參加了籌備會議，會議通過了建立新中國的有關文件。9月21日，中國人民政治協商會議第一屆全體會議在北平隆重開幕，會議期間通過了《中國人民政治協商會議共同綱領》《中國人民政治協商會議組織法》《中華人民共和國中央人民政府組織法》，作為建國的指導原則；隨後又通過了中華人民共和國國都、紀年、國歌、國旗四個決議案[1]；30日全體會議上選舉出180人組成的中國人民政治協商會議第一屆全國委員會，選舉毛澤東為中央人民政府主席，朱德、劉少奇、宋慶齡、李濟深、張瀾、高崗為副主席，周恩來、陳毅等56人為中央人民政府委員會委員。[2] 第一屆政協於9月30日閉幕，從而在法理上最後完成了建國的準備工作。

1949年10月1日，北京市30萬市民在天安門廣場參加中華人民共和國開國大典。在雄壯的國歌和禮炮聲中，中華人民共和國國旗冉冉升起，毛澤東莊嚴地向全世界宣告：中華人民共和國中央人民政府成立了！一個獨立、自主、統一的中國出現在世界東方，具有五千年文明歷史的中國翻開了自身歷史新的一頁。如同毛澤東在新政協開幕致詞時所說：「我們的工作將寫在人類的歷史上，它將表明：佔人類總數四分之一的中國人從此站立起來了。中國人從來就是一個偉大的勇敢的勤勞的民

---

1 這幾個決議規定，以北平為首都，從即日起改北平為北京；中華人民共和國採用公元紀年；在國歌未正式制定以前以《義勇軍進行曲》為國歌；中華人民共和國國旗為五星紅旗。
2 參見當代中國研究所《中華人民共和國史稿》第一卷，人民出版社、當代中國出版社2012 年版，第 21—22 頁。

開國大典 （採自《解放軍畫報》1951年第6期）

族，只是在近代落伍了。這種落伍，完全是被外國帝國主義和本國反動政府所壓迫和剝削的結果。一百多年以來，我們的先人以不屈不撓的鬥爭反對內外壓迫者，從來沒有停止過，其中包括偉大的中國革命先行者孫中山先生所領導的辛亥革命在內。我們的先人指示我們，叫我們完成他們的遺志。我們現在是這樣做了。我們團結起來，以人民解放戰爭和人民大革命打倒了內外壓迫者，宣佈中華人民共和國成立了。我們的民族將從此列入愛好和平自由的世界各民族的大家庭，以勇敢而勤勞的姿

態工作着，創造自己的文明和幸福，同時也促進世界的和平和自由。」
「隨着經濟建設高潮的到來，不可避免地將要出現一個文化建設的高
潮。中國人被認為不文明的時代已經過去了，我們將以一個具有高度文
化的民族出現於世界。」[1]

　　1949年10月1日，是中國歷史上最榮耀、最值得紀念的一天！

---

1 毛澤東：《中國人民站起來了》（1949 年 9 月 21 日），載《毛澤東著作選讀》下冊，
人民出版社 1986 年版，第 691—692 頁。

第十三章

從近代史看
中華人民共和國成立的
歷史意義

第一節

改變了中國歷史發展的方向
深刻影響了世界歷史發展的進程

　　毛澤東曾經強調，成立中華人民共和國是一個偉大的勝利，「是中國從古未有的大勝利，也是十月革命以後一個帶世界性的大勝利」[1]。中華人民共和國成立的偉大意義是毋庸置疑的。正是這個偉大事件，改變了中國歷史發展的方向，也深刻影響了世界歷史發展的進程。

　　中國是世界歷史上最悠久的文明古國之一，僅封建社會就經歷了兩千多年。到公元1840年，英國發動侵華的鴉片戰爭，中國進入近代。從1840年至1949年的109年，是中國社會有史以來變化最劇烈的時期，是中國落後捱打並逐步走向半殖民地半封建社會的時期，也是中國人民在民族危亡面前不斷覺醒，為了國家獨立、民主和現代化而奮起反抗帝國主義侵略和封建統治的時期，是中國由舊民主主義革命轉向新民主主義革命的時期，是舊中國走向新中國的關鍵時期。

　　1842年8月，清政府在鴉片戰爭中失敗，被迫簽訂了不平等的《南京條約》。從此，中國被套上不平等條約體系的枷鎖。那時候，西方資本主義正處於上升期，急於在世界各地尋找殖民地並開拓世界市場，促使自由資本主義發展為帝國主義，為此不惜在20世紀上半葉發動了兩次世界大戰。中國因為長期固守封建制度，特別是明末清初實行海禁政策，封閉了國人的眼界，鄭和下西洋那樣壯麗的情景不能再現。清初雖然出現過康乾盛世局面，但依然是在封建社會的基本政治經濟制度上的發

1　毛澤東：《不要四面出擊》（1950年6月6日），載《毛澤東文集》第六卷，第73頁。

展，比起資本主義取得的生產力進步，中國總體上是大大落後了。這就使中國在突然面對西方勢力入侵的時候，處在被動捱打的地位。世界上所有發展中的資本主義國家紛至杳來，都想從中國身上瓜分一塊肥肉。尤其是甲午戰爭後，歐美列強看見東方剛剛崛起的小國日本打敗了中國，便認為這個東方巨人已經躺在「死亡之榻」上，瓜分這個巨人「遺產」的時機已經到來，便紛紛在中國搶佔租借地，劃分勢力範圍，獲得各種政治、經濟利益。清廷名義上保持着獨立的地位，但中國實際上瀕臨被瓜分的狀態。在近代中國歷史上，中國首都三次被外國武裝勢力佔領：第一次是在1860年10月，英法聯軍佔領北京，朝廷「北狩」熱河，被迫簽訂下《北京條約》。壯麗無比、舉世無雙的皇家園林圓明園被侵略者焚之一炬。第二次是在1900年8月，八國聯軍佔領北京，朝廷倉皇逃亡西安，被迫簽訂《辛丑條約》。八國軍人分治中國京師，為了侮辱中國，他們在紫禁城舉行分列式，武裝通過皇宮。第三次在1937年12月，日本侵略軍佔領中國首都南京，實行慘絕人寰的大屠殺，釀成歷史上極為少見的人間慘劇，中國的首都被迫遷至重慶。此後，日本帝國主義的鐵蹄踏遍了華北、華東、華中、華南大半個中國的領土。

近代資本—帝國主義迫使弱小國家簽訂不平等條約，是資本主義體系中最惡劣的國際關係準則。中國作為一個封建大國，面對西方資本主義體系先進的生產關係和生產力，卻是一個落後的弱小國家。近代中國被迫同列強簽訂一系列不平等條約，是導致中國淪為半殖民地半封建社會的重要因素之一。這個不平等條約體系，內容涉及許多方面：第一，極大地破壞了中國的領土主權完整，包括領土割讓、出讓領土管制權、租借地和租界、引水權、軍艦駐泊權、內河航行權、駐軍權；第二，單方面開放通商口岸；第三，破壞了中國的關稅自主權；第四，破壞了中國司法主權的完整；第五，規定片面最惠國待遇，其他任何國家都可以沿用這種規定，從中國索取利益；第六，規定鴉片自由貿易；第七，規定自由傳教；第八，涉及大量對外賠款。列強對中國的侵略戰爭，侵犯

中國領土，破壞中國主權，屠殺中國軍民，掠奪中國財產，給中國造成極大的損害。在這些戰爭中，列強是加害的一方，中國是受害的一方，中國理應向他們索取賠償，但戰爭結果卻是列強迫使中國付出昂貴的賠償代價。對外賠款是近代中國的一項沉重負擔。除戰爭賠款以外，還有教案賠款等其他名目的賠款。粗略統計，清政府時期（1841—1911）賠款總額達到9.65億兩白銀，民國時期（1912—1949）為6,000多萬元。賠款情況實際還要複雜許多。為了賠款，中國向西方銀行大量借款，損失大量利息、回扣以及其他權益。

在不平等條約體系下，中國的獨立、主權已經降到不可能再低的程度了！中國人受到了無比的盤剝和壓抑。這就是半殖民地半封建社會的中國情景。

作為一個歷史悠久的國家，中國與周邊國家、與西方國家的關係經歷了長久的年代。鴉片戰爭以前，以中國為中心，形成了東方式的國際關係體系。在這種體系下，中國不大關心西方世界的發展。西方資本主義的發展以及殖民主義擴張，通過鴉片戰爭把中國與世界緊密地聯繫在一起。西方式的國際關係體系以大炮為前鋒，把貿易和殖民體系迅速推向東方，使以道德和尊嚴相維繫的東方式國際關係體系很快敗下陣來。中國在屈辱、賠款、割讓土地和主權被侵蝕的惡劣國際關係環境中苦苦掙扎。

在失敗和屈辱中，中國的先進分子在思考並且開始覺醒。一批早期改良派的思想家對洋務運動頗多批評。他們批評洋務派只知「師夷長技」，徒襲西藝之皮毛，未得西藝之要領。於是，康有為、梁啟超在光緒皇帝支持下，發動「戊戌變法」。百日之內，政治、經濟、軍事、法律、學校教育諸方面的詔諭，像雪片一樣地飛來，看似轟轟烈烈、大有作為的樣子。但政變隨之而來，光緒被囚，康梁逃亡，六君子喋血菜市口。以華北農民為主的義和團反帝愛國行動也失敗在血泊中。這樣頑固的封建專制統治，豈能領導國家的改革和進步？怎能使中國擺脫「深

淵」的境地？

　　孫中山是20世紀初深刻揭示中國社會發展方向的傑出革命家。在艱難的探索中，他鮮明地提出民族、民權、民生三大主張，開創了完全意義上的中國近代民族民主革命，也即是舊民主主義革命。在他的晚年，他還在中國社會大力宣傳社會主義的理念。辛亥革命獲得成功，摧毀了在中國沿襲兩千多年的封建帝制，建立了按照資產階級民主政治理念設計的新的國家形式。但是，辛亥革命後，國家政權為袁世凱和北洋軍閥所掌握，軍閥爭戰，國無寧日，民不聊生，國家的獨立和民主富強仍舊沒有希望。

　　五四時期，先進知識分子毅然舉起民主與科學的旗幟，從思想、道德和文化方面對封建主義進行深刻的批判，從而揭開了思想啟蒙的序幕。一些人對資本主義社會產生懷疑，提出了改造中國社會的方案。俄國十月革命對他們產生了重要影響，他們看到勞動者第一次成為國家的主人，認為這是「社會主義的勝利」，「世界勞工階級的勝利，是二十世紀新潮流的勝利」[1]。這種主張影響了新文化運動方向，成為推動、影響五四運動發展方向的力量。五四時期，馬克思主義在中國的廣泛傳播以及中國內憂外患的加劇，促使先進的知識分子聚集在馬克思主義的旗幟下。1921年中國共產黨的成立並成為中國革命運動的領導者，正是適應了歷史的需要。正是這個歷史需要發揮作用，近代中國歷史發生轉折，開始走上「上升」之路。

　　20世紀20年代，在中國共產黨幫助下，中國國民黨召開第一次全國代表大會，形成了第一次國共合作，並取得了打敗北洋軍閥的勝利。但此後蔣介石壟斷了國民革命的領導權，背叛國共合作，造成合作破裂、國共內戰的局面。1937年，由於日本帝國主義發動全面侵略中國的戰爭，中國共產黨與中國國民黨在空前的民族危機面前再次攜手合作，動

1　李大釗：《Bolshevism 的勝利》，《新青年》第五卷第五號。

員全國人民共同抗擊日本侵略，並最終取得了抗日戰爭的勝利。抗日戰爭勝利後，蔣介石堅持國民黨獨裁統治，導致了國共合作的破裂。在這個過程中，以毛澤東為代表的中國共產黨人把馬克思列寧主義同中國革命實際相結合，創立了毛澤東思想，形成了新民主主義革命理論以及在這一理論指導下反帝反封建的戰略和策略，提出了引導中國革命走向勝利的正確方針，指明了中國必須先經過新民主主義然後進入社會主義的發展道路，為新中國的建立奠定了深厚的政治和理論基礎。

五四運動以後特別是國共合作以後，是把資本主義作為國家發展的方向，還是把社會主義作為國家發展的方向，是許多人特別是知識界人士思考的問題，也是嚴肅思考中國社會發展方向的政黨需要考慮的問題。在各種救國方案中，三民主義和社會主義的影響最大。這兩種思潮或者主義的傳播和實施，都影響了中國社會的發展方向。在近代中國，哪種政治勢力能夠領導人民贏得民主主義革命的勝利，哪種政治勢力就取得了引導中國走何種道路的主導權。

三民主義是孫中山在20世紀初的國際國內情勢下提出來的政治思想主張，是中國資產階級民主主義革命的基本綱領。這種主張或者綱領在1924年中國國民黨第一次全國代表大會上經過孫中山的重新闡述，反映了當時國共合作反對北洋軍閥的要求。反映孫中山社會改造思想的是三民主義中的民生主義思想。1925年初孫中山去世後，隨着中國國民黨的分裂，三民主義思想被國民黨內不同政治主張的野心家所篡改。篡改後的「三民主義」違背了孫中山「聯俄、聯共、扶助農工」的政策，反對馬克思主義，反對社會主義學說，反對並屠殺共產黨，鎮壓工農運動。國民黨、蔣介石脫離人民大眾的利益，違背近代中國歷史前進的方向，終於在決定中國歷史命運的大決戰中徹底敗北。三民主義不能救中國，就在這樣的大決戰中被證實了。能夠救中國的只能是新民主主義理論。毛澤東同志指出：「只有經過民主主義，才能到達社會主義，這是馬克

思主義的天經地義。」[1]「民主主義革命是社會主義革命的必要準備，社會主義革命是民主主義革命的必然趨勢。」[2] 民主主義社會是過渡性的社會，它的前途必定是社會主義社會。這就是說，新民主主義理論明確規定了中國的社會主義發展方向。中國走社會主義道路，是歷史的選擇、是人民大眾的選擇，這個選擇經過了嚴酷的歷史實踐的檢驗。

1949年10月1日中華人民共和國成立，標誌着近代中國反帝反封建鬥爭的最後勝利，是從舊民主主義革命到新民主主義革命各階段經驗教訓的總積累。這是100多年間中國歷史的一個具有偉大意義的里程碑，是中華五千年歷史中的一個偉大的里程碑。它結束了鴉片戰爭以來的半殖民地半封建社會，結束了兩千多年封建專制制度的歷史，中止了中國可能走向資本主義世界體系的發展趨勢，結束了極少數壓迫者、剝削者統治廣大勞動人民的歷史，結束了國家四分五裂、征戰不已、人民生活貧困、生靈塗炭的局面。中國人民第一次看到一個獨立、統一、人民當家做主的新中國屹立於世界。

新中國的成立，空前地提高了中國的國際地位，這在以前的近代中國歷史上是不可能實現的。

新中國成立之前，中國處於半殖民地半封建社會，主權少到不能再少，根本談不上國際地位。全民族抗戰取得勝利，中國對世界反法西斯戰爭做出了貢獻，戰後成為聯合國五個常任理事國之一。但是，那時的中國還是在帝國主義的東方鏈條上，美帝國主義還在通過條約控制着中國，還在直接干涉中國內政，支持國民黨打內戰。中國仍然是一個沒有實力支撐的弱國，不但在戰後處理歐洲問題時沒有發言權，甚至中國的內政還被提到聯合國的會議上加以討論。新中國的成立結束了半殖民地

---

[1] 毛澤東：《論聯合政府》（1945年4月24日），載《毛澤東選集》第三卷，第1060頁。
[2] 毛澤東：《中國革命和中國共產黨》（1939年12月），載《毛澤東選集》第二卷，第651頁。

半封建社會，也就是擺脫了世界資本主義體系，衝破了帝國主義的東方戰線，大大改變了世界的政治地圖，鼓舞並支持了全世界被壓迫民族和被壓迫人民爭取解放的鬥爭，具有偉大的國際意義。

新中國有明確的外交政策：「不承認國民黨時代的任何外國外交機關和外交人員的合法地位，不承認國民黨時代的一切賣國條約的繼續存在，取消一切帝國主義在中國開辦的宣傳機關，立即統制對外貿易，改革海關制度」[1]，收回駐軍權和內河航行權。這一外交政策，清楚地體現了一個負責任的獨立的主權國家的本質特點。只要同意上述外交政策，按照平等、互利及互相尊重領土主權等項原則，新中國可以與任何國家建立正常的外交關係。對於與資本主義各國建立外交關係，要求「各國無條件承認中國，廢除舊約，重訂新約」[2]。這就叫作「另起爐灶」，「打掃乾淨屋子再請客」[3]。在這個原則之下，到1950年10月，就有25個國家承認中華人民共和國，有17個國家與中國建立了正式的外交關係。通過有步驟地徹底清除帝國主義在中國的控制權，包括政治上、經濟上、文化上的控制權，中國人、中國這個國家就在世界面前站起來了！中國作為一個獨立的主權國家的國際地位就確定了。這是整個中國近代史時期所有志士仁人所夢寐以求的，「是一百多年來舊中國的政府所沒有做到的」[4]。

新中國的成立，是「第二次世界大戰以後最重大的政治事件，對國

1 毛澤東：《在中國共產黨第七屆中央委員會第二次全體會議上的報告》（1949年3月5日），載《毛澤東選集》第四卷，第1434頁。

2 毛澤東：《關於周恩來去蘇聯參加談判問題給中央的電報》（1950年1月3日），載《建國以來毛澤東文稿》第一冊，中央文獻出版社1987年版，第213頁。

3 參見周恩來《我們的外交方針和任務》（1952年4月30日），載《周恩來選集》下卷，人民出版社1984年版，第86—87頁。

4 參見周恩來《我們的外交方針和任務》（1952年4月30日），載《周恩來選集》下卷，人民出版社1984年版，第85—86頁。

際局勢和世界人民鬥爭的發展具有深刻的久遠的影響」[1]。新中國剛一成立，就通知聯合國祕書長，不承認國民黨政府派駐聯合國的外交代表，並且出席日內瓦會議、萬隆會議，提出中國的主張，發出獨立主權國家的聲音。此後，中國在國際社會一貫強調獨立自主和平外交，強調和平共處五項原則，強調國家不論大小一律平等，反對帝國主義霸權政治，主張多極政治，主張發達國家要支持發展中國家發展經濟，主張對話反對戰爭，等等。這些都充分展示了新中國的國際關係理念，對構建和諧國際關係起到重要的促進作用。

---

1 《中國共產黨中央委員會關於建國以來黨的若干歷史問題的決議》（1981 年 6 月 27 日），載《三中全會以來重要文獻選編》（下），人民出版社 1982 年版，第 793 頁。

第二節

確立了社會主義制度
開啟了中華民族的歷史新紀元

　　中國的地理版圖在清朝中葉基本上確定了。經過鴉片戰爭以後多次因戰爭失敗對外割讓土地，大體上形成了中華人民共和國成立時的國土面積。新中國在這個版圖上形成了省、民族自治區、直轄市這樣一種行政體制。省區市以上是中央人民政府（1954年《憲法》規定「中華人民共和國國務院，即中央人民政府」）。這樣的行政體制，大大加強和提高了國家的統一性和行政效率。1949年以前的近代中國是一個分散而虛弱的國家。分散被人稱為「一盤散沙」，虛弱的另一稱呼是「東亞病夫」。從晚清到民國，國家的行政體制始終未能一致，指臂不靈，尾大不掉，中央政府始終不能有效地號令全國。新疆在1884年建省，台灣在1885年建省，東北三省在1907年才建省，內蒙古的綏遠、察哈爾等地，寧夏、青海等地，很晚才建省，西藏還分前藏、後藏，以地方之名稱呼。邊遠地區不少地方還是土司掌管，改土歸流遠未完成。有些地方甚至實行奴隸制度，康藏地區還是政教合一的封建農奴制度。從湘軍、淮軍到北洋六軍，各佔地盤，完全沒有大局觀念。地方諸侯，各擁武裝。國民黨政府時期，桂系、滇系、川系、晉系、西北五馬等，各掌門戶，分裂分散，征戰不已，生靈塗炭。國民黨政府何時真正統一過全國？新中國一改舊觀，全國行政區劃歸於統一。各民族一律平等，實行民族區域自治制度，各民族間的關係逐漸走向和諧。穩定物價，鎮壓反革命破壞活動，消滅土匪黑道，清理整治妓女，全國社會秩序迅速歸於平靜，人民生活在安定祥和之中。這不僅是近代中國不曾有的，也是幾千年的歷史上不曾真正出現過的。

　　新中國的成立，奠定了社會主義的經濟基礎，對中華民族的復興事業具有長遠意義。

　　鴉片戰爭以後，中國原有的經濟結構被打破，中國社會在地主制和農民小生產經濟的汪洋大海中產生了資本主義經濟。在華外國資本主義經濟、中國官僚資本主義經濟和民族資本主義經濟，是那時中國資本主義經濟的主要形式。民族資本主義經濟受到外國資本主義和本國官僚統治的嚴重制約，得不到順利發展。帝國主義還控制了中國的對外貿易和國內貿易，壟斷了中國的金融。總之，帝國主義對中國的經濟侵略嚴重阻礙了中國民族資本主義的發展，阻礙了中國的社會進步。

　　官僚資本是指國民黨統治時期利用政治特權控制的國家巨大資本，即國家資本，它壟斷了全國的經濟命脈。官僚資本是半殖民地半封建社會形態下特有的經濟形態，它對外勾結帝國主義，對內勾結封建勢力，依靠國際金融壟斷資本，排擠民族資本，操縱國家經濟命脈，構成獨裁統治的經濟基礎。官僚資本控制了全國銀行總數的70%，產業資本的80%，控制了全部鐵路、公路和航空運輸。

　　沒收封建地主階級的土地歸農民所有，沒收官僚資本歸國家所有，保護民族工商業，是新民主主義的三大經濟綱領。中央人民政府甫一成立，立即實施沒收官僚資本為人民的國家所有，1949年年底基本完成。對於在華的1300多家外國資本企業，沒有採取直接沒收的政策，而是首先廢除了外國資本企業依據不平等條約所享有的經濟特權，然後通過監督和管制、收購、徵購等辦法，妥善處理外國在華企業。到1952年底，基本上清理了帝國主義在華的經濟勢力。新中國在這個基礎上建立起強大的國營經濟。國營經濟是整個國民經濟的領導力量，它形成了人民共和國的物質基礎，成為走向社會主義社會的經濟基礎。為了發展經濟，新生的人民共和國並不沒收其他資本主義的私有財產，並不禁止「不能操縱國民生計」的資本主義生產的發展。

　　完成土地改革，是新中國成立之初的一項重大社會改革成就。地

主土地所有制，是封建社會的經濟基礎。不破除地主土地所有制，不實
行「耕者有其田」，民主革命的任務就不能完成，民主革命的下一步任
務——實現社會主義就難以達成。全國新解放區的土地改革基本完成，
是民主革命取得最後勝利的重要標誌。由於土地改革的完成，農民成為
新生的人民共和國的基本支持力量，也為農民走上社會主義道路做了很
好的鋪墊。

新中國的成立，開創了中國現代化的新契機。我們看到，從1840年
到1949年，中國的現代化屢遭挫折失敗、屢次失去發展機遇。現代工業
只是星星點點地分佈在若干城市，工業產值只佔國民經濟總產值很小的
比例，中國仍然是一個傳統的農業國家。中國真正走上現代化的發展道
路，並且改變中國傳統農業國家的地位，是在1949年新中國成立之後。
歷史已經證明，中國現代化的歷史進程，是在1949年以後大規模開啟
的。

新中國的成立，確立了我國的基本政治制度，使中國歷史邁入長治
久安的時期，使中華民族復興有了可靠的政治保證。

在近代中國，政治制度經歷了一個變化的過程。清朝末年，在國內
外的情勢壓迫下，清廷曾派五大臣出洋考察政治，最終形成了試行君主
立憲制度的基本想法。但在慈禧太后專制下，除了增加幾個部以外，不
准動搖封建制度的根基。慈禧和光緒死後，清朝產生了皇族內閣，內閣
成員多由皇族成員充任。孫中山領導的辛亥革命，成功地推翻了封建專
制的政治制度，希望走上資產階級民主共和政治道路。但是，辛亥革命
的勝利成果被袁世凱攫取。民國初年，在民國的招牌下，也曾試行政黨
政治、議會制，但最後都失敗了。從此，老百姓對政黨政治、議會道路
完全失望了。國民黨政府在南京建立後，最後實際上維持了「訓政」體
制，形成了蔣介石的獨裁統治。

中國共產黨一向追求在中國建立民主政治，反對封建專制制度，反
對法西斯專政的政治制度。在江西蘇區建立蘇維埃共和國試行人民代表

大會的民主制度，在陝甘寧邊區實行各革命階級聯合的抗日民族統一戰線的政治制度，開始摸索能夠體現絕大多數人民意願的民主制度。

半殖民地半封建的中國轉變為無產階級領導的人民共和國，應該實行甚麼樣的政治制度？中國共產黨在抗日戰爭期間就提出了自己的主張。毛澤東在《新民主主義論》中指出：在無產階級領導下的一切反帝反封建的人們聯合專政的民主共和國，這就是新民主主義的共和國。在這種國體下的政權構成形式，就是全國人民代表大會直到鄉人民代表大會的系統，由各級人民代表大會選舉政府。1945年4月，在抗日戰爭即將取得全面勝利、決定中國未來命運的時刻，中國共產黨召開了第七次全國代表大會，毛澤東在為大會所作的《論聯合政府》報告中闡述了中國共產黨的建國主張。他指出：「我們主張在徹底地打敗日本侵略者之後，建立一個以全國絕對大多數人民為基礎而在工人階級領導之下的統一戰線的民主聯盟的國家制度。」至於政權組織，則由各級人民代表大會決定大政方針，選舉政府，「使各級人民代表大會有高度的權力；又能集中處理國事，使各級政府能集中地處理被各級人民代表大會所委託的一切事務，並保障人民的一切必要的民主活動」[1]。

1949年9月中國人民政治協商會議通過的《共同綱領》表明，參加政協會議的各革命階級和黨派接受了中國共產黨提出的建國方針。中國人民政治協商會議一致同意以新民主主義即人民民主主義為中華人民共和國建國的政治基礎。這就是毛澤東在《新民主主義論》中所說的「國體」。至於政體，即指政權機關。《共同綱領》規定：「中華人民共和國的國家政權屬於人民。人民行使國家政權的機關為各級人民代表大會和各級人民政府。」中國人民政治協商會議具有代表全國人民的性質，執行全國人民代表大會的職權。會議的決議代表了全國人民的意志。

---

[1] 毛澤東：《論聯合政府》（1945年4月24日），載《毛澤東選集》第三卷，第1056—1057頁。

1954年，召開了第一屆全國人民代表大會，正式通過了《中華人民共和國憲法》，選舉了中央政府即國務院，任命了國務院組成人員，依法完成了《共同綱領》提出的政權機關的組成。1954年憲法奠定了中華人民共和國政治制度的基礎。這部憲法在1978年後經過全國人民代表大會多次討論修訂，但這個政治制度的基礎被反覆申明和強調。國家的權力運行模式經過多次改革並且至今還在改革中，但是最基本、最核心的東西並未動搖。在舊中國毫無政治地位的廣大工農大眾，第一次成為國家的主人，他們的代表加入各級政權機關，也成為各級人民代表構成中的主要成分。在政治制度的設計中，人民第一次成為國家的主人，這在中國歷史上是沒有先例的。

新中國的國家權力構成和政權組成模式，是自有中國歷史以來最能反映民意的模式、最民主的模式、最能集中絕大多數人民意志的模式。這個模式，無論在封建社會還是半殖民地半封建社會都是不可能出現的。從此，中國的歷史開闢了一個新的時代。

1949年10月中華人民共和國成立，結束了近代中國的歷史，中國歷史開始邁入了它的現代，中國歷史從此展開新的篇章。近代以來中國人受侵略、受欺侮的時代一去不復返了。中國人民爭取到了民族的獨立，國家的尊嚴，也為中國的現代化爭取到了起步條件。中國人民、新中國政府把國家民族的繁榮富強放在首要地位來考慮的時機到來了。

宣告了近代中國歷史經過「沉淪」
以及「沉淪」到「深淵」、「谷底」
完成了「上升」的過程

　　鴉片戰爭以後，中國陷入半殖民地半封建社會深淵，直到20世紀初期，北洋軍閥時期，深淵到了谷底，對於中國近代社會發展來說，這時候面臨的主要是社會「沉淪」，雖然，這時中國在經濟、政治、思想、文化諸方面，實際上存在着積極的、向上的因素，但這種因素的發展是漸進的、緩慢的，相對於社會「沉淪」主流來說，它是弱小的；北洋軍閥統治末期，1921年中國共產黨在五四運動後宣佈成立，1924年中國國民黨召開第一次全國代表大會，這就是那個時代的先進因素。中共一成立，就提出了反帝反封建的時代任務，中國國民黨第一次全國代表大會也提出了同樣的任務。這就直擊了時代的、歷史的主題。自那以後，半殖民地半封建社會中國漸漸走出「谷底」，隨着新的經濟因素不斷成長、壯大，隨着新的社會階級的出現，隨着人民群眾、社會精英民族意識和階級意識的日漸覺醒，社會向上的、積極的因素逐漸發展成為社會的主流因素，影響着社會向好向上的方面發展，雖然，消極的、「沉淪」的因素仍然嚴重地存在，譬如日本帝國主義對中國的長期侵略，對中國社會的壓迫，對中國人民造成的痛苦，不比北洋軍閥時期以前弱，甚至還要強。日本企圖獨霸中國，使中國全部殖民地化，想做西方列強在19世紀內想做而未做到的事。但時代變化了，日本侵略引起中華民族的新覺醒，國共兩黨面對日寇侵略，「兄弟鬩於牆，外禦其侮」，經過八年抗戰，新的階級、新的政黨、新的經濟力量、人民群眾的普遍覺醒這樣的上升因素起了作用，終於贏得了對日作戰的最後勝利。這是近代

中國歷史上反擊外敵入侵取得的第一次勝利。它是標誌中國社會向上發展趨勢的典型事例。這一次民族革命的偉大勝利，對中國近代史的轉折具有根本意義。

1945—1949年，是中國兩大政治勢力為決定中國發展方向而決戰的時期。國民黨的獨裁、法西斯式統治，與美國援蔣勢力相結合，還想把中國歷史拉向後退，未能成功。這是因為近代中國發展起來的「上升」因素起了決定作用。中華人民共和國的成立標誌着近代以來中國人受侵略、受欺侮的時代一去不復返了。中國人民爭取到了民族的獨立，國家的尊嚴，因此為中國的現代化爭取到了起步條件。中國人把國家民族的繁榮富強放在首要地位來考慮的時機到來了。近代中國人提出過的中華民族復興藍圖，有可能在新的歷史條件下實施了。

近代中國社會的發展軌跡像一個元寶形，或者一個倒過來的馬鞍形，開始是下降，降到「谷底」，然後「上升」，升向一片光明。

後 記

　　《簡明中國近代史讀本》原是中國社會科學出版社約寫的，主要是供大眾閱讀。2018年1月出版後，讀者反映很熱烈。2019年1月，出版社又推出了經過修訂的本子。現在香港中華書局在港推出繁體字本，提供海外讀者閱讀，作為作者，我感到很高興。

　　這本中國近代史，時間上從1840年鴉片戰爭起到1949年10月1日中華人民共和國成立止。我們認為1949年10月1日以後是中國的現代史。讀者要了解中國現代史，就要讀另外的書，坊間有中華人民共和國史一類的書，是可以看的。

　　以往讀中國近代史，總免不了屈辱感。本書希望提供讀者另外一種感覺，即不僅有屈辱感，還對中國人在近代中國的奮鬥和犧牲有一種切身的感受，本書會給讀者一種希望和光明感。近代中國不僅有屈辱，也有奮鬥和犧牲，有光明的前途。這才是完整的中國近代史。

　　本書初稿寫出後，曾三次徵求學者意見。其中兩次請中國社會科學院近代史研究所的學者審閱，一次在濟南，請山東大學、山東師範大學、山東省委黨校的學者審閱。出席三次審讀會的學者閱讀了本書初稿，對書稿提出了若干修訂意見和建議。本書作者消化了以上學者提出的建議，做了進一步修改，形成了本書定稿。對上述各位學者的審讀意見和建議，我們表示衷心感謝！

　　本書在2018年1月出版時，來不及趕製地圖，是一個缺陷。此次在港出版繁體字本，我們希望彌補這個缺陷。感謝香港中華書局在我們提供的地圖基礎上重新製作了地圖，這對於方便讀者閱讀是有好處的。比較2018年版，繁體字版適當做了一些修訂和刪節。

我們希望大陸以外的讀者對這本書有興趣，敬請讀者閱讀後不吝指教！

張海鵬

2019年4月30日